国别中高等教育研究丛书 | 主编 李 锵 杜修平

中高等教育研究（东亚）

RESEARCH ON MIDDLE AND HIGHER EDUCATION
（EAST ASIA）

主 编 杨 娜
副主编 杜修平 王明月 张晨玫

天津大学出版社
TIANJIN UNIVERSITY PRESS

图书在版编目（CIP）数据

中高等教育研究．东亚 / 杨娜主编 ; 杜修平，王明月，张晨玫副主编．-- 天津 : 天津大学出版社，2024．10．--（国别中高等教育研究丛书 / 李锵，杜修平主编）．-- ISBN 978-7-5618-7858-3

Ⅰ．G649.31；G639.31

中国国家版本馆CIP数据核字第2024YC0003号

出版发行 天津大学出版社
地　　址 天津市卫津路92号天津大学内（邮编：300072）
电　　话 发行部：022-27403647
网　　址 www.tjupress.com.cn
印　　刷 北京虎彩文化传播有限公司
经　　销 全国各地新华书店
开　　本 787mm×1092mm　1/16
印　　张 13.75
字　　数 326千
版　　次 2024年10月第1版
印　　次 2024年10月第1次
定　　价 58.00元

丛书编委

主　编：李　锵　杜修平

本书编委

主　编：杨　娜

副主编：（按姓氏音序排列）

杜修平　王明月　张晨玫

编　委：（按姓氏音序排列）

董逸凡　杜天宇　李　静　梁　东　林　爽

冉玉凤　王永昌　吴悦涵　闫文丽　杨书铭

尹晓静　周子晗

总序

General Preface

区域国别学的天大探索

区域国别学是一个既有悠久学科传统，又有“初生之气”的重要学科，具有服务国家战略和社会发展的重要属性。中国对域外问题的研究虽有较为久远的历史，但是过往研究存在内容分散、不成体系的问题，既不能为国家经济建设和社会发展提供智力支持，也难以满足民众对域外世界的认知需求。尤其是在当代，随着中国国力日盛，无论是政府，还是社会，或是学术界，都对域外世界产生了新的认知需求，迫切希望形成具有中国特色的认知世界的视角、方式与体系。2022年9月，国务院学位委员会、教育部印发《研究生教育学科专业目录（2022年）》，确定将区域国别学纳入交叉学科一级目录，这开启了区域国别学的新篇章。以区域国别学为视角开展的学术研究和学科建设正在兴起，关于域外国家和地区的政治、经济、社会、文化的某一侧面、某一领域特殊性的传统研究和传统学科得到整合，以一种全新的面貌进入人们的视野。

在此背景下，以跨文化比较视野为引导，系统开展中高等教育制度的区域国别学探索显得愈发必要。一方面，这是提升区域国别研究水平的内在要求。区域国别研究不仅需要对个别领域进行深度挖掘，更需要结合多方面因素形成对某一国家或地区的整体性认识。相较于政治、经济、文化、社会等领域，我们对域外教育制度的探索稍显滞后。这就犹如决定木桶容量的那块“短板”，直接影响着区域国别研究的整体深度与质量。另一方面，这是教育区域国别研究充分彰显时代价值的必然要求。当前，教育国际化已成为一种重要的发展趋势，国际化人才培养迫切需要深入了解特定国家或地区的中高等教育制度，建立与域外国家或地区中高等教育制度相衔接的方案，以更科学合理的培养体系培育更优秀的国际化人才。同时，中国也需要在与域外国家或地区的比较中，明确具有中国特色的教育制度的发展方向，并合理地借鉴域外优秀的教育经验。对这些问题的探索，均需要建立在对域外中高等教育制度进行系统把握的基础上，这正是开展中高等教育制度区域国别学探索的一个主要原因。

正是基于对区域国别学学科发展新趋势和新问题的科学认识，基于对区域国别学学科使命的准确判断，天津大学国际教育学院秉持“实事求是”的校训，近年来一直致力于中高等教育制度区域国别探索工作。我们以学院的教师力量为支撑，以服务国家战略和社会发展需求为宗旨，编撰出版“国别中高等教育研究”丛书，包括《中高等教育研究（东亚）》《中高等教育研究（南亚）》《中高等教育研究（东南亚）》《中高等教育研究（中西亚）》等一系列分册，希望在推动我国区域国别学学科建设，为国家与社会发展提供有力智力支持的同时，为来华留学生生源质量的稳步提升提供有益参考。

李　锵
天津大学国际教育学院
2024 年 5 月 1 日

前言

Preface

在全球化日益加剧的今天，教育作为国际交流与合作的重要桥梁，承载着推动人类文明进步的重任。东亚国家中的日本、蒙古、韩国、朝鲜四国，以其独特的历史文化和社会制度，形成了各具特色的中高等教育制度。这些教育制度彰显了各国在政治、经济、文化等方面的独特之处。通过研究，我们可以更好地了解不同国家的文化差异和教育理念，从而加强教育与文化的融合，取长补短，促进交流与合作。

日本，是四面临海的岛国，与我国隔海相望。作为亚洲的经济大国，同时作为中国的重要贸易伙伴国，日本在经济等领域对我国产生了较大影响。日本在教育资源、教育理念等方面的优势，也为我国教育提供了有益的借鉴。

蒙古，是位于我国北方的重要邻国，中蒙边界线长 4 710 千米，这使得两国在教育、文化、经济等方面的交流具有得天独厚的优势。蒙古与我国在教育领域的合作与交流潜力巨大。

韩国，是与我国隔海相望的邻邦，在经济、政治、文化、历史、教育等领域与我国有着千丝万缕的联系。中韩经贸关系的稳固，使得两国在教育领域的交流与合作日益密切。

朝鲜，是位于东亚朝鲜半岛北部的社会主义国家，与我国接壤，其计划经济体制和社会主义教育制度，为我们提供了一个独特的观察视角。朝鲜对于中国而言，不仅在地缘政治上占据重要地位，而且与我国有很深的历史渊源。

本书分四章，对日本、蒙古、韩国、朝鲜四国的中高等教育制度进行了深入的研究。每章首先概述了各国的地理位置和行政区划，人口、民族和语言，文化和教育，经济等基本情况；其次详细介绍了四国的中高等教育制度，包括初中、高中、大学本科及研究生教育。本书还关注了四国中高等职业教育情况以及中文教育在四国的发展历史与现状，并结合四国学生的留学分布情况，通过问卷调查的方式了解四国学生的出国留学意愿及来华留学意愿。本书中部分数据因计算时的四舍五入，存在总计与分项合计不等的情况。

本书编委大多长期从事国际中文教育工作，通过海外同行与所教授的留学生搜集了大量一手资料，为本书的编写提供了坚实的支撑。在本书编写过程中，我们得到了海外同事和四国留学生的鼎力协助，也得到了天津大学国际教育学院的大力支持，同时听取了天津大学出版社编辑的中肯建议。在此，我们对他们表示衷心的感谢。

虽然我们在本书编写过程中竭尽心力，但书中仍难免存在疏漏之处，诚请各位专家和读者提出宝贵的意见和建议，以便有机会再版时，我们能进一步完善和提升。

本书编写组

2024年9月8日

目录

Contents

第一章　日本中高等教育研究

第一节　日本国家概况

一、地理位置和行政区划

日本，全称日本国（Japan），是一个弧形岛国，西隔东海、黄海、朝鲜海峡、日本海与中国、朝鲜、韩国、俄罗斯相望。日本陆地面积约为 37.8 万平方千米，大约相当于中国国土面积的 1/25，由本州、北海道、九州、四国 4 个大岛与其他 6 800 多个小岛屿组成。地形由东北向西南延伸，南北长约 300 千米。日本山多，森林覆盖率约为 67%，约有 3/4 的国土是山地和丘陵。著名的飞驒山脉、木曾山脉、赤石山脉纵横贯穿日本本州中部，被称为“日本的阿尔卑斯山脉”和“日本屋顶”。富士山（3 776 米）是日本最高山峰，目前已被列入《世界遗产名录》。日本处在活跃的环太平洋火山地震带，火山活动频繁，因此湖泊、温泉资源丰富。与广阔的山地和丘陵相比，日本仅有 1/4 的国土为平地。其中关东平原是日本最大的平原，其范围包括利根川流域和 1 都 6 县，总面积约为 17 000 平方千米。

从行政区划上看，日本可分为 1 都（东京都）、1 道（北海道）、2 府（大阪府、京都府）和 43 个县。都、道、府、县的行政机关称为“厅”，分别为都厅、道厅、府厅、县厅，行政长官为知事。各都、道、府、县下设市、町、村，这些行政单位的机关称为“役所”，即市役所、町役所、村役所，行政首长分别为市长、町长、村长。日本地域一般包括八大区域，分别为北海道地方、东北地方、关东地方、中部地方、近畿地方、中国地方、四国地方和九州地方。

二、人口、民族和语言

日本人口约为 1 亿 2 443 万（截至 2023 年 8 月）。半数以上的人口集中在平原地区，其中东京、大阪、名古屋地区（三大城市圈）聚集了日本近半数的人口。因此，日本存在人口“过密”和“过疏”问题。人口超过 100 万的大城市点状分布在日本各个地方，居民多居住在大城市或其周围。

日本民族是一个多元、独特、有活力的民族，具有丰富的历史和文化背景。在 1.24 亿人口中，绝大多数人属于大和族，约占日本总人口的98%。除了大和族人，日本还有阿伊努人和琉球人。对于这些人，日本学术界的意见并不统一。一种意见为日本大和民族是由包括阿伊努人和琉球人在内的多个拥有不同的文化、种族和语言的群体融合而成的。另外一种意见为阿伊努人和琉球人各自构成了一个民族。还有一种意见为阿伊努人是日本的少数民族，而琉球人则不能单独构成一个民族。

日语是日本人的母语。在现代日语中，主要使用3种文字体系，分别为汉字、平假名、片假名。日语的读法分为音读和训读。所谓音读，就是模仿中国古汉语的发音，按照这个汉字从中国传入日本时的读音来发音，所以采用音读的词汇的发音听起来跟现代汉语里的汉字发音或者某地区的方言里的汉字发音有些类似。所谓训读，就是只借用汉字的形和意，按日本本土的固有读音来发音。训读的词汇多数是表示日本事物的固有词汇。日本在全国范围内实行日语义务教育制度，因此日本人的识字率几乎为100%。日本也有方言，但方言差异没有中国明显。

三、文化和教育

日本重视教育，可以追溯至明治维新时期。在国土狭小、资源匮乏等不利的条件下，日本在第二次世界大战前后经历了两次经济腾飞，特别是在第二次世界大战后的20多年里，迅速崛起，成为经济和科技大国。这一切得益于日本政府长期坚持“教育立国”政策，大力发展教育事业，不断加大科研投入力度。1912年，日本学童就学率已达98.2%；1953年，九年义务教育普及率已达99%。日本在第二次世界大战后的20年里，普及了九年义务教育以及高中教育。2022年，日本的科研经费达207 040亿日元，占国内生产总值（GDP）的3.65%。

日本在第二次世界大战后对教育进行改革，建立了“六三三四”（小学六年、初中三年、高中三年、大学四年）的学校教育体制。其教育按等级可分为学前教育、初等教育、中等教育和高等教育四大部分。日本的教育系统对教学内容及其评估标准进行了严格的规定，以确保学生在正常学习进度下的学习质量。近年来，为了培养具有全球视野和跨文化交流能力的人才，日本教育系统正在努力增加国际化元素，积极鼓励学生参与国际交流项目和学习外语。

日本是一个拥有悠久历史和独特文化的国家，自古追求精神富足与内敛美学。茶道、花道、书道等传统文化已经成为日本文化的代表。世界闻名的日本动漫、电子游戏、音乐等文化产业也蓬勃发展。20世纪以来，随着全球化的加剧和科技的发展，日本传统文化与新潮事物不断融合，创造出了一个独特而富有活力的文化景观。此外，日本还具有独特的生活风俗习惯，体现在节日、料理、礼仪与赠答、和服等方面。

（一）茶道

茶道是一种传统的日本茶艺，强调礼仪、和谐和精致。茶道追求的是内心的平静，感受的是一杯茶的美妙韵味。茶道中的主要角色是茶道师，他们研究茶道的艺术，并通过准备和呈现茶来营造一种独特的氛围。茶室是专门供茶道活动使用而设计的空间，具有独特的建筑和装饰风格。

（二）花道

花道是一种将鲜花和植物以特定的方式摆放在花器中，追求自然和谐的传统艺术形式。花道注重花材的选择、摆放和分寸的运用。花道追求的是表现季节和体现自然的美学，通过摆放鲜花来营造幽雅、平衡、和谐的氛围。花道家对花道进行实践和研究，他们继承和传承花道的传统知识和技巧。

（三）书道

书道是一种传统的日本书法艺术，通过用笔墨书写汉字或假名来表达情感和思想。书道注重笔画的韵律、书写的流畅和文字的美感。书道作品通常以纸或者竹帛为载体，用毛笔蘸墨汁书写。书道追求的是笔墨相生的境界和心境与文字的真实表达。书道家是专门从事书道艺术的人士，他们经过多年的训练和修行，不断提高自己的书法水平。

（四）动漫

动漫是日本的一种流行文化形式，指的是手绘或电脑制作的动画作品。日本的动漫以其多样的题材、独特的绘画风格和丰富的故事情节而受到人们的喜爱和认可。日本动漫种类繁多，包括热血冒险、奇幻冒险、校园恋爱、科幻动作和日常生活等。许多日本动漫作品被改编成电影或电视剧，并在国际上获得了广泛的关注。动漫产业还推动了日本动漫周边商品和观光产业的发展。

（五）电子游戏

电子游戏是日本文化的重要组成部分，日本在电子游戏产业的发展和创新方面具有显著的贡献。日本的电子游戏涵盖各种类型，如角色扮演游戏（RPG）、动作游戏、冒险游戏等。日本的电子游戏以其精美的图像、丰富的故事情节和创新的游戏机制吸引着全球的玩家。许多著名的游戏，如《马里奥兄弟》《口袋妖怪》《最终幻想》等，都是由日本游戏公司开发的。

（六）音乐

日本的音乐产业也在国际上具有一定的影响力。日本音乐的风格丰富多样，包括流行电音、摇滚、嘻哈等。一些日本音乐艺人和乐队在国际音乐市场上取得了较大的成功，吸引了大量的粉丝。日本的音乐产业以其创新性和多样性,为全球音乐市场带来了不少新的音乐风格和表演形式。

(七)节日

1. 日本的民间节日

元旦(1 月 1 日),日本人在这一天庆贺新年的到来。一般地说,1 日到 3 日这三天叫作“正月”(过年),大家不干任何工作,都去神社参拜,或者走亲访友饱餐美食、饮酒欢聚。孩子们玩日本式纸牌、放风筝、打板羽球。

女孩节(3 月 3 日),祈祝女孩将来幸福的节日。这一天,人们仿照昔日宫廷的风俗,摆设美丽可爱的木偶和桃花,喝糯米酿成的甜酒。

端午节(5 月 5 日)也叫男孩节,与中国不同,在日本,这天是祈祝男孩茁壮成长的节日。这一天,人们摆设武士玩偶,在门外插菖蒲、艾枝,挂起鲤鱼旗(用纸或布做成的鲤鱼形的旗,用于祈祝男孩能像鲤鱼跳龙门一样茁壮成长),吃柏饼。

七夕(7 月 7 日),祈祝银河两岸的牵牛星与织女星渡过天河相会。这一天,人们在庭院里供上玉米、茄子,把写有歌词的五彩诗笺装饰在叶竹上,祈祷女孩子的手艺像织女一样灵巧。

盂兰盆会(8 月 15 日前后),这一天离家外出工作的人们基本上都要回到家乡,在祖先灵位前供上许多食品,祈祷祖先亡灵冥福。生活在小镇和农村的人还要穿着夏季的和服跳盂兰盆舞。

月见节(阴历八月十五日),月圆之时,用麦芒装饰门窗,在月神前供上酒和饭团子,祈祷风调雨顺,度过美好的秋夜。

彼岸(春分、秋分前后一周),日本人于这期间祭祀先祖亡灵,举办佛教仪式,扫墓。

七五三节(11 月 15 日),每逢 11 月 15 日,3 岁和 5 岁的男孩、3 岁和 7 岁的女孩穿上鲜艳的和服去神社参拜,祈祝万事如意。日本人以奇数为吉祥数,故选了这三个年龄。

2. 日本法定节日

元旦(1 月 1 日),庆祝新年的到来。

成人节(1 月第 2 个星期一),这一天,日本各地把满 20 岁的青年人集中起来,举行庆祝活动,鼓励青年人依靠自己的力量,勇往直前。

建国纪念日(2 月 11 日),纪念公元前 660 年 2 月 11 日第一代天皇即位的日子。

天皇诞生日(2 月 23 日),是日本国民的节日之一,是庆祝天皇诞生的日子。

春分(3 月 21 日左右),歌颂自然、爱护生物的日子。

昭和纪念日(4 月 29 日),原为庆祝昭和天皇生日(1901 年 4 月 29 日)的日子,昭和天皇死后,这一天被改为植树节,2007 年起改为昭和纪念日。

宪法纪念日(5 月 3 日),纪念日本宪法实施(1947 年 5 月 3 日施行)的日子。

植树节（5月4日），以前植树节是在4月29日，2007年起改为5月4日。

儿童节（5月5日），庆祝小孩成长、为小孩祈求幸福的日子，同时也是对母亲表示感谢的日子。

海之日（7月第3个星期一），感谢大海的恩惠，祈祷海洋之国日本繁荣。

敬老日（9月第3个星期一），各地把老年人召集在一起，举行演艺活动，发放纪念品，祝贺他们延年益寿。

体育节（10月第2个星期一），是为纪念1964年10月10日在东京举行的国际奥林匹克运动会而设立的。

文化节（11月3日），1945年以前，在这一天纪念明治天皇的诞辰。第二次世界大战后，将其定为文化节，宗旨为“热爱自由、和平，促进文化发展”。

劳动感谢之日（11月23日），表达对劳动的尊重、庆贺生产发展、国民之间相互致谢的日子。

（八）料理

日本料理在日本列岛诞生并发展成为日本独特的料理。传统的日本料理称为“和食”，寿司、生鱼片、天妇罗、日本火锅都是有代表性的日本菜肴。在日本料理中，不仅有家庭式的日常菜肴，还有传统的节日料理、宴会料理，这些料理在现在日本人的生活中仍然很受喜爱。

1. 日本料理的“五味五色五法”

日本料理有“五味五色五法”的特征，“五味”就是甜、酸、辣、苦、咸，“五色”就是白、黄、红、蓝、黑，“五法”就是生、煮、蒸、烤、炸的烹饪法。

2. 材料

在制作日本料理套餐时，以不重复使用同一种材料为原则，同时，时令材料、即将过季的材料必须分开使用。并且在种类上，必须将“海鲜”“山珍”“地方特产”配合在一起使用。

3. 本膳料理

本膳料理是按照室町时代武士门第的礼法，以待客为基本形式的料理。本膳料理是日本料理的基础，也是宴会料理的鼻祖，在宫廷中或者冠婚丧祭时，作为一种仪式被使用。因此，本膳料理重视礼法，并有非常严格的制作方法。

4. 会席料理

会席料理是日本有代表性的乡宴料理，也是宴席上所有料理的总称。会席料理实际上是日本的聚会料理，现在日本餐馆提供的宴席料理多属此种。

5. 怀石料理

怀石料理是茶事、茶会席上的料理。原来使用“会席”二字，大约从江户时代中期开始借用“怀石”二字。究其原因，从前禅宗修行的和尚，因为每日只进两餐，到了深夜，为抵御饥寒而怀抱温石。在正式的茶会上，为使浓茶更香，用来垫空腹的简单料理叫怀石料理。

6. 米饭

在日本人的饮食中,被认为最重要的是米饭。米饭原来是指“煮过的米”。在日常说话中,泛指吃饭。自古以来,大米作为日本人的主食,是饮食生活中不可缺少的食物。现在日本人的日常食物,基本上是米饭、菜、酱汤。日本人每逢喜事,常吃红豆饭和带头尾的鲷鱼(甲吉鱼)。红豆饭是在糯米里加入红小豆一起蒸,红小豆将糯米染红。红色是代表太阳和火的颜色,是吉祥的颜色。鲷(たい)在日语里的读音和“吉利”(めでたい)谐音,颜色也是红色的,人们一直把它看作吉祥的鱼。因此,在庆典的宴席上,常常会摆出一条烧好了的头尾完整的甲吉鱼表达祝福之意。

(九)礼仪与赠答

1. 礼仪

在日常生活中的不同场合,寒暄礼仪有所不同。日本人相互问候时,通常不与对方的身体接触。握手不是日本人的传统习惯。日本人之间相互打招呼时,基本上先鞠躬。在站着的情况下,并拢双腿,弯腰鞠躬,从微微点头到弯腰 90 度深深鞠躬,根据礼貌的程度不同,鞠躬的角度各异。去日本人家里时,一般在玄关处鞠躬寒暄。进屋时要先脱鞋。在铺有榻榻米的房间进行寒暄时,必须正坐、弯腰、双手扶席、鞠躬问候。

2. 赠答

日本人喜欢赠送礼物,他们不仅重视赠送礼物,也十分重视还礼。像祝贺结婚、生日时,和其他国家一样,有赠送礼物的习惯,在平时拜访亲友时,也要带些礼物,表示敬意和友好,这已成为日本人的习惯。在赠送礼物方面,最具有代表性的两个时间节点是中元和岁暮。中元在 7 月份左右,岁暮在年末。在这两个时间节点,日本人向平时关心照顾自己的人以及关系密切的人赠送礼物表示感谢。在中元和年暮来临之际,百货公司或商店,会设置“中元礼品售货点”或“岁暮礼品售货点”开展促销甩卖活动。

(十)和服

现在的和服是江户时期的正式服装。近几年,虽然越来越多的日本人喜欢穿西服,但仍有一部分人喜欢穿着和服。

和服能展现日本女性之美,体现日本女性古典优雅的气质。和服中最为华丽的要数新娘穿的婚礼服,它在丝绸上面织入金银箔丝线刺绣,图案以花鸟为主。未婚女性和已婚女性的和服,在花纹、颜色、袖长上都有所不同。外出目的不同,所穿和服的质地、花纹、色调、样式也有所不同。女性通常在新年、成人式、大学毕业典礼、婚礼、婚宴、葬礼等场合穿和服。

四、经济

日本在第二次世界大战后,仅用 20 多年时间就实现了经济复苏并迅速崛起为世界经济大国。由于战争而停滞发展的日本经济大约从1947年起开始复兴，此后经历了从1955年起长达约20年的高速持续性经济增长阶段。在20世纪70年代的第二次石油危机后，日本经济进入了稳定发展的时期。20世纪80年代中期，随着日本地价、股票价格的高涨（泡沫经济）及持续的经济过热，日元迅速升值。但是在20世纪90年代，经历经济泡沫破灭后，日本经济进入低增长阶段。之后，日本一边向内需主导型经济转化，一边提高国民生活质量。

1968年，日本的国内生产总值位居世界第二，仅次于美国。虽然现在中国已经超过日本成为世界第二大经济体，但是日本仍旧保持着比较高的经济发展水平。第二次世界大战前，日本的产业结构主要以农业和轻工业为主，后来逐渐转向重工业及化学工业。现在，日本的产业结构以第三产业为主。另外，日本是世界领先的进出口贸易大国，这一点在汽车的出口贸易方面表现得尤其明显。

日本是继中国、美国、德国之后的世界第四贸易大国。2013年，日本的贸易总额达151兆日元，远远超出了国家预算。由于资源匮乏，日本从国外进口大量的原料和燃料，将原料加工成高质量的工业产品后再销往世界各地。

日本在第二次世界大战后以出口轻工业产品为主，1960年开始发展钢铁、船舶等重工业，20世纪七八十年代主要出口电子产品、电气机械、运输机械、精密机械等。20世纪90年代开始，汽车及IT（信息技术）产品等高技术产品的竞争愈加激烈。如今面对全球化的加剧，日本不得不考虑调整本国的产业及贸易结构。长期以来，日本的汽车出口在总出口额中所占比重最大。现在，由于很多汽车制造企业都在多个地区开设工厂，因此日本主要向美国、中国、泰国等国家出口汽车零件和发动机。日本的钢铁主要出口到韩国和中国，用于高层建筑、工厂建设和汽车制造。

在日本进口商品中，所占比重最大的是原油。日本主要从阿拉伯国家等进口原油，用作发电和汽车的燃料。发电燃料和城市燃气的原料液化天然气（LNG）主要从卡塔尔、马来西亚等国家进口，工业产品的原料铜、铅、铝等主要从南非、中国、俄罗斯、韩国等国家进口。约70%的服装从中国进口，高级名牌西装及鞋等也多为中国制造。电器及电子商品等制造业为削减生产成本，多在材料和人工费较低的中国及东南亚地区建厂，在当地进行生产并将产品输送到日本或其他国家进行销售。从总进口额来看，中国是日本最大的进口对象国。在2001年之前，日本最大的进口对象国是美国，2001年之后则一直是中国。

第二次世界大战前，日本的产业主要以第一产业为主，随着经济的高速发展，第二产业、第三产业比重逐渐增加。

（一）第一产业

1. 农业

第二次世界大战前，日本的产业结构以农业为主。1950年，日本第一产业的就业率为

50% 左右。但是,日本进入经济高速增长期后,从事农业生产的人数急剧减少。日本农林水产省统计数据显示, 2015—2020 年日本农业从业者减少了 46 万人。2023 年主要农业从业者的平均年龄为 68.7 岁。近年来,日本很多农产品依靠国外进口,但大米的自给率几乎是 100%。

2. 水产业

日本四面环海,近海浮游生物繁多,拥有得天独厚的天然渔场。因此,从古至今,日本的渔业都比较发达。但是,由于捕鱼水域的限制以及石油危机导致的燃料价格的飞涨,从事渔业生产的人员数量正在不断减少。1980 年,日本的渔获量世界第一,总量超过 1 000 万吨。现在日本的渔获量减少了一半以上。1984 年,日本海鲜类食品的自给率为 100%,但是由于近年来日本水产业的衰败, 2006 年海鲜类食品的自给率大约降低了 50%。现在,日本的水产业甚至开始依赖进口。

(二)第二产业

1. 制造业

制造业支撑了第二次世界大战后日本的经济。日本从海外进口资源,在国内制造加工成产品后再出口,形成了以加工贸易为主的经济模式并卓有成效。

日本的三大工业地带(京滨工业地带、中京工业地带、阪神工业地带)和主要工业地区集中在太平洋沿岸,其产值占全国工业生产总额的一半以上。在日本制造业中,最著名的是汽车制造业和电器制造业。日本三大汽车制造商分别为丰田、日产和本田。日本的松下、索尼等电器公司都积极扩展海外市场。

2. 建筑业

在第二次世界大战后的经济复苏时期,日本掀起了基础设施建设的高潮。受此影响,建筑业开始逐渐发展起来。经济复苏后,日本积极进行道路建设和河坝建设。特别是泡沫经济期间,日本扩大建设规模,建筑业在经济中所占比例远高于其他国家。但是, 2000 年后,日本削减了公共事业的开支。因此,建筑业规模整体变小,且集中在民间建筑较为兴盛的东京等大城市。

(三)第三产业

1. 批发行业

综合商社是日本特有的业务形式。日本的综合商社一度是全球规模最大的企业团体,销售额曾居世界第一。其中比较有代表性的有三菱商事、三井物产、住友商事、伊藤忠商事等。大型综合商社不断扩大规模,组织团体经营,旗下有制造公司子公司以及联营公司。批发商曾作为制造业和零售业的销售媒介得以发展,但是由于成本的缩减,现在很多贸易都不再通过批发商进行,因此中小型批发商破产和合并的情况屡见不鲜。

2. 零售业

零售店包括百货店、超市、家电量贩店和便利店等多种业务形式。在日本经济高速增长期以及泡沫经济期间，日本的零售业在全国范围内发展，并逐渐扩大规模。但是，由于过度投资和经济萧条，日本的消费能力降低，很多零售商面临停业及合并，商家间的价格竞争也愈演愈烈。近年来，日本的零售业开始进军东南亚国家、中国等海外市场。

3. 信息产业

日本的信息产业居世界领先水平，信息通信的性能好、价格低、基础配置完善。特别是日本的 DSL（数字用户线路）技术以及 FTTH（光纤到家）技术世界领先，信息通信网络也在不断发展。日本在 1990 年后开始普及计算机，拥有较高的技术水平。近年来，日本针对具有附加价值的“信息家电”的开发研究也进行得如火如荼。另外，随着 Facebook（脸谱）和 Twitter（推特，已更名为“X”）等海外社交软件进入日本市场，SNS（社交网络服务）中的社交游戏开发事业也在不断壮大。

4. 观光业

日本拥有美丽的自然风景、独特的文化以及很多历史悠久的建筑，观光资源丰富。日本政府为吸引更多的外国游客，实行了很多政策，如 2003 年开始大幅放宽签证限制，增加观光地及城市中的外语公示牌等。近年来，日本的独特文化吸引了大批外国游客到访。也有很多游客到访日本的主要目的是游览主题公园及购买家电产品。中国、韩国以及其他东南亚地区的游客人数正在逐渐增多。

五、常见灾害与防灾对策

日本是一个自然灾害频发的国家，常见灾害包括地震、海啸、台风、火山喷发、雪灾等。其中，最需要注意的是地震。日本列岛处于亚欧板块和太平洋板块交界地带，地壳活动频繁，因此地震灾害频发，并会引发海啸、山体滑坡、地裂等灾害。日本已经发生了多次震级为 7 级（M7）以上的大地震，破坏力之强不可小视。为了铭记 1923 年 9 月 1 日发生的关东大地震的灾害教训，日本政府将每年 9 月 1 日定为“防灾日”。

面对频繁发生的灾害，日本家庭和政府都认识到了防灾的必要性，并提前做好准备。比如，日本家庭会提前准备好收音机、手摇充电器、手电筒、药物等防灾用品，并在家中储备好食物和水。人们将家具和墙壁、天花板固定在一起，以减少地震带来的伤害。日本政府也呼吁民众外出时随身携带必要的防灾物品。

日本的防灾教育不仅写进教科书还是课外活动的重要组成部分。在日本，从幼儿园到高中的每所学校每年都会进行 1~2 次的避难训练，包括地震模拟训练、火灾模拟训练等，且这些训练都在不同场景下进行。日本各地均设有防灾教育中心、防灾馆等规模不等的公共设施。

日本政府和各地方自治体制定了与灾害相关的法律条例，并且完善了相关应急机制。一旦日本发生地震，电视画面的上方即会显示“地震速报”。近年来，“地震速报”显示得越来越及时，最快的情况下，从地震发生到信息的播出仅需一分钟左右。“地震速报”的内容通常包括震源地、地震规模、各地的地震烈度以及引发海啸的可能性等。人们还可以通过电视机、收音机或手机接收日本气象厅发出的“紧急地震速报”，了解有关地震的详细信息。“紧急地震速报”可帮助人们尽可能减少地震所造成的损失。另外，日本开通了平安留言服务，这是因为地震发生时，通信呼叫量在短时间内剧增，极易造成通信障碍。民众拨打灾害留言电话“171”，即可保存不超过 30 秒的语音信息。留言人的家人及朋友不论在哪里，拨打“171”便可以收听到其留的录音。日本在一些街道上，会设置灾害应对型自动售货机。灾害应对型自动售货机可以在自来水管道和运输线路被切断时，为民众免费提供饮用水。平时正常收取费用，一旦发生灾害，只需按下相应按钮即可免费得到饮用水。这种自动售货机主要设置在灾难易发、人口稠密的地区。

第二节　日本中等教育制度

一、中等教育类型

日本中等教育分为两个阶段，前期叫初级中学（简称初中），学制 3 年，属义务教育的完成阶段；后期叫高级中学（简称高中），学制 3 年，属于非义务教育阶段。日本中等教育学校分国立、公立和私立 3 种。

1. 初级中学

《学校教育法》规定，初中教育是在小学教育的基础上，实施适应学生发展需要的中等普通教育。初中教育的目标为培养学生作为国家与社会的一员必须具备的素质；教授学生进入社会后所需要的基础知识与技能；培养学生热爱劳动的精神以及根据个性选择职业的能力；开展丰富的校内外社会活动，正确引导学生的情感，提高其判断能力。

2. 高级中学

日本高中发展很快，已达普及的程度。《学校教育法》规定，高中教育是在初中教育的基础上，以实施高级普通教育和专门教育为目的的中等教育。可以看出，日本高中教育的目标具有双重性。日本高中按学科划分为普通高中和职业高中。前者以升学为目标，后者以就业为目标。由于日本比较重视学历，因此对普通高中较为重视。普通高中与职业高中的比例为 6 ∶ 4。高中的学习内容以《高中学习指导要领》为依据。课程分必修科目和选修科目。日本高中按照授课方式，分为全日制（3 年）、定时制、函授制（4 年以上）3 种。其中，全日制高中是最主要的形式。

二、初级中等教育

日本的初级中等教育制度始于 1947 年。日本学生小学毕业后进入初级中等学校，在此学习 3 年。入学年龄为 12~15 岁。私立中学、大部分国立中学以及部分公立中学都是通过入学考试来选拔学生的。截至 2021 年 5 月 1 日，日本有 10 076 所中学，其中有国立中学 68 所、公立中学 9 230 所、私立中学 778 所。在校生总数为 3 229 697 人。

根据《学校教育法》的规定，初级中等教育的课程包括必修课程、选修课程、道德教育课程、特别活动、综合性学习。私立中学可以用宗教课程代替道德教育课程。

必修课程包括：国语、社会、数学、理科、音乐、美术、保健体育、技术、家政、英语。以前还有职业课程，后来其内容慢慢融入技术、家政课程了。原来英语课程叫外国语言课程，除了学习英语还可以学习其他语言，现在原则上只能学习英语。但是在选修课程中，可以学习英语以外的语言。

选修课程包括：国语、数学、理科、音乐、美术、保健体育、技术、家政、外国语及其他必要的课程。

特别活动包括：年级活动、学生会活动、学校活动。

学校上课时间一般为周一至周五或周六，每天 5~7 小时。此外，日本还有夜间中学。2022 年，日本共有夜间中学 40 所。

三、高级中等教育

高等学校是日本中等教育后期的学校，相当于中国的高级中学。新制高等学校始于 1948 年，由旧制中学校、高等女学校、实业学校改组再编而成。高等学校的教育以中学的教育为基础，对完成中学课程的学生实施高等普通教育及专门教育，主要包括完成综合性基础教养课程，为进入大学及专门学校等高等教育机构做准备，或者以就职为目标进行技术、技能教育。

1998 年根据修订后的《学校教育法》，日本创建了 6 年中高一贯制中等教育学校。大多数私立学校施行中高一贯制教育，不接收从高中入学的学生，只是在法律上保持中等学校和高等学校分开的状态。

截至 2020 年 5 月 1 日，日本共有全日制、定时制高等学校 4 874 所，其中有国立学校 15 所、公立学校 3 537 所、私立学校 1 322 所。在校生共计 3 168 262 人。

日本的高等学校分为 8 种，即普通制高中、单位制高中、专门学校、综合学科学校、高等专门学校、定时制学校、通信制学校、支持类学校。

(一)普通制高中

普通制高中课程包括以下几项。

国家语言:日语综合,日语表达,现代句子 A 和 B,古典 A 和 B。

地理历史:世界史 A 和 B,日本史 A 和 B,地理 A 和 B。

公民:现代社会,伦理,政治经济。

数学:数学Ⅰ、Ⅱ、Ⅲ,数学 A 和 B,数学利用。

理科:科学与人类生活,物理基础,物理,化学基础,化学,生物基础,生物,地学基础,科学领域研究。

健康体育:体育,健康。

艺术:音乐Ⅰ、Ⅱ、Ⅲ,艺术Ⅰ、Ⅱ、Ⅲ,工艺品Ⅰ、Ⅱ、Ⅲ,书法Ⅰ、Ⅱ、Ⅲ。

外语:沟通英语基础Ⅰ、Ⅱ、Ⅲ,英语表达Ⅰ、Ⅱ。

英语会话家政:家庭基础,家庭综合,生活方式设计。

信息:社会与信息,信息科学。

综合学习活动:根据地区和学校的特色以及学生的特点安排的课程。

另外还有宗教(仅限私立学校)、环境、国际、挑战等。

(二)单位制高中

单位制高中不划分学年,但学生需要在 3 年内修完规定的学分。课程表的自由度很高。学生可以根据自己的生活节奏学习高中课程,但也有可能会出现“学分修不够不能毕业”的情况。

(三)专门学校

专门学校是教授工业科、商业科、农业科、国际科等专业,主要以培养学生职业能力为主的学校。因为这些学校会有一些特殊的设施,因此学费比较贵。

(四)综合学科学校

综合学科学校的学生可以从很多科目中选择喜欢的科目来制定个性化的学习时间表。虽然学校也有必修科目的要求,但是由于选修科目种类很多,所以学生自由度非常高,可以进行自主学习。

(五)高等专门学校

高等专门学校学制为 5 年,学业毕业后可以获得“准学士”称号。高等专门学校的课程除了一般科目以外还有专门科目,即为学生提供的特殊课程。想要成为技术员或工程师的学生可以选择高等专门学校中的理工类学校就读。

（六）定时制学校

定时制学校包括夜间上课的“夜间制”学校和白天上课的“白天制”学校。在这类学校中，边工作边上学的人很多，学生的年龄跨度很大。学制一般为 4 年。

（七）通信制学校

通信制学校的运行机制为：学校将课题和试卷发送给学生，学生将写好的课题报告和试卷发回学校。如果课题报告和笔试都合格了，学生就可以获得相应的学分。学校要求学生进行自我管理，自我负责。

（八）支持类学校

支持类学校为由于个人原因无法进入普通制高中，而进入通信制学校学习的学生提供帮助。支持类学校的教师与学生一起讨论和完成通信制学校发送的试卷和课题。学生毕业后可以获得通信制学校的毕业证书。

四、全国性毕业考试

在日本，年满 16 周岁的准毕业生在经过高中 3 年的学习后可以参加高中毕业水平认定考试（高等学校卒業程度認定試験），仅靠自学者或初中毕业者、高中退学者也可以参加此考试，如通过考试则证明其知识水准达到了高中水平，但其学历不会发生变化。高中毕业水平认定考试一年举办两次，学生可以多次参加考试，已经通过的科目在下一次考试时可以不必再考。通过该考试的人，将获得社会“学术能力等于或高于高中水平”的认证，并且拥有资格参加高等教育的入学考试。从 2024 年第 1 次高中毕业水平认定考试开始，与“地理历史”和“公民”相关的考试科目及其合格条件发生了变化。可免考的科目，根据入学年度不同而有所不同。各个考试科目的出题范围也发生了改变。高中毕业证书如图 1-1 所示。

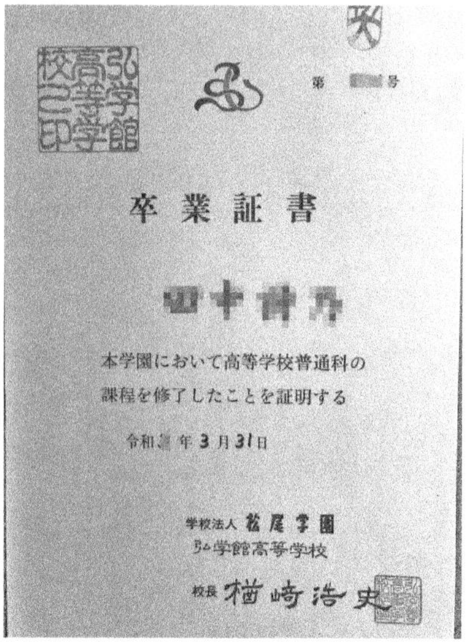

图 1-1　高中毕业证书

高中毕业水平认定考试的考试内容如下。

1. 日语

日语：必选。

2. 地理历史

历史:必选。

地理:必选。

3. 公民

公共:必选。

4. 数学

数学:必选。

5. 理科

科学与人类生活、物理基础、化学基础、生物基础、地学基础。选择科学与人类生活和其他四门基础科目中的一门,或者在基础科目中选择3门。

6. 外语

英语:必选。

毕业成绩单上包括学生平时的期中与期末成绩、学年平均成绩以及毕业考试的成绩,满分为100分。

第三节　日本高等教育制度

一、本科教育制度

(一)大学入学制度

持有高中毕业证书的学生想要进入大学学习,必须通过两个考试:由国家考试中心举办的全国统一考试和由各大学组织的单独考试。

1. 全国统一考试

在2020年之前,日本大学统一考试的名称为大学入学考试中心考试(大学入試センター試験,简称中心考试)。2014年12月,日本中央教育审议会提出废止中心考试,实行新的大学入学考试制度。2021年起,日本大学统一考试的名称改为大学入学共通考试(大学入学共通テスト,简称共通考试)。

本次制度改革主要提出三大举措。

1)引入社会化考试评估英语的阅读、听力、口语、写作能力。考试名称和实施主体如表1-1所示。

表 1-1　日本英语社会化考试名一览表

考试名称	实施主体
剑桥英语五级证书考试（MSE）	剑桥大学英语考试委员会（Cambridge Assessment English）
托福网考（TOEFL iBT）	美国教育考试中心（Educational Testing Service）
雅思（IELTS）	IDP：雅思澳大利亚
托业（听读测试、说写测试）（TOEIC）	一般财团法人国际商务交流协会
国才考试（GTEC）、GTEC CBT（CBT 即计算机化考试）	株式会社贝乐生集团
通用学术英语水平考试（TEAP）、TEAP CBT	公益财团法人日本英语检定协会
实用英语技能检定	公益财团法人日本英语检定协会
实用英语技能检定 CBT	公益财团法人日本英语检定协会
雅思（IELTS）	英国文化协会（British Council）

资料来源：周冲，李昱辉．日本大学入学统一考试改革：目标、路径及挑战 [J]. 比较教育研究，2019，41（5）：28-35.

2）国学语言和数学引入记述式问题，即主观题。此前，日本中心考试的题目都是客观题，本次改革引入主观题。

3）使用评价等级制。用 1~9 级来表示分数高低，这在一定程度上缓解了学生压力，避免了唯分数论。

但是由于社会上的反对声音很大，日本政府一再推迟实行新制度，反对的原因如下。①公平性问题：质疑主观题的评分公平性。②评卷时间问题：一是英语口语的测试需要时间，二是主观题评分需要时间，不能像客观题那样三四天就可以出成绩。③口语考官和评卷人数问题：需要大量的考官和评卷人员或通过编写一个计算机程序来完成对英语口语的测试，这在当时几乎不可能实现。④社会化考试如何实施问题：没有对应的等级量表。

针对以上质疑，共通考试的实行一再延迟。2021 年 1 月，第一次正式实施共通考试，但是主观题和英语的社会化考试暂不实行。

实施共通考试的目的为：①判断考生在基础阶段的学习程度；②了解考生是否掌握了接受大学教育所具备的能力。共通考试基于各教科、科目的属性，不仅重视对考生知识技能的评价，也重视对学生思考力、判断力、表现力的评价。

共通考试科目主要采用多项选择的客观题题型。2021 年大学入学共通考试教科、科目命题方式见表 1-2。

表 1-2　2021 年大学入学共通考试教科、科目命题方式

教科	命题科目	命题方法	科目选择方法	考试时间（分数分配）
国家语言	国家语言	试题范围为“日语综合”的内容，试题取自现代文和古文	无	80 分钟（200 分）

续表

<table>
<tr><th>教科</th><th>命题科目</th><th>命题方法</th><th>科目选择方法</th><th>考试时间(分数分配)</th></tr>
<tr><td>地理
历史</td><td>世界史A
世界史B
日本史A
日本史B
地理A
地理B</td><td rowspan="2">“伦理政治经济”是以“伦理”和“政治经济”的内容为范围出题的</td><td rowspan="2">从左侧的10个科目中最多选择2个科目(所选择的科目不能重复)</td><td rowspan="2">选择1个科目:60分钟(100分);
选择2个科目:130分钟(其中答题时间120分钟)(200分)</td></tr>
<tr><td>公民</td><td>现代社会
伦理
政治经济</td></tr>
<tr><td>数学</td><td>①
数学Ⅰ
数学Ⅰ数学A</td><td>“数学Ⅰ数学A”是以“数学Ⅰ”和“数学A”的内容为范围出题的;
在数学A的以下3项内容中,可以选择回答:案例的数量和概率、整数属性、图形属性</td><td>从左侧的2个科目中选择1个</td><td>70分钟(100分)</td></tr>
<tr><td>数学</td><td>②
数学科学Ⅱ
数学Ⅱ数学B
簿记会计
信息关系基础</td><td>“数学Ⅱ数学B”是以“数学Ⅱ”和“数学B”的内容为范围出题的;
在“数学B”的以下3项内容中可以选择回答:序列、向量、概率分布和统计推测;
“簿记会计”是以“簿记”和“财务会计Ⅰ”的内容为范围出题的,“财务会计Ⅰ”是以“财务会计基础”的内容为范围出题的;
“信息关系基础”涵盖以职业教育为主的农业、工业、商业、渔业、家庭、护理、信息和福利8个学科中的与信息相关的基础学科</td><td>从左侧的4个科目中选择1个</td><td>60分钟(100分)</td></tr>
<tr><td rowspan="2">理科</td><td>①
物理基础
化学基础
生物基础
地学基础</td><td>无</td><td rowspan="2">从左侧的8个科目中选择1个科目,并通过以下选择方法之一进行选择。
A:从理科①中选择2个科目;
B:从理科②中选择1个科目;
C:从理科①中选择2个科目和从理科②中选择1个科目;
D:从理科②中选择2个科目</td><td>理科①:
选择2个科目,
60分钟(100分)</td></tr>
<tr><td>②
物理
化学
生物
地学</td><td>无</td><td>理科②:
选择1个科目,
60分钟(100分);
选择2个科目,
130分钟(其中答题时间120分钟)(200分)</td></tr>
<tr><td>外国语</td><td>英语
德语
法语
中文
韩语</td><td>英语以沟通英语基础Ⅰ、沟通英语基础Ⅱ和英语表达Ⅰ的内容为范围出题
另外,听力提问的播放次数包括1遍和2遍</td><td>从左侧的5个科目中选择1个</td><td>阅读:80分钟(100分);
听力:60分钟(其中答题时间30分钟)(100分);
德语、法语、中文、韩语
写作:80分钟(200分)</td></tr>
</table>

（1）共通考试日期和次数

2021 年日本共通考试共安排三次考试。

第一次：2021 年 1 月 16 日、17 日。此次考试参加人数最多。

第二次：2021 年 1 月 30 日、31 日。参加对象为：①受新冠疫情的影响而被校长允许延迟入学的考生；②由于疾病或受伤等不可避免的情况，无法参加 1 月 16 日和 17 日考试的考生；③因雪灾、地震等灾害或其他特殊情况，无法参加 1 月 16 日和 17 日考试的考生。

第三次：特别补考，2021 年 2 月 13 日、14 日。参加对象为因疾病或受伤等不得已的情况，无法参加 1 月 30 日和 31 日考试的考生。特别补考与前两次考试命题方式有差别，对簿记会计、信息关系基础、德语、法语、中文、韩语不再命题。2021 年，共通考试的时间安排见表 1-3。

表 1-3　2021 年共通考试时间安排

考试日期	考试教科、科目		考试时间
第 1 天	历史 地理 公民	世界史 A、世界史 B、 日本史 A、日本史 B 地理 A、地理 B 现代社会、伦理、 政治经济	选择 2 个科目：9:30~11:40（注 1）； 选择 1 个科目：10:40~11:40
	国家语言	国家语言	13:00~14:20
	外国语	英语、德语、法语、 中文、韩语	英语阅读，德语、法语、中文写作：15:10~16:30 英语听力：17:10~18:10（注 2）
第 2 天	理科①	物理基础、化学基础 生物基础、地学基础	9:30~10:30（注 3）
	数学①	数学Ⅰ、数学Ⅰ数学 A	11:20~12:30
	数学②	数学科学Ⅱ、数学Ⅱ数学 B、 簿记会计、信息关系基础	13:50~14:50
	理科②	物理、化学、 生物、地学	选择 2 个科目： 15:40~17:50（注 1）； 选择 1 个科目： 16:50~17:50

注 1：选择 2 个科目考试时，每科 60 分钟答题时间，另加的 10 分钟用于收试卷。

2：听力正式答题时间为 30 分钟，另加的 30 分钟用于分发播放器和调试设备。

3：理科①组选 2 科答题，不是选 1 科。

（2）共通考试赋分机制

2021 年共通考试正式开始用 9 个等级代表分数，具体等级换算见表 1-4。值得一提的是，最终分数会根据当年考生的成绩进行一定调整，这在一定程度上避免了选择不同学科时由于学科难易程度不同而导致的不合理评定现象。

表 1-4　共通考试等级换算

单位:分

科目	9 级	8 级	7 级	6 级	5 级	4 级	3 级	2 级	1 级
国家语言	171~200	160~170	146~159	130~145	110~129	89~109	70~88	54~69	0~53
世界史 A	87~100	75~86	60~74	46~59	39~45	31~38	25~30	21~24	0~20
世界史 B	97~100	91~96	83~90	71~82	58~70	45~57	35~44	26~34	0~25
日本史 A	82~100	70~81	60~69	52~59	44~51	38~43	31~37	24~30	0~23
日本史 B	91~100	85~90	78~84	69~77	60~68	51~59	44~50	34~43	0~33
地理 A	84~100	78~83	72~77	65~71	58~64	49~57	40~48	28~39	0~27
地理 B	84~100	78~83	72 ~77	65~71	57~64	49~56	41~48	33~40	0~32
现代社会	83~100	77~82	71~76	64~70	55~63	46~54	38~45	29~37	0~28
伦理	94~100	91~93	85~90	79~84	70~78	60~69	51~59	40~50	0~39
政治经济	82~100	76~81	69~75	62~68	54~61	45~53	37~44	29~36	0~28
伦理政治经济	89~100	85~88	80~84	75~79	68~74	60~67	51~59	41~50	0~40
数学 I	69~100	60~68	53~59	44~52	33~43	25~32	18~24	12~17	0~11
数学 I 数学 A	92~100	83~91	73~82	63~72	52~62	42~51	33~41	23~32	0~22
数学 II	75~100	64~74	54~63	43~53	33~42	24~32	17~23	10~16	0~9
数学 II 数学 B	96~100	89~95	81~88	69~80	55~68	39~54	27~38	18~26	0~17
簿记会计	88~100	76~87	66~75	54~65	44~53	34~43	26~33	18~25	0~17
信息关系基础	93~100	86~92	76~85	67~75	56~66	47~55	38~46	24~37	0~23

(3)共通考试分数调整规则

在一般情况下,如果平均分差在 20 分以上,则试题的难度差异较大,经分数调整评审委员会审议后国家考试中心会对分数进行调整。但是,如果此科目考试人数在 1 万人以下,则不进行分数调整。分数调整主要针对以下科目。

1)历史、地理教科中的世界史 B、日本史 B、地理 B 三个科目。

2)公民教科中的现代社会、伦理、政治经济三个科目。

3)理科②教科中的物理、化学、生物、地学四个科目。

如在 2021 年 1 月 16 日和 17 日进行的共通考试中,“公民”与“理科②”两教科的各科平均分差在 20 分以上,就对其包含的科目进行了分数调整,但是“公民”中的“伦理政治经济”不作为调整对象,“理科②”中的“地学”因参考人数不到 1 万,也没有进行调整。

（4）共通考试分数公布

2021 年 1 月 16 日和 17 日的考试的分数在 1 月 20 日公布；2021 年 1 月 30 日和 31 日的考试的分数在 2 月 3 日公布；2021 年 2 月 13 日和 14 日的考试的分数在 2 月 18 日公布。可以发现，日本由于使用客观题考试，考试与公布分数之间仅仅相隔三四天，这也为之后学校组织单独考试预留了足够的时间。

2. 单独考试

参加共通考试之后，考生可以申请参加高校组织的单独考试。由各学校组织的单独考试所采用的考查方式包括小论文、综合问题、面试、实践考试、听力等。最终的分数由统一考试分数和单独考试分数组成。而统一考试分数和单独考试分数所占比例由各校自行决定，没有硬性要求。

3. 其他考试

除了通过国家考试中心举办的统一考试和各学校组织的单独考试进行考查外，日本还有其他选拔学生的方式，最具代表性的是综合型选拔（総合型選抜）和学校推荐型选拔（学校推薦型選抜）。

（1）综合型选拔

综合型选拔是由旧 AO（Admission Office，大学招生办公室）入学考试演变而来的，2021 年 AO 入学考试正式改为综合型选拔。此种考查方式先对考生进行详细的考查，形成书面材料，再将书面材料与面试结果相结合，对考生的能力、个性特征、专业趋向、学习欲望、学习目的意识等进行综合评定。学生可以不需要校长的推荐信而自行申请学校。采用综合选拔方式的各大学会先进行资料审查，然后组织面试，最后进行综合评定。综合型选拔侧重面试成绩和对考生的全面考查，有利于各大学招收到入学意愿强烈、目标明确、适合本校的个性化优质生源。2021 年，日本有 63 所国立大学、36 所公立大学采取了综合型选拔方式，占同类大学的比重分别为 76.8%、39.1%；国立大学、公立大学采用综合型选拔方式实际招生 6091 人、1066 人，占各自招生数的比重为 6.4%、3.4%。

（2）学校推荐型选拔

学校推荐型选拔由旧推荐入学考试演变而来。考生需要提交所在高中学校校长的推荐信。大学高度关注考生高中的学习情况，因此会以专门记录考生高中学习和活动基本情况的调查书为主要评价资料，将考生每年的学业成绩（如学分、出勤率、各科成绩等），参加各种课外活动、志愿者活动的情况，以及所获资格证书等转化为相应分数，对考生进行综合评价。2021 年，日本有 76 所国立大学、91 所公立大学采取了学校推荐型选拔方式，占同类大学的比重分别为 92.7%、98.9%；国立大学、公立大学采用学校推荐型选拔方式实际招生 11 849 人、8462 人，占各自招生数的比重为 12.5%、26.6%。

(二)学制与学位授予制度

大学提供的学士学位课程通常为期 4 年。学生通常需要修满 124 学分才能达到毕业要求。学生毕业后根据所学专业获得文学学士学位、理学学士学位或以专业名称命名的学士学位，如护理学士或教育学士。大多数医学、牙医学、药学和兽医学课程持续时间为 6 年，其中医学、牙医学专业须修满 188 学分，兽医学专业须修满 182 学分。大学本科毕业证书如图 1-2 所示。

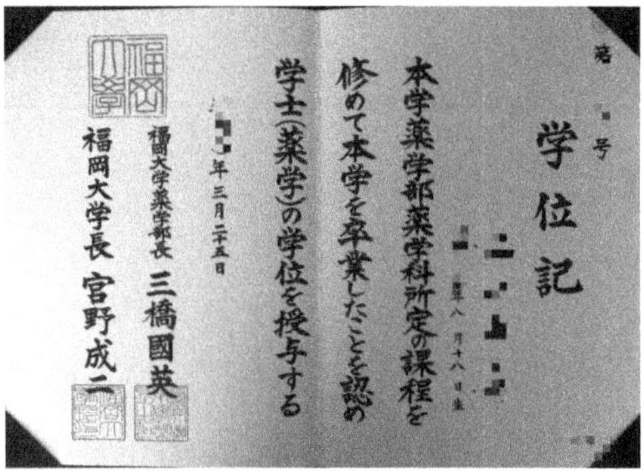

图 1-2 大学本科毕业证书

二、研究生教育制度

大学院是日本承担研究生教育的高端教育机构，它类似于我国的研究生院，有专门的教师和课程计划。日本的大学院建于 1886 年，当时明治政府颁布了《帝国大学令》，该令规定帝国大学由分科大学和大学院构成。日本在当时唯一一所大学——帝国大学（现东京大学）设立了大学院，作为高端教育机构，这在世界上属于比较早的。

明治维新后，日本政府于 1887 年颁布了《学位令》，规定学位分为博士和大博士。在经过数年实践和摸索后，日本政府对《学位令》进行了修改和完善，于 1920 年颁布了修订后的《学位令》，此时的研究生教育尚未形成体系，大学院还附设于学部下。

第二次世界大战后，日本出现了教学质量下滑和人才奇缺的现象。在这种情况下，日本于 1943 年制定了特别研究生制度，选择 12 所基础好的大学实行，该制度主要以自然科学为重点，由国家负担经费。

1947 年，日本政府颁布了《学校教育法》，规定了大学可以设置大学院。1949 年，大学基准协会颁布了《研究生标准文件》，从法律上明确了日本研究生教育的标准。1974 年，文部省制定了《大学院设置基准》，完善了大学院教员组织机构、独立研究科、日本研究生教育的制度。同年，文部省还修订了《学位规则》，完善了学位授予条件。1976 年，日本政府修订了《学校教育法》，正式建立大学院制度。20 世纪 90 年代初，日本政府进行第三次教育改革并持续推进。研究生教育改革首先从扩大研究生规模着手。1991 年《关于研究生教育的数量调整》咨询报告提出：到 2000 年，研究生在学人数达 1991 年的两倍。2004 年，日本政府修订《学校教育法》，改革的重点从增加研究生数量转为提高研究生培养质量，将培养高级专业的职业人才纳入大学院培养目标。

2005 年 9 月，中央教育审议会发表了《新时化的研究生教育——构筑具有国际魅力的研究生教育》咨询报告，明确提出研究生教育实质化；2006 年 3 月，文部科学省（文部省为其前身）制定了《研究生教育振兴政策纲要》，对《大学院设置基准》进行了修订，通过“全球

COE 项目”（CEO，Center of Excellence）“有组织的研究生教育改革推进项目” 等为研究生教育提供支持。

2011 年，中央教育审议会再次审议今后研究生教育的改进方案，发布《全球化研究生教育报告》，该报告提出：进一步优化研究生院课程体系，强化博士课程教育，培养大量能够在国际舞台上发挥作用的高端博士人才，是日本研究生教育改革面临的首要课题。2011 年，文部科学大臣制定了《第二次大学院教育振兴政策纲要》，对学位课程体系、博士培养与学位授予制度、多导师指导制度、研究生教育国际化制度等进行改革。

根据日本文部科学省官网显示，日本 100% 的国立大学、88% 的公立大学和 78% 的私立大学设置了大学院。截至 2023 年 5 月，日本共有 661 个大学院及专门职大学院。研究科数量见表 1-5。

表 1-5 研究科数量（2023 年 5 月） 单位：个

学校性质	硕士课程（硕士、博士前期）	博士课程（博士后期、一贯制）	专门职学位课程
国立大学	394	374	87
公立大学	195	171	12
私立大学	1 164	819	69
合计	1 753	1 364	168

数据来源：大学院关联参考资料集（mext.go.jp）。

（一）研究生教育体系

日本的研究生教育分为硕士课程、博士课程和专门职学位课程。日本研究生教育体系如图 1-3 所示。硕士课程包括一般的硕士课程、一贯制（相当于我国的直博）博士前期课程（2 年）、区分制博士课程（第 1~2 年课程），学制一般都是 2 年。博士课程包括一贯制博士后期课程、区分制博士课程（第 3~5 年课程）、医齿兽医学博士课程，标准学制为 5 年。专门职学位课程相当于我国的专业硕士及专业博士学位研究生的课程。

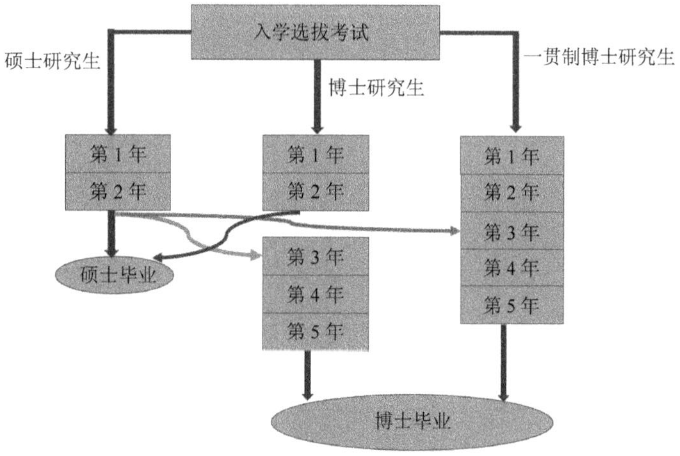

图 1-3 日本研究生教育体系

（二）入学资格

日本研究生在入学前会参加入学考试。在研究生招生季，各大学会提前发布本校招生计划及招生简章，内容包括报考条件、报名程序、考试日期、考试科目、招生人数和成绩发布日期等。同时，各大学还将发布与本校的课程相关的详细信息，例如课程目录、学分要求、导师情况、就业情况等，以供学生参考。

日本文部科学省官网公布了考生入学条件，考生满足入学条件方可报名参加入学考试。

硕士课程及博士前期课程的入学条件如下（符合以下任意一项即可）。

1）大学毕业者（《学校教育法》第102条）。

2）被大学改革支援或学位授予机构授予学士学位者（《学校教育法施行规则》第155条第1项第1号）。

3）在国外完成16年（申请医学、牙医学、药学或兽医学的博士课程者需要18年）学校教育者（《学校教育法施行规则》第155条第1项第2号）。

4）在日本国内完成国外学校16年（申请医学、牙医学、药学或兽医学的博士课程者需要18年）的函授教育者（《学校教育法施行规则》第155条第1项第3号）。

5）在日本国内修完由文部科学大臣指定的外国大学日本学校的课程者（《学校教育法施行规则》第155条第1项第4号）。

6）在外国大学完成修业年限为3年以上（申请医学、牙医学、药学或兽医学的博士课程者为5年）的课程，被授予相当于学士学位者（《学校教育法施行规则》第155条第1项）第4号之2）。

7）完成指定的专修学校的专门课程者（《学校教育法施行规则》第155条第1项第5号）。

8）旧制学校等结业者（1953年文部省告示第5号第1号至第4号，1955年文部省告示第39号第1号）。

9）防卫大学校、海上保安大学校、气象大学校等，各省大学校结业者（1953年文部省告示第5号第5号至第12号，1955年文部省告示第39号第2号）。

10）研究生院通过个别入学资格审查认定的22岁以上者（《学校教育法施行规则》第155条第1项第8号）。

博士后期课程的入学条件如下（符合以下任意一项即可）。

1）具有硕士学位或专门职学位者（《学校教育法》第102条第1项）。

2）在国外获得相当于硕士学位或专门职学位者（《学校教育法施行规则》第156条第1项）。

3）在日本完成国外学校提供的函授课程并获得相当于硕士学位或专门职学位者（《学校教育法施行规则》第156条第2项）。

4）在日本国内修完由文部科学大臣指定的外国大学院日本学校的课程者（《学校教育法施行规则》第 156 条第 3 项）。

5）在国际联合大学完成课程并获得相当于硕士学位者（《学校教育法施行规则》第 156 条第 4 号）。

6）大学毕业，在大学、研究所等从事 2 年以上研究工作，并经大学院认可，具有与获得硕士学位人员同等的学术能力者（1989 年文部省告示第 118 号）。

7）年满 24 岁并经研究生院认定具有与硕士学位者同等学术能力者（《学校教育法施行规则》第 156 条第 7 号）。

（三）入学考试

日本研究生入学考试分别在秋季和第二年春季举行两次，秋季的入学考试是第一次招生，第二年春季的入学考试属于第二次招生，所以一般参加秋季入学考试的考生人数较多。但是，国立大学、公立大学和一部分私立大学每年只举行一次入学考试，具体事项由各个大学制定。秋季入学考试的时间为每年 7 月至 9 月，春季入学考试的时间为次年 1 月至 3 月。研究生入学考试一般分为笔试（含专业科目或者小论文、英语）和面试两部分。

日本的研究生入学考试没有统一的标准，充分尊重学校的自主权。首先根据各个学科的特色由学科组教师命题，通常情况下包含外语水平测试（包括笔试和口试）、专业领域知识测试；其次由导师组成员组织面试本学科的考生。就外语水平测试而言，不同学校采用的形式一般不同，常见的形式是学科组教师从本学科领域的专业学术期刊中摘录一部分内容，要求考生对文章进行笔译，笔译完成后，再由导师组织学生进行专业口语测试，一般涉及专业术语和普通交流两个部分。

除了一般入学考试方式之外，还有为社会考生设置的社会人考试、推荐考试和 AO 考试。AO 考试是由大学招生办公室组织的考试，一般以材料审查、论文审查、面试为主。

（四）学制与毕业

日本大学院有硕士（学制 2 年）、博士（学制 3 年）学位授予权。硕士和博士研究生毕业证书如图 1-4 所示。有些学校的硕士课程和博士课程分别设立；有些学校的硕士课程和博士课程合在一起，分博士前期课程（2 年）和博士后期课程（3 年），博士前期课程（2 年）可视为硕士课程；有些大学采用 5 年一贯制的博士课程。日本研究生学制与毕业要求见表 1-6。

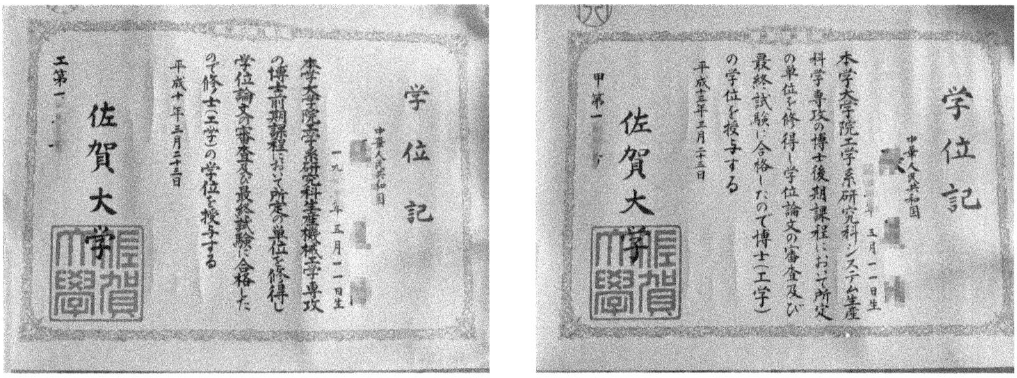

（a）　　　　　　　　　　（b）

图 1-4　硕士和博士研究生毕业证书

（a）博士前期（硕士）（b）博士后期

表 1-6　日本研究生学制与毕业要求

类别	学制	毕业要求	其他
硕士研究生	标准学制为 2 年	在学时间为 2 年以上； 取得 30 学分以上； 接受必要的科研指导的同时，完成符合所学专业课程要求的硕士论文或通过指定课题的研究成果的审查及实验	无
博士研究生	标准学制为 5 年； 博士前期课程（2 年）和博士后期课程（3 年）； 5 年一贯制的课程	在学时间为 5 年以上； 取得 30 学分以上； 接受必要的科研指导的同时，完成博士论文及实验	（论文博士） 不需要在校学习课程和参加学校考核，只需按照学校要求接受个人独立科研成果考核。学位授予机构实行目标管理。 （把博士前期课程视为硕士课程） 《大学院设置基准》第 4 条第 4 项规定，区分制博士课程的前期课程视为硕士课程，但对于一贯制博士课程的前两年，没有特别规定（这与一贯制博士课程非常少有关）

（五）专门职大学院

随着科学技术的发展和社会经济的日益全球化，日本急需活跃在国际舞台上的高级职业人才。2003 年，日本创建了专门职大学院。专门职大学院以培养高级职业人才为目标。学制一般为 2 年（法科大学院为 3 年）。毕业要求如下：①修满 30 学分以上（法科大学院需要修满 93 学分以上，教职大学院需要修满 45 学分以上）；②专门职大学院毕业的硕士研究生不需要提交论文，毕业被授予硕士学位，如管理学硕士（专门职）。根据日本文部科学省网站统计，截至 2022 年 5 月，日本共有 118 所专门职大学院。

三、高等教育机构

（一）大学排名

在世界大学排名中，ARWU 世界大学学术排名（软科世界大学学术排名）、QS（国际教育市场咨询公司 Quacquarelli Symonds）世界大学排名、THE（泰晤士高等教育）世界大学排行榜比较有名。日本大学的排名情况见表 1-7~ 表 1-9。

表 1-7　ARWU 世界大学学术排名 2023（排名前 700 的日本大学）

世界排名	大学	大学性质
27	东京大学	国立
39	京都大学	国立
101~150	名古屋大学	国立
151~200	大阪大学	国立
151~200	东京工业大学	国立
201~300	北海道大学	国立
201~300	东北大学	国立
201~300	筑波大学	国立
301~400	庆应义塾大学	私立
301~400	九州大学	国立
301~400	冲绳科学技术大学院大学	私立
401~500	广岛大学	国立
501~600	神户大学	国立
501~600	冈山大学	国立
601~700	千叶大学	国立
601~700	北里大学	私立
601~700	大阪公立大学	公立
601~700	信州大学	国立
601~700	东京理科大学	私立

资料来源：http://www.shanghairanking.com/rankings/arwu/2023。

表 1-8　QS 世界大学排名 2024（排名前 600 的日本大学）

世界排名	大学	大学性质
28	东京大学	国立
46	京都大学	国立

续表

世界排序	大学	大学性质
80	大阪大学	国立
91	东京工业大学	国立
113	东北大学	国立
164	九州大学	国立
176	名古屋大学	国立
196	北海道大学	国立
199	早稻田大学	私立
214	庆应义塾大学	私立
355	筑波大学	国立
446	丰田工业大学	私立
472	广岛大学	国立
476	神户大学	国立
481	一桥大学	国立

资料来源:https://ranking.promisingedu.com/qs。

表 1-9 THE 世界大学排行榜 2024(排名前 1 000 的日本大学)

世界排名	大学	大学性质
29	东京大学	国立
55	京都大学	国立
130	东北大学	国立
175	大阪大学	国立
191	东京工业大学	国立
201	名古屋大学	国立
301	九州大学	国立
351	北海道大学	国立
351	筑波大学	国立
401	东京医科齿科大学	国立
601	会津大学	公立
601	顺天堂大学	私立
601	庆应义塾大学	私立
601	神户大学	国立
801	熊本大学	国立
801	京都府立医科大学	公立
801	冈山大学	国立

续表

世界排序	大学名	大学性质
801	东京农工大学	国立
801	东京医科大学	私立

资料来源：https://ranking.promisingedu.com/world-times。

此外，日本国内有 THE 日本大学排行榜，排行榜的评选指标包括教育资源、教育充实度、培养成果、国际化四个方面的 16 个项目，用以体现大学的综合实力。2023 年 THE 日本大学排行榜排名前 20 的大学见表 1-10。

表 1-10　2023 年 THE 日本大学排行榜（排名前 20 的日本大学）

国内排名	大学	大学性质
1	东北大学	国立
2	东京大学	国立
3	大阪大学	国立
4	东京工业大学	国立
5	京都大学	国立
6	九州大学	国立
7	北海道大学	国立
8	名古屋大学	国立
9	筑波大学	国立
10	国际基督教大学	私立
11	广岛大学	国立
12	庆应义塾大学	私立
13	神户大学	国立
14	早稻田大学	私立
15	国际教养大学	私立
16	一桥大学	国立
17	东京医科齿科大学	国立
18	金泽大学	国立
19	千叶大学	国立
20	东京农工大学	国立

资料来源：https://japanuniversityrankings.jp/rankings/total-ranking/。

（二）高等教育机构类型

日本的高等教育机构可分为大学、短期大学、高等专门学校和专修学校。根据设立主体的不同，分为国立、公立、私立 3 种。

国立大学是由日本政府直接领导、管理、出资建立的大学。国立大学基本上都是一流大学，和私立大学相比，其考取难度更大，世界排名更靠前、知名度更高。

公立大学是由地方政府出资建立的大学，接受当地政府管辖，为当地居民提供高等教育机会，也是当地的知识、文化中心，为当地的社会、经济、文化发展做出贡献。

私立大学是由民间资本创建运营的大学。日本的私立大学的特点为企业化、自主经营、自负盈亏。在私立大学、短期大学就读的学生约占所有大学生的 80%，可以说私立大学为日本高等教育的发展做出了巨大贡献。随着向国际化、高度信息化的方向发展，各私立大学为了适应民间多样化的需求，致力于推进特色教育建设。由此可见，私立大学在质量和数量上对日本学校教育的发展起重要的作用。日本各类大学数量统计见表 1-11。

表 1-11　日本各类大学数量统计

性质	学校数 / 所	在校生数 / 人
国立	86	600 177
公立	100	165 914
私立	622	2 179 716
合计	808	2 945 807

注：截至 2023 年 5 月 1 日的统计数据。

短期大学在《学校教育法》中被定位为与 4 年制大学的目的和修业年限不同的大学，自 1950 年创立以来，这类学校对女性高等教育的普及和实践性职业教育的发展发挥了很大的作用。

短期大学的个性和特色在于，作为地方的高等教育机构，可在短时间内为学生提供相当于大学水平的教育和以此为基础的专业领域教育。为了明确这一特征，2005 年日本政府设立了向短期大学毕业生授予“短期大学士”学位的制度。

另外，与 4 年制大学相比，各县内的短期大学入学率高于 4 年制大学，因此短期大学在确保当地群众接受高等教育方面发挥着重要的作用。

短期大学提供各领域的教育，特别是在为当地培养幼儿园教师、保育员、营养师、护理员等专业人才方面发挥着重要作用。

学生从短期大学毕业后可选择编入 4 年制大学或升入短期大学专攻科继续深造。2023 年，日本不同性质的短期大学及其在校生的数量见表 1-12。

表 1-12　2023 年日本不同性质的短期大学及其在校生数量

性质	学校数 / 所	在校生数 / 人
国立	0	0
公立	14	4 971
私立	295	86 828
合计	309	91 799

注：截至 2023 年 5 月 1 日的统计数据。

下面对日本部分著名高校进行介绍，各校信息及数据主要源自各高校的官方网站。

1. 东京大学(The University of Tokyo)

东京大学，简称东大，建立于 1877 年，是日本近代第一所大学、世界级著名的国立综合性研究型大学，也是日本“超级国际化大学计划”（Top Global University Project）A 类顶尖校。

东京大学是由东京开成学校和东京医学校合并而成的，设有法、理、文、医学 4 个学部和 1 所大学预备学校。1886 年，明治政府颁布了《帝国大学令》，东京大学与工部大学合并，改名为帝国大学，设有法、医、工、文、理 5 个学部，并设立了大学院。1897 年，京都帝国大学成立，帝国大学更名为东京帝国大学。东京帝国大学于 1935 年制定了外国留学生入学大学本科的规定。1947 年，东京帝国大学更名为东京大学。

东京大学有本乡、驹场、柏共 3 个校区，设有 10 个本科学部（44 个专业）、15 个大学院（89 个专业）、11 个附属研究所（包括先端科学技术研究中心）、13 个大学研究中心、3 个附属图书馆和 3 个高等研究所。东京大学的学部、大学院和研究所都有其相关的附属机构，如东京大学医院就是其中之一。截至 2023 年 5 月，东京大学共有教职员 8 192 人，各类在校生 28 904 人（含外国留学生 4 731 人）。

在国际交流方面，东京大学除了与世界各个国家和地区的大学或研究所签有交流协议、合作备忘录以外，还以事务所或研究所的形式设立了 31 个海外据点。截至 2023 年 5 月，在海外留学的东京大学学生有 390 人。

2. 大阪市立大学(Osaka City University)

大阪市立大学是日本国内一流的公立大学。大阪市立大学的前身是 1880 年创立的大阪商业讲习所；1889 年，发展为市立大阪商业学校，培养出了多名大阪财政界的代表人物；1901 年，升级为大阪高等商业学校；1928 年，更名为大阪商科大学，成为日本第一所市立大学，设立有本科、预科、高等商科。1949 年，以大力改革学校制度为契机，大阪市政府将大阪商科大学、大阪市立都岛工业专门学校、大阪市立女子专门学校合并为拥有文理院系的大阪市立大学。截至 2024 年 5 月，大阪市立大学设有 8 个本科学部、10 个大学院研究科。

截至 2023 年 5 月 1 日，大阪市立大学共有教职员 1 809 人，各类在校生 3 855 人，曾培养出一名诺贝尔奖获得者。

大阪市立大学的排名情况如下:2021 年 QS 世界大学排名第 541~550 位;2021 年 QS 世界大学亚洲排名第 156 位;2021 年 THE 世界大学排行榜第 1 001+ 位;2021 年 THE 世界大学排行榜的日本大学排名第 53 位。

3. 早稻田大学(Waseda University)

早稻田大学创立于 1882 年,其前身为东京专门学校,1902 年更名为早稻田大学,是日本综合性研究型私立大学,也是被纳入日本"超级国际化大学计划"A 类顶尖校的两所私立大学之一。早稻田大学在创立之初,设置有政治经济学科、法律学科、理学科及英语学科,有在校学生 80 人,1884 年开始接收外国留学生。

早稻田大学有早稻田、户山、西早稻田、所泽 4 个校区。截至 2023 年,学校共有教职员 5 208 人,本科生 38 776 人,研究生 8 490 人,其中有外国留学生 7 122 人。早稻田大学有 13 个本科学部,其大学院有 20 个研究科。该校毕业生遍及媒体、政界和学界,多位日本首相都毕业于该校。许多中国现代革命家如陈独秀、李大钊、彭拜、廖承志等都在早稻田大学学习过。

在国际交流方面,截至 2023 年,早稻田大学已与 87 个国家和地区的 584 所大学或机构签订了 518 个合作交流协议。

4. 京都大学(Kyoto University)

京都大学是日本著名的综合性研究型大学,简称京大,本部坐落于日本京都市左京区。京都大学前身为京都帝国大学,创立于 1897 年 6 月,是日本"超级国际化大学计划"A 类顶尖校。

根据京都大学官网介绍,明治时期,日本只有一所官立大学——帝国大学,既现在的东京大学。帝国大学旨在为日本培养官僚和技术人才。随着西欧的学术和文化被引进,日本也兴起了独立发展学术研究和高等教育的热潮。1897 年,日本颁布敕令,设立了第二所帝国大学——京都帝国大学,1947 年更名为京都大学。京都大学倡导自由与民主的科研学习氛围,主张学生在自重、自敬的基础上个性化发展。

京都大学有吉田、宇治、桂共 3 个校区。学校设有 10 个本科学部、18 个大学院、12 个附属研究所。截至 2023 年,学校共有教职员 7 650 人,各类在校生 22 600 人(含外国留学生 3 000 人)。截至 2023 年,京都大学已培养出 11 名诺贝尔奖获得者。

为了发展具有国际竞争力的研究、培养世界通用的国际型人才,京都大学积极推动与世界各国的主要大学和机构签订学术交流协定(谅解备忘录,MOU)。截至 2024 年 4 月,京都大学已与 54 个国家和地区的大学签订了学术交流协议,与 39 个国家和地区的大学签订了学生交流协定。京都大学设有 3 个学校海外据点、63 个部门海外据点。

5. 东北大学(Tohoku University)

东北大学位于日本宫城县仙台市,是知名的国立研究型大学,是日本"超级国际化大学计划”A 类顶尖校。东北大学的前身为东北帝国大学（创立于 1907 年 6 月）。1947 年 10 月，东北帝国大学改名东北大学，成为日本第一所接收女学生和外国学生的大学。

东北大学在仙台市有片平、川内、青叶山、星陵 4 个校区。学校设有 10 个本科学部，分别为文学部、教育学部、法学部、经济学部、理学部、医学部、齿学部、药学部、工学部、农学部。其大学院设有 15 个研究科，分别为文学研究科、教育学研究科、法学研究科、经济学研究科、理学研究科、医学系研究科、齿学研究科、药学研究科、工学研究科、农学研究科、国际文化研究科、信息科学研究科、生命科学研究科、环境科学研究科、医工学研究科。截至 2023 年 5 月，学校共有各类教职员 6 439 人，本科生 10 644 人、研究生 7 041 人，含来自 90 个国家和地区的各类留学生 2 145 人。

截至 2024 年 5 月，东北大学已与 36 个国家和地区的 240 个高校及机构签订校际交流协议，与 59 个国家和地区的 458 所高校及机构签订部门交流协议。东北大学在 3 个国家设有海外事务所，其中中国代表事务所（北京）设立于 2007 年。

6. 大阪大学(Osaka University)

大阪大学作为日本第六所帝国大学，于 1931 年创立，是日本“超级国际化大学计划”A 类顶尖校。

大阪大学起源于绪方洪庵于 1838 年设立的“适塾”补习班。1931 年，原大阪医科大学的医学部和理学部组成大阪帝国大学。第二次世界大战后，大阪帝国大学正式更名为大阪大学。大阪大学继承了绪方洪庵的“为人、为世、为道”的精神。

大阪大学相继设立了新的独特的学部、研究生院、研究所等，现在拥有吹田、丰中、箕面 3 个校区，设有 11 个本科学部，其大学院设有 15 个研究科、6 个附置研究所，成为日本屈指可数的国立综合性研究型大学。大阪大学不论理科还是文科，都能在全国率先创立学部、研究科和研究所，这是因为大阪大学秉承了自由和进取的精神，以及在新的时代下充满热情。

截至 2023 年 5 月，大阪大学共有本科在校生 14 986 人，大学院在校生 4 741 人，外国留学生 2 781 人，教师 3 316 人（其中教授 1 006 人）。

截至 2024 年 2 月，大阪大学已签订大学交流协议 154 个、部门交流协议 640 个。大阪大学设立了北美、欧洲、东亚、ASEAN 等海外据点。

7. 东京工业大学(Tokyo Institute of Technology)

东京工业大学是一所历史超过 140 年的国立大学，也是日本“超级国际化大学计划”A 类顶尖校，于 2018 年 3 月被指定为国立大学法人的理工类综合性大学。东京工业大学有大冈山、铃台、田町 3 个校区。截至 2023 年 5 月 1 日，学校约有各类教职员 3 661 人，本科生 4 776 人、研究生 5 654 人，其中各类留学生 1 854 人。

东京工业大学的前身是 1881 年设立的东京工科学校，1929 年改名为东京工业大学。东京工业大学以成为“世界最高峰理工科综合大学”为长期目标，以世界为舞台，培养科学技术领域的高端人才。截至 2023 年 5 月，东京工业大学已签订 109 个校际交流协议、118

个部门交流协议。东京工业大学在泰国、德国、美国设有海外据点，在菲律宾、中国、埃及设有海外事务所。

8. 名古屋大学(Nagoya University)

名古屋大学位于日本爱知县名古屋市，是一所国立综合性大学，是日本“超级国际化大学计划”A 类顶尖校。名古屋大学的发展沿革可以分为学校前身时期、帝国大学时期、新制大学时期和国立大学法人时期。

学校前身时期（1871—1938 年）：明治维新后的 1871 年，名古屋县（一说是名古屋藩）接受了名古屋藩种痘所的伊藤圭介等先觉者所提的意见，设立了临时医院、临时学校，旨在向社会普及西洋医学和培养负责人，这被认为是该校的“创基”。之后，经过几次变迁，1881 年学校改名为爱知医学校，1903 年发展为爱知县立医学专门学校，1920 年发展为县立爱知医科大学。1908 年，爱知郡呼续町（现在的名古屋市）设立第八高等学校，这就是学校旧教养部的前身。1920 年，名古屋高等商业学校建立，这是学校经济系的前身。1931 年名古屋医科大学建立。

帝国大学时期（1939—1948 年）：在爱知县，特别是日本屈指可数的大城市名古屋市设立综合性大学，是当地人一直向政府呼吁的事情。1939 年，名古屋帝国大学成立，其所需的巨额费用均由爱知县捐助。名古屋帝国大学由医学部和理工学部两个学部组成，1942 年学校将理工学部分为理学部和工学部，第二年设置了航空医学研究所。1947 年，名古屋帝国大学更名为名古屋大学（旧制），1948 年创建了文学部和法经学部，成为名副其实的综合性大学。

新制大学时期（1949—2003 年）：1949 年，名古屋大学进行了学制改革，名古屋大学以新制大学重新出发。改革后的名古屋大学包含文学部、教育学部、法经学部、理学部、医学部、工学部、环境医学研究所、空电研究所、第八高等学校、名古屋经济专门学校、岗崎高等师范学校等。1953 年，名古屋大学设置了新制大学院，到 1955 年所有学部均设置了大学院。20 世纪 90 年代至 2003 年，名古屋大学相继设立了多个不以学部为基础的研究生院独立研究科。

国立大学法人时期（2004 年至今）：2004 年，作为国立大学法人的名古屋大学开始了新的征程。2018 年，名古屋大学作为世界最高水平的教育研究活动的国立大学法人，被文部科学大臣指定为“指定国立大学法人”。2020 年，国立大学法人东海国立大学机构成立，共同管理名古屋大学和岐阜大学。

截至 2020 年 4 月，名古屋大学有 9 个学部，13 个研究科，3 个附属研究所，全国共同利用、共同研究据点 4 个；培养出 4 名诺贝尔奖获得者。截至 2023 年 5 月 1 日，名古屋大学有教职员工 3 196 人、本科生 9 547 人、研究生 6 355 人。截至 2024 年 5 月，名古屋大学与世界各国和地区签订了校际交流协议 162 个、部门交流协议 318 个。

9. 北海道大学（Hokkaido University）

北海道大学是一所国立综合性大学，是日本“超级国际化大学计划”A 类顶尖校。学校位于日本北海道札幌市，有札幌和函馆 2 个校区。按照历史发展沿革，北海道大学可以分为札幌农学校时期、东北帝国大学农科大学时期、北海道帝国大学时期、北海道大学时期和国立大学法人北海道大学时期。

1876 年 8 月，札幌农学校举行建校仪式。1907 年 9 月，东北帝国大学成立，札幌农学校成为东北帝国大学农科大学，附设了大学预科。1918 年 4 月，北海道帝国大学成立，东北帝国大学农科大学改名为北海道帝国大学。1947 年北海道帝国大学改名为北海道大学。2004 年，北海道大学成为国立大学法人北海道大学。

北海道大学设有 12 个学部，其大学院有 20 个学院（教育部）、1 个研究科、17 个研究院 / 协作研究部。截至 2023 年 5 月 1 日，北海道大学有教职员工 3 920 人，本科生 11 164 人、研究生 6 585 人，其中留学生 2 177 人，与 73 个国家和地区签订了 748 个交流协议和合作备忘录。

10. 九州大学（Kyushu University）

九州大学是一所国立综合性大学，坐落于日本福冈县福冈市，是日本“超级国际化大学计划”A 类顶尖校，创建于 1903 年，前身为京都帝国大学福冈医科大学。

九州大学有 6 个校区，12 个学部（本科）、19 个学府（大学院）、16 个研究院。截至 2023 年 5 月，九州大学有教职工 6 075 人，其中教授 676 人、副教授 665 人；有在校本科生 11 707 人、研究生 6 591 人，其中留学生 2 659 人。截至 2023 年 5 月，九州大学已与 38 个国家和地区签订了 182 个校际或部门交流协议，与 10 个国家和地区签订了双学位协议。截至 2024 年，九州大学在海外设有 7 个海外事务所、2 个海外大学内事务所、2 个海外项目基地。

11. 筑波大学（University of Tsukuba）

筑波大学是一所国立综合性大学，位于东京首都圈的筑波市，其前身为建立于 1872 年的东京示范学校，是日本“超级国际化大学计划”A 类顶尖校。

1973 年，随着《国立学校设置法》的修订，筑波大学成立。当时筑波大学由医学专门学群、体育专门学群以及附属图书馆组成。1975 年，筑波大学设置了艺术专门学群、大学院修士课程及大学院博士课程。2020 年，筑波大学被文部科学省指定为“指定国立大学法人”。

筑波大学的教育体系与其他日本大学不同，分为学群和学类。学群是进行本科教育的组织。学类属于学群，是承担学生教育工作的组织。筑波大学设有 9 个学群，分别为人文 / 文化学群、人间学群、社会 / 国际学群、生命环境学群、理工学群、情报学群、医学群、体育专门学群和艺术专门学群。学群下设有 23 个学类。研究生教育是由学术院和研究群来完成的。大学院设有 3 个学术院、6 个研究群。学术院覆盖专业领域广泛，可以让学生获得丰富的专业知识。

截至 2023 年 5 月，筑波大学共有 5 395 名教职员工，在 11 个国家和地区设有 12 个海外事务所，有 2 399 名留学生，与 67 个国家和地区的 376 所高校签订了校际或部门交流协议。

12. 庆应义塾大学（Keio University）

庆应义塾大学是入选日本“超级国际化大学计划”A 类顶尖校的两所私立学校之一，是日本最早的私立综合学塾，其前身为 1858 年创立的兰学塾，1868 年改称庆应义塾，开启了日本近代私立大学的先河。1890 年，庆应义塾设置大学部，开设了文学、理财、法律三科，学制 3 年，自此庆应义塾大学成为日本第一所私立综合性大学。1906 年，庆应义塾大学设置大学院，1949 年改为新制大学，开设了文学、经济学、法学、工学 4 个学部，1951 年开设新制大学院（硕士课程），设有文学、经济学、法学、社会学、工学 5 个研究科。另外，庆应义塾大学在文学部还附设了图书馆学科。

庆应义塾大学在首都圈有 6 个校区，设有 10 个学部、14 个研究科，截至 2023 年 6 月，有在校生 33 518 人、专职教师 2 343 人，与 340 所大学及高等教育机关签订有交流协议。

13. 神户大学（Kobe University）

神户大学位于日本兵库县神户市，是一所国立综合性研究型大学。神户大学以六甲台校区为中心进行教育和研究活动。

神户大学始建于 1902 年，其前身为神户高等商业学校，1929 年升级为神户商业大学，并设置了神户商业大学附属商学专门部。1949 年 5 月 31 日，根据《国立学校设置法》，神户经济大学、神户经济大学预科、神户经济大学附属经营学专门部、姬路高等学校、神户工业专门学校、兵库师范学校、兵库青年师范学校合并，成立神户大学。当时神户大学设有文理学部、教育学部、法学部、经济学部、经营学部和工学部 6 个学部，并附设了附属图书馆和经济经营研究所。1953 年 4 月，神户大学设立大学院法学研究科、经济学研究科、经营学研究科（硕士课程、博士课程）。20 世纪 60 年代后，除了医学部和一部分设施以外，神户大学所有学部都集中在六甲台地区。2003 年，神户大学和神户商船大学合并，设立了海事科学部，这是日本大学中独有的学科。2004 年，神户大学成为国立大学法人神户大学。如今，神户大学已发展成拥有 10 个学部、15 个大学院研究科、1 个研究所和多个中心的日本国内屈指可数的综合性大学。

截至 2023 年 5 月，神户大学共有各类教职员工 4 275 人，其中教授 566 人、副教授 405 人，在校本科生 11 411 人、研究生 4 460 人。神户大学把“知识的创造”“知识的继承和环流”“知识的共有和国际合作”“基于人才交流的知识的国际贡献”“培养引领世界潮流的人才”作为国际交流的基本理念，持续进行各种国际交流活动。截至 2024 年 5 月，神户大学与 64 个国家和地区的 382 所大学及研究机构签订了学术交流协议。2008 年 1 月，神户大学在北京设置了第一个海外据点，2017 年 12 月，该据点迁至北京外国语大学日本学研究中心。2010年，神户大学设立了神户大学布鲁塞尔据点，在欧洲进行日本欧洲教育合作研究。

14. 一桥大学(Hitotsubashi University)

一桥大学位于日本东京都国立市，是一所国立研究型大学，也是日本旧制三大商科大学之一。

一桥大学前身为1875年创设的商法讲习所，1884年改称东京商业学校，由农商务省管辖。1920年，东京商业学校改称东京商科大学，除了大学学部，还设有预科、附属商学专门部和附属商业教员养成所。1949年，东京商科大学改组为一桥大学，设有商学部、经济学部和法学社会学部。1951年，法学社会学部分为法学部和社会学部，至此一桥大学共有4个学部。1953年，一桥大学设置了大学院，设有商学研究科、经济学研究科、法学研究科和社会学研究科，1996年新增了语言社会研究科，2004年成为国立法人大学一桥大学，2005年设置了国际公共政策大学院（专门职学位课程），2019年被指定为“指定国立大学法人”，2023年新增了社交数据科学学部和研究科。

截至2023年5月，一桥大学共有各类教职员工665人，其中教授200人、副教授75人，在校本科生4 335人、研究生1 838人。在国际交流方面，一桥大学与45个国家和地区的大学及机构签订了交流协议。

15. 千叶大学(Chiba University)

千叶大学坐落于日本千叶县千叶市，是一所著名的国立综合性研究型大学。1949年5月31日，千叶医科大学、千叶医科大学附属医学专业部及药学专业部、千叶师范学校、千叶青年师范学校、东京工业专门学校、千叶农业专门学校合并为新制国立综合大学千叶大学。2004年4月1日，千叶大学成立国立大学法人千叶大学。千叶大学有西千叶、亥鼻、松户、柏叶、墨田5个校区。

在成立之初，千叶大学由5个学部（学艺学部、工艺学部、园艺学部、医学部、药学部）、1个研究所（腐败研究所）以及附属图书馆组成。1955年4月，千叶大学设立大学院，之后又经过了几次学部、研究科等的扩充改组，现在设有10个学部、17个研究科，其中法政经学部、园艺学部和看护学部均是国立大学里独有的学科。截至2020年，国立大学法人千叶大学共有教职员3 402人，其中教授405人、副教授335人。另外，千叶大学的学部学生（本科生）为10 473名、研究生为3 359名。作为综合性大学，千叶大学不管是规模还是教育都在日本国立大学中名列前茅。

千叶大学以发展世界领先的教育及研究为目标，将海外据点分为海外校区、国际交流中心、海外事务所和国际共同研究中心4种类型，不断推进海外据点的建设。截至2024年10月，千叶大学与41个国家和地区的大学签订了287个交流协议。

16. 东京医科齿科大学(Tokyo Medical and Dental University)

东京医科齿科大学是日本国立大学，坐落于日本东京都文京区。东京医科齿科大学创立于 1928 年，前身为东京高等齿科医学校；1946 年改为旧制东京医科齿科大学；1951 年根据《国立学校设置法》，改组为新制东京医科齿科大学；2004 年成立国立大学法人东京医科齿科大学。东京医科齿科大学不但是国立大学中最早设立齿学部的大学，也是国立大学中首先设立保健卫生学科的大学。2022 年，东京医科齿科大学被指定为“指定国立大学法人”。东京医科齿科大学有医学部、齿学部和教养部 3 个学部，医齿学综合研究科和保健卫生学研究科 2 个研究科。

截至 2023 年 5 月，东京医科齿科大学有各类教职员 1 985 人，其中教授 175 人、副教授 134 人，本科生 1 466 人、研究生 1 555 人。

四、日本大学国际化发展现状

2023 年，日本文部科学省在“大学教育内容等改革状况调查”中对日本高校与国外高校签订的校际交流协议（包括基于协议、单位互换、双学位的情况）和日本大学在海外设立据点的情况进行了调查。统计结果见表 1-13、表 1-14、图 1-5~ 图 1~7。

表 1-13　与日本大学签订协议数排名前 5 位的国家和地区（2021 年）

排名	国家和地区	协议数 / 个
1	中国	9 000
2	美国	5 157
3	韩国	4 428
4	中国台湾地区	3 483
5	泰国	2 488

资料来源：文部科学省．与海外大学的校际交流协议和关于海外据点的调查结果（海外の大学との大学間交流協定、海外における拠点に関する調査結果）. https://www.mext.go.jp/a_menu/koutou/shitu/1287263.htm。

表 1-14　日本大学在海外设置据点数量排名前 5 位国家（2021 年）

排名	国家	据点数 / 个
1	中国	135
2	泰国	80
3	美国	53
4	越南	50
5	印度尼西亚	47

资料来源：文部科学省．与海外大学的校际交流协议和关于海外据点的调查结果（海外の大学との大学間交流協定、海外における拠点に関する調査結果）. https://www.mext.go.jp/a_menu/koutou/shitu/1287263.htm。

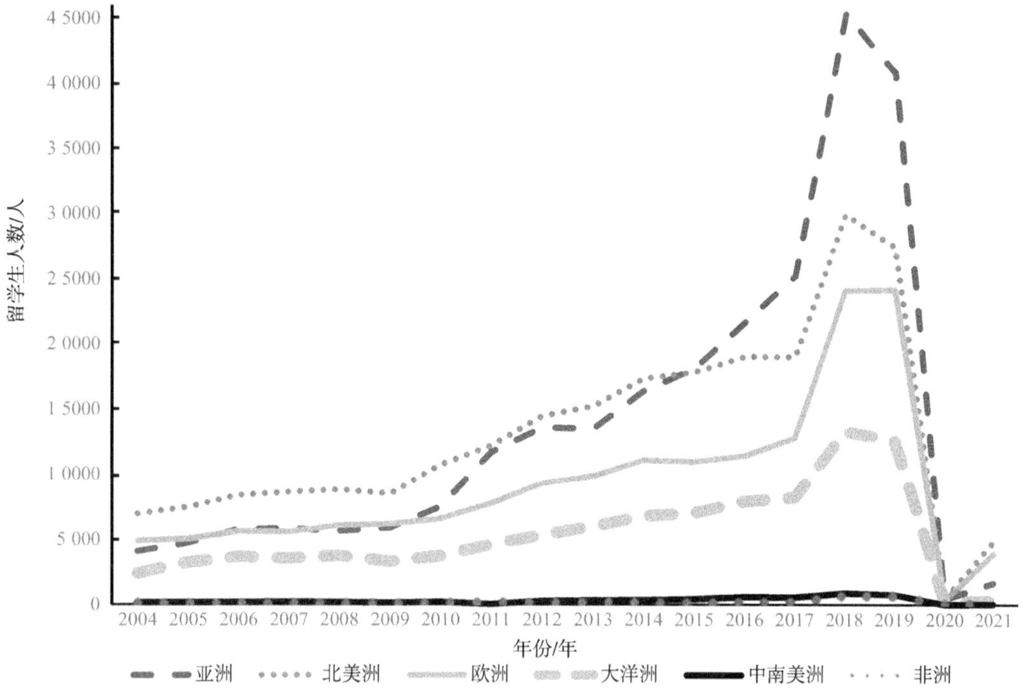

图 1-5　日本人留学洲别统计

资料来源：日本学生支援机构．日本人学生留学状况调查 https://www.jasso.go.jp/ryugaku/related_information/chosa.html。

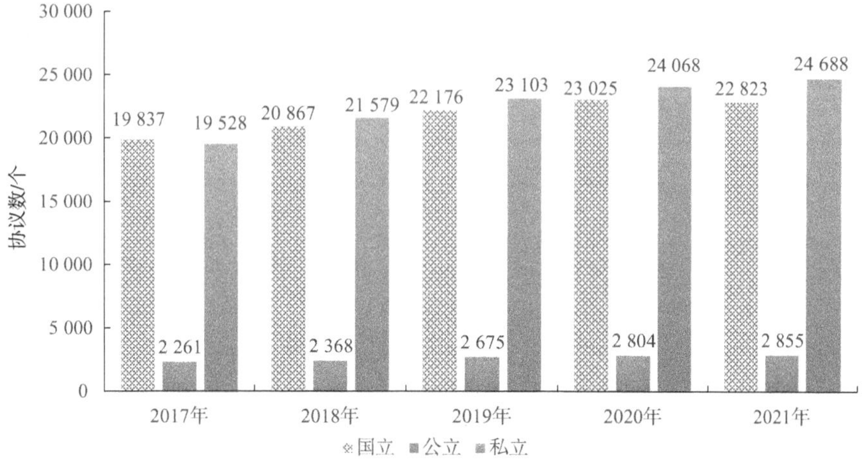

图 1-6　与海外高等教育机构签订协议数

资料来源：文部科学省．与海外大学的校际交流协议和关于海外据点的调查结果（海外の大学との大学間交流協定、海外における拠点に関する調査結果）. https://www.mext.go.jp/a_menu/koutou/shitu/1287263.htm。

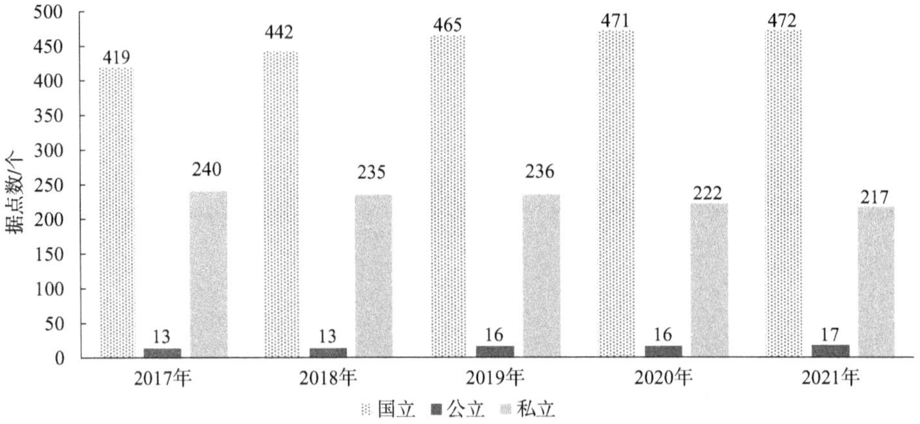

图 1-7　日本大学在海外设置据点数

资料来源：文部科学省．与海外大学的校际交流协议和关于海外据点的调查结果（海外の大学との大学間交流協定、海外における拠点に関する調査結果）. https://www.mext.go.jp/a_menu/koutou/shitu/1287263.htm。

日本学术振兴会的《超级世界大学创成支援事业 2022 年度跟踪调查结果》汇总了日本各大学（各项目排名前 10 的大学）的部分国际化数据，见表 1-15~ 表 1-18。

表 1-15　日本大学有海外留学经验者统计数据（2021 年）

序号	大学	有海外留学经验者 / 人	全体学生（不含留学生）/ 人	有海外留学经验者占比 /%
1	千叶大学	1 304	13 089	10.0%
2	东京医科齿科大学	214	2 645	8.1%
3	东北大学	451	15 602	2.9%
4	九州大学	435	16 485	2.6%
5	金泽大学	222	9 599	2.3%
6	广岛大学	274	13 865	2.0%
7	东京工业大学	138	8 720	1.6%
8	北海道大学	250	15 984	1.6%
9	冈山大学	192	12 496	1.5%
10	筑波大学	222	14 604	1.5%

表 1-16　日本大学外籍教员统计数据（2022 年）

序号	大学	外籍教员 / 人	专职教员 / 人	外籍教员占比 /%
1	东京大学	705	5 901	11.9%
2	广岛大学	193	1 825	10.6%
3	大阪大学	362	3 650	9.9%
4	东北大学	291	3 162	9.2%

续表

序号	大学	外籍教员 / 人	专职教员 / 人	外籍教员占比
5	东京工业大学	109	1 187	9.2%
6	北海道大学	208	2 321	9.0%
7	京都大学	278	3 482	8.0%
8	名古屋大学	173	2 295	7.5%
9	筑波大学	137	1 821	7.5%
10	九州大学	161	2 327	6.9%

表 1-17　日本大学教员中有海外留学经验或科研经历者统计数据(2022 年)

序号	大学	有海外留学经验或科研经历的教员 / 人	专职教员 / 人	有海外留学经验或科研经历教员占比 /%
1	广岛大学	826	1 825	45.3%
2	九州大学	961	2 327	41.3%
3	神户大学	611	1 541	39.6%
4	北海道大学	915	2 321	39.4%
5	冈山大学	579	1 478	39.2%
6	东北大学	1 121	3 162	35.5%
7	东京医科齿科大学	269	846	31.8%
8	金泽大学	352	1 230	28.6%
9	大阪大学	1 041	3 650	28.5%
10	名古屋大学	647	2 295	28.2%

表 1-18　日本大学外国留学生人数统计数据(2022 年)

序号	大学	外国留学生 / 人	全体学生 / 人	外国留学生占比 /%
1	东京工业大学	1 845	10 647	17.3%
2	东京大学	4 651	28 691	16.2%
3	筑波大学	2 544	17 066	14.9%
4	东京医科齿科大学	412	3 112	13.2%
5	九州大学	2 473	18 905	13.1%
6	名古屋大学	2 039	16 119	12.6%
7	东北大学	2 201	18 083	12.2%
8	京都大学	2 749	23 048	11.9%
9	北海道大学	2 074	18 094	11.5%
10	大阪大学	2 733	23 943	11.4%

第四节　日本职业教育情况

日本一向重视发展职业教育，1951年6月颁布《产业教育振兴法》，该法第2条提出了“产业教育”的理念，对职业教育的发展起了重要作用。日本职业教育体系复杂，职业学校种类、性质繁多，按照不同的分类标准有不同的划分结果。

按照办学性质来划分，日本职业教育可以分为国立、公立、私立3类；按照办学类型来划分，可以分为学校职业教育、企业教育；按照办学层次来划分，可以分为初级职业教育、高等职业教育、科学技术大学、专业研究生院，覆盖从高中到博士各个层次的学历。

日本职业教育的实施机构包括综合高中、专门高中、专修学校、高等专门学校、科学技术大学、职业能力开发大学校、专门职业大学、专门职业短期大学等。本节将对日本各类职业教育学校进行介绍，数据及信息均来自日本文部科学省官方网站。

一、中等职业教育

日本学生初中毕业后，除了进入普通高中以外还有很多可选择的学校，如高等专修学校、高等专门学校（5年制）、专修学校一般课程、各种学校公共职业能力开发设施以及民间教育设施等。

日本的专修学校创立于1976年1月，旨在培养学生工作或社会生活中所需的必要技能，提高学生的素养水平。专修学校根据入学资格的不同，可分为专门学校（专门课程）、高等专修学校（高等课程）和一般课程三类。专修学校在授课时数、师资人数、设施设备等符合一定标准（专修学校设置标准等）后，由主管都、道、府、县知事批准设立。2012年4月，专修学校设置了学分制学科和通信制学科，学生可以根据自身的情况灵活选择。专修学校类别见表1-19。

表1-19　专修学校类别

学校类别	入学资格
专门学校（专门课程）	高中毕业； 3年制高等专修学校毕业
高等专修学校（高等课程）	初中毕业
一般课程	无条件

为了适应社会需求，专修学校开设了丰富多样的学科，并提供实践性教育。与重视理论教学的大学相比，专修学校的教育内容以教授学生的专业知识和技术为主，在课程设置中实验和实习所占的比例较高，这也是专修学校的特点。

学生在专修学校可以考取各种资格证。大多数专修学校采用班主任制度进行管理，班主任对学生的学习、生活、就业等进行全方位辅助指导。专修学校制度在日本教育制度中的位置见图 1-8。

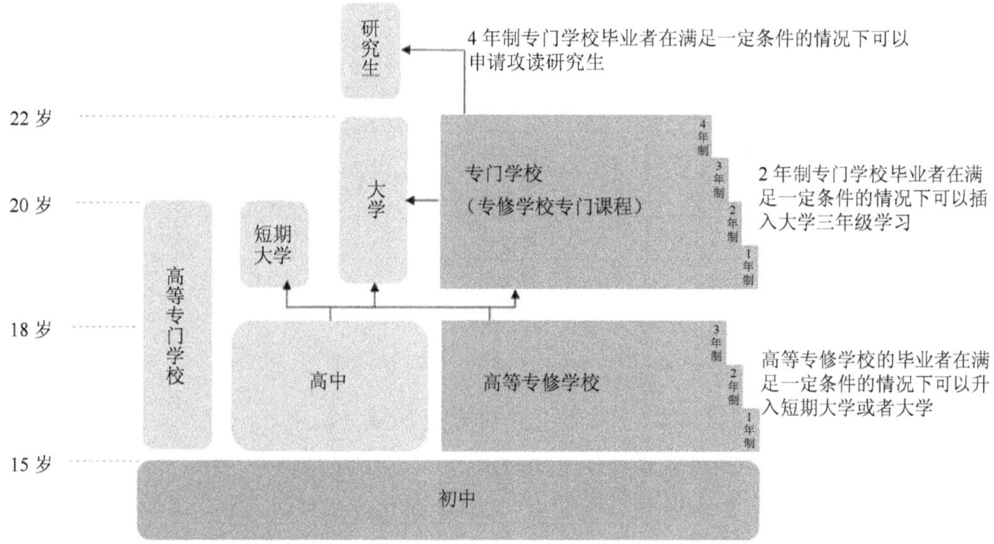

图 1-8　专修学校制度在日本教育制度中的位置

资料来源：文部科学省 . 专修学校（INDEX~ 専修学校とは）. https://www.mext.go.jp/a_menu/shougai/senshuu/20220816-mxt_kouhou02-5.pdf.

（一）高等专修学校

高等专修学校是专修学校中，以初中毕业生为对象设置高等课程的学校，其灵活运用制度特性，开展有特色的教育，包括实践性的职业教育、培养特定领域的专门人才等，为中等教育阶段的学生提供丰富的学习内容。高等专修学校是初中毕业生学习专业知识，实现自己的梦想和目标的学校。学生毕业后可以继续进入大学等高等教育机构学习。高等专修学校与高中同为中等教育机构，发挥着非常重要的作用。截至 2020 年 2 月，日本约有高等专修学校 490 所，约 38 000 人在校学习。

学生从 3 年制的高等专修学校毕业后，可以升入专门学校。符合以下两个条件，并完成文部科学大臣指定学科学习的高等专修学校毕业生，可与高中毕业生一样升入大学或短期大学。①修学年限为 3 年以上；②上课总时间为 2 590 小时（或修满 74 学分）。2016 年 5 月，修学年限在 3 年以上的高等专修学校共有 228 个学科，其中大部分都是经文部科学大臣指定的学科。

高等专修学校与普通高中的课程设置和教学内容有比较大的差异。普通高中以日语、历史、地理、数学、理科、外国语等科目为中心，高等专修学校则以专业科目（如农业、工业、商业等）为中心。各高等专修学校因专业领域和所颁发的资格证书的种类的不同,其课程设置和教学内容也大相径庭。高等专修学校美容系课表见表 1-20。

表 1-20　高等专修学校美容系课表

周一	周二	周三	周四	周五
美容实习	美容课堂教学	英语	美容课堂教学	美容实习
美容实习	体育	美容课堂教学	美容课堂教学	美容实习
美容实习	体育	美容课堂教学	保健	美容实习
理科	地理历史	美容实习	信息	数学
日语	美容课堂教学	美容实习	公民	艺术
艺术	美容课堂教学	美容实习	美容课堂教学	运营管理

普通高中毕业的学生,有半数以上进入大学或短期大学学习,有超过 20% 进入专门学校学习,有不到 20% 直接进入社会工作。反观高等专修学校毕业的学生,半数以上直接就业,其中与所学专业对口就业的学生所占比例相当高。此外,进入大学及专门学校的学生也不在少数。由此可见,从高等专修学校毕业后,学生可选择的就业和进学范围非常宽广。

(二)高等专门学校

1961 年,日本政府修改了《学校教育法》,设立了高等专门学校,学制为 5 年,招收初中毕业生及具有同等学力者。纵贯中高等职业教育的高等专门学校是以培养具有实践性、创造性的技术人员为目的的教育机构。2022 年,日本全国有国立、公立、私立高等专门学校共计 57 所,约 6 万人在校学习,见表 1-21。

表 1-21　2022 年日本高等专门学校数和学生数

学校性质	学校数 / 所	在校生数 / 人
国立	51	51 234
公立	3	3 780
私立	3	1 740
合计	57	56 754

高等专门学校具有以下 5 个特点。

1)5 年一贯制教育:高等专门学校的招生对象为初中毕业生,学制为 5 年(商船科为 5.5 年);公共课程和专业课程均衡设置,使学生毕业后具备必要的专业素质和系统的专业知识。

2）重视实验、实习:为了使学生灵活应用所学知识,高等专门学校不仅设置了理论课程,还重点设置了实验实习课程,并且通过毕业研究课题,达到培养具有创造性技术人员的目的。

3）举办机器人大赛、编程比赛、设计竞赛等全国竞赛，让学生在竞赛中积极运用所学知识。

4）毕业生获得业界的高度评价：毕业生活跃在以制造业为主的各个领域。产业界对毕业生的评价非常高，毕业生的就业率也很高。

5）学生毕业后，可进入专攻科（2 年制）接受更高层次的技术教育：多数高等专门学校设有专攻科。学生在高等专门学校学习 5 年（商船学科为 5.5 年）毕业后，可以升入专攻科继续学习 2 年，接受更高层次的技术教育，从专攻科毕业后，经过学位授予机构的审核可获得学士学位（等同于大学毕业）。

高等专门学校的毕业生除了可以升入专攻科（2 年制）学习，还可以插入大学三年级攻读本科。高等专门学校毕业生的就业和进学比例见表 1-22。

表 1-22　高等专门学校毕业生就业和进学比例

年份	毕业生数 / 人	就业人数 / 人	就业人数占比 /%	进学人数 / 人	进学人数占比 /%
2017 年	9 960	5 935	59.6%	3 867	38.8%
2018 年	10 009	5 943	59.4%	3 883	38.8%
2019 年	9 769	5 795	59.3%	3 690	37.8%
2020 年	9 710	5 586	57.5%	3 725	38.4%
2021 年	9 943	5 567	56.0%	3 962	39.8%

（三）各种学校

各种学校的称呼来自 1888 年的《教育令》，其中规定："学校是指小学、初中、大学、师范学校、专门学校及其他各种学校。"各种学校包括缝纫、珠算、簿记、烹饪 / 营养、汽车养护、护士、保健师、理发、美容、打字、英语会话和工业等方面的各类教育培训设施。各种学校在授课时数、教师人数、设施设备等方面符合一定标准（各种学校规定等）后，经主管都、道、府、县知事批准后可设立。

二、高等职业教育

日本高等职业教育已形成一个从中职到高职、再到本科和研究生各层次相互衔接的教育体系和升学路径，形成了较完善的高等职业教育入学制度，并将"衔接效益"发挥到了最高。

日本高等职业教育实施机构包括专门学校、高等专门学校、专门职业大学、专门职业短期大学以及科学技术大学等。

（一）专门学校

在专修学校中，设置专门课程的学校称为“专门学校”。日本大约有 2 800 所专门学校，约有 66 万人在校学习。

专门学校是一个旨在通过开设灵活实用的课程使学生掌握更高水平的专业技术和技能，快速适应社会需求的教育机构。专门学校与大学相同，都属于高等教育机构，其中学制为 2 年的学科最多，根据学科教学内容不同，学制 1~4 年不等。

近年来，以取得资格证书为目的，从大学、短期大学、高等专门学校毕业后进入专门学校学习的学生有很多。以 2016 年为例，有 17 000 人符合上述情况。

此外，为了提升专门学校毕业者的社会地位，在毕业时，根据学习时间和学习内容，他们被授予“专门士”和“高级专门士”称号，可直接进入大学，或者进入研究生院继续深造。

（二）专门职业大学

2019 年，日本在高等教育体系中新设立了专门职业大学和专门职业短期大学，以培养特定职业的专业技术人员。学生可以在校学习必要的理论知识和实践性技能。专门职业大学以实践性职业教育为主，在高等教育体系中制度化，注重实践性职业教育，旨在通过与产业界的密切合作，加强专业人才培养，为希望获得职业教育的人提供新的选择。专门职业大学的学制为 4 年，专门职业短期大学的学制为 2 年或 3 年。根据日本文部科学省统计，截至 2023 年 3 月，日本共有专门职业大学、专门职业短期大学、专门职业学科 23 所。

为了培养具有“高超的实践技能和丰富的创造力”的专业人才，专门职业大学提供具有以下特点的教育内容：①超过 1/3 的课程为实践培训类课程；②较好地平衡了理论学习与实践培训（授课教师既有精通理论的研究人员也有具有丰富实践技能的专家）；③ 4 年制专门职业大学的学生需要在企业实习 600 小时以上；④教授多个专业领域的应用技能；⑤授予专门职业大学毕业者“学士（专门职业）”学位，授予专门职业短期大学毕业者“短期学士（专门职业）”学位。日本各类学校特征见表 1-23。

表 1-23　日本各类学校特征

<table>
<tr><th>教育机构</th><th>特征</th><th>学制</th></tr>
<tr><td>专门学校</td><td>培养特定职业所需的能力，重视实践课程；
为了满足企业需求而进行有针对性的教育，学生就业后可以迅速适应工作岗位</td><td>1 年以上
（2 年的较为普遍）</td></tr>
<tr><td>大学</td><td rowspan="2">学生在学习基础知识的同时，可对特定领域的知识进行深度学习研究；
短期大学比大学学制短；
与专门学校相比，重视理论知识，教养科目多</td><td>4 年</td></tr>
<tr><td>短期大学</td><td>2~3 年</td></tr>
<tr><td>专门职业大学</td><td rowspan="2">满足专门性的职业需求，必要理论和实践技能都教授；
相对于专门学校只重视实践，其理论和实践两方面都重视</td><td>4 年</td></tr>
<tr><td>专门职业短期大学</td><td>2~3 年</td></tr>
</table>

资料来源：文部科学省．连接未来的专门学校（未来につながる専門学校）. http://mext.go.jp。

第五节　日本中文教育发展概况

一、日本中文教育发展历程

日本的汉语教育有着1 700多年的悠久历史。德川幕府265年的闭关锁国政策严重阻碍了汉语在日本的传播。直到明治维新之后，日本的汉语教育得到了一定程度的发展，但此阶段“汉语热”是为了满足政治外交的需要，为其帝国主义侵略扩张服务。第二次世界大战后，日本的汉语教育在度过短暂停滞期之后，随着中华人民共和国的成立和日本国内民主运动的蓬勃发展，中日民间的文化交流活动不断增多，想要了解中国文化、学习汉语的人也逐渐增加。成立于1950年的日中友好协会，致力于加深中日两国人民之间的相互理解、相互信赖，增进友好关系，是推动日本民间汉语学习运动的先锋队和中坚力量。1972年，中日实现邦交正常化，1978年《中华人民共和国和日本国和平友好条约》（简称《中日和平友好条约》）的签订，标志着中日两国关系进入一个崭新的阶段。随着中日两国在政治、经济、文化等各方面交流的不断深入，日本民间关心中国、学习汉语的热情空前高涨，一场学习、推广汉语的群众运动蓬勃展开，至今方兴未艾。

1895年11月，孙中山先生成立横滨兴中会，并倡议建立华侨学校。1898年2月，横滨大同学校正式开学，该校于1957年3月改名为横滨山手中华学校。发展至今，日本现在有5所华侨学校，分别是横滨山手中华学校、横滨中华学院、东京中华学校、大阪中华学校、神户中华同文学校。

1980年以后，随着日本华侨、华人以及其他中国籍人口规模的日益扩大和社会地位的提高，日本对中文教育的需求越来越大，出现了周末中文学校、中文补习学校、远程华文教学等新的华文教育形态。

二、日本中文教育现状

下面对5所华侨学校、孔子学校学院及相关的其他教育机构进行介绍，信息和数据来自各学校、机构的官方网站。

（一）横滨山手中华学校

横滨山手中华学校的前身为1898年创建的大同学校，是由孙中山先生倡议创立的日本第一所华侨学校。学校由华侨创办、自主经营，教授中日双语、中日两国文化，是一所全日制国际化华侨学校。目前，全校有幼稚部、小学部和中学部3个学部，学生中10%是土生土长的日本人，60%是华裔后代，30%为中国人。

(二)神户中华同文学校

神户中华同文学校坐落于国际港口城市神户的诹访山麓,校舍北依六甲群山,南临濑户内海,环境幽静、空气清新、地理位置优越、交通十分方便。学校创立于1899年,前身为神户华侨同文学校。1914年,神户华强学校成立,进行广东话教育。1919年,中华学校成立,进行汉语教育。1928年,神户华强学校与中华学校合并,改名为神阪中华公学。1939年,神户华侨同文学校与神阪中华公学合并,改名为神户中华同文学校。

自神户中华同文学校1899年创立以来,众多旅日华侨子弟在此学习祖国的语言和文化,努力在德、智、体三方面全面发展,立志成为服务社会并为中日友好事业做出贡献的人才。神户中华同文学校采用中文教育课程和日本教育课程并行的方式,实施独特的教育课程。学校设有小学部和中学部。小学部使用中文教材,用汉语授课;中学部使用日文教材,上课时写日文板书,但是用汉语授课。学生在神户中华同文学校完成中学和小学九年的学习课程,毕业之后全部升入日本高中。2022年6月,神户中华同文学校有教师43人、中小学在校生645人。

神户中华同文学校的社团活动十分丰富,有民族舞、民乐、舞龙舞狮等各种社团。很多单位会邀请学生去各地演出。

(三)横滨中华学院

横滨中华学院始建于1901年,前身为中华学校,创立者以三江籍(浙江、江苏、江西)人员为首,创立时共有130名学生。1908年,革命派成立了横滨华侨学校,1925年以关东大地震为契机,上述两所学校及大同学校合并为横滨中华公立小学堂,而后改名为横滨中华公立学校。1947年,横滨中华公立学校增设中学部、幼稚园部及夜间部成人班,改名为横滨中华学校。1955年,横滨中华学校增设高中部,更名为横滨中华中学。1968年,横滨中华中学更名为横滨中华学院。

横滨中华学院的教育方针为学习中文、传承中华文化。

(四)东京中华学校

东京中华学校成立于1929年,由华侨创建,以为华侨子女提供更好的教育为目的,致力于培养掌握日语、中文,理解中日文化的优秀人才。

东京中华学校的前身为东京华侨学校,1945年5月,第二次世界大战时学校校舍遭到轰炸,全部烧毁。第二次世界大战结束后的1946年6月,东京华侨联合会成立,借用中央区昭和小学的校舍恢复学校,改名为东京中华学校。1951年,财团法人东京中华学校得到日本政府认可。2010年5月,东京中华学校被日本文部科学省指定为高中部学费补助学校。

东京中华学校的办学理念为传承、创新、活力、关怀和卓越。

（五）大阪中华学校

大阪中华学校创立于1946年，目前设有幼稚班、小学部及中学部。该学校从幼稚班开始教授中、日、英3种语言。2022年5月，大阪中华学校共有各类在校生211人。

学校的教育方针是发扬民族精神，促进中日亲善；提高生活技能；培养掌握科学知识，中、日、英三语并重，对社会有贡献的人。

从1999年开始，大阪中华学校有日本籍学生入学，2003年在扩大日本籍学生规模的同时又有韩国籍学生入学。该学校的非华人学生占全校学生的20%以上。

（六）孔子学院

自2005年成立立命馆孔子学院以来，日本先后建立了15所孔子学院。孔子学院不仅为日本民众打开了了解中国的大门，更为中日文明交流互鉴做出了重要的贡献。截至2018年底，日本的孔子学院已累计培养17.7万人，23万人次参加汉语水平考试（HSK），各类中华文化展示和中日人文交流活动吸引超过56万人次参加，受到日本当地民众的热烈欢迎。日本的孔子学院概况见表1-24。

表1-24　日本孔子学院概况

序号	成立时间	孔子学院名称	合作的中国大学	备注
1	2005年	立命馆孔子学院	北京大学	
2	2005年	樱美林大学孔子学院	同济大学	
3	2006年	北陆大学孔子学院	北京语言大学	
4	2006年	爱知大学孔子学院	南开大学	
5	2006年	札幌大学孔子学院	广东外语外贸大学	
6	2007年	立命馆亚洲太平洋大学孔子学院	浙江大学	
7	2007年	早稻田大学孔子学院	北京大学	世界首个研究型孔子学院
8	2007年	冈山商科大学孔子学院	大连外国语大学	
9	2007年	大阪产业大学孔子学院	上海外国语大学	
10	2008年	福山大学孔子学院	对外经济贸易大学 上海师范大学	2024年3月关闭
11	2008年	工学院大学孔子学院	北京航空航天大学	日本工科大学首个孔子学院，于2021年关闭
12	2009年	关西外国语大学孔子学院	北京语言大学	日本外国语大学首个孔子学院
13	2012年	兵库医科大学中医药孔子学院	北京中医药大学	2022年2月关闭
14	2015年	武藏野大学孔子学院	天津外国语大学	
15	2018年	山梨学院大学孔子学院	西安交通大学	

（七）汉语培训机构

随着日本国民对汉语的兴趣日渐浓厚，日本汉语培训机构也如雨后春笋般层出不穷。为了保证学生学习效果，这些校外汉语培训机构因地制宜，采用适合日本本国国民的教学方法，其授课教师在上岗前除了要经历严格的选拔外，还要接受长时间的岗前培训。

（八）远程教育

除传统的课堂教育之外，日本还有很多运用新媒体技术进行远程教学的方式，大致可以分为广播电视学习、音像制品学习、网络汉语学习几类。

1. 广播电视学习

日本放送协会是日本第一家根据《放送法》成立的大众传播机构，惯称为 NHK。近年来，随着学习汉语的日本人日益增多，NHK 专门推出了学习汉语的电视节目，如《看电视学汉语》（《テレビで中国語》）、《每日汉语》（《まいにち中国語》）、《提高汉语》（《レベルアップ中国語》）等，除此之外，还有学习汉语的广播节目。

2. 音像制品学习

目前，日本汉语学习人数已经达到 200 万人左右，汉语成为当地继英语之后的第二大外语，熟练掌握日汉双语的人才日益抢手。为了满足日本大众对汉语的学习需要，日本书店和音像店的关于学习汉语的音像制品日益增多，这对于没有固定时间学习汉语的上班族来说十分方便。

3. 网络汉语学习

随着中国国际影响力的持续提升，汉语在世界语言中的地位凸显。为了了解中国文化，越来越多的日本民众开始在线上学习汉语。视频网站 YouTube（油管）上有很多免费的汉语学习资源，最高的浏览量已经达到 366 万人次；利用“eChineseLearning”（网上学汉语）和“italki”（爱拓奇）等付费在线汉语学习平台，日本汉语爱好者还可以一对一地与辅导老师交流。除此之外，部分培训机构还开设了网络课程，使学习者不受时间、距离的限制，随时随地学习汉语。

第六节　日本学生出国留学情况

一、学生国际流动现状

为了应对全球化的发展，培养具有国际视野的人才成为日本政府工作的重中之重。根据日本文部科学省发布的历年出国留学人数统计，除 2003 年留学人数因 SARS（传染性非典型肺炎，又称严重急性呼吸系统综合征）减少，截至 2004 年，日本赴海外留学的人数总体呈现出快速增长的趋势。但自 2004 年以后，日本出国留学学生数量逐年下降，主要有以下原因。第一，由于少子化、劳动人口不足等国情，日本政府长期以来把吸引优秀国际留学生放在首要位置，把向海外输送留学生放在次要地位。第二，由于宽松世代教育，大多数学生满足于现状，缺乏积极进取的态度以及拼搏精神。第三，日本学生海外留学时间与其找工作的时间重叠，由于担心找不到理想的工作，日本学生对于海外留学深造的兴趣降低。第四，学生家庭收入下降，无法支持学生海外留学。

日本学生支援机构进行了“日本学生留学状况调查”。各大学掌握的日本学生海外留学情况显示，2021 年海外留学人数为 10 999 人，比 2020 年的 1 487 人增长了 639.7%。2020 年，由于新冠疫情影响，各国采取了入境限制措施，导致留学人数锐减。受文部科学省的“留学预定者疫苗接种支援事业”的推进、各国入境政策的放宽，以及日本学生支援机构对海外留学奖学金制度的阶段性重启等的影响，各大学也重启派遣留学项目，因此 2021 年日本赴海外留学的学生人数骤增。2021 年，日本留学生人数较多的目的地国家和地区如下：美国 3 603 人，比上一年度增加了 3 363 人；韩国 1 209 人，比上一年度增加了 944 人；加拿大 1 189 人，比上一年度增加了 1 000 人。日本学生主要留学目的国和地区见表 1-25。

表 1-25　日本学生主要留学目的国和地区

序号	留学目的国和地区	年度		增长率 /%
		2020 年 / 人	2021 年 / 人	
1	美国	240	3 603	1 401.3
2	韩国	265	1 209	356.2
3	加拿大	189	1 189	529.1
4	英国	89	862	868.5
5	法国	33	531	1 509.1
6	德国	55	520	845.5
7	澳大利亚	109	319	192.7
8	西班牙	11	234	2 027.3
9	瑞典	3	175	5 733.3
10	爱尔兰	19	158	731.6
11	其他国家和地区	1 487	2 199	47.9

资料来源：日本文部科学省 . 日本人海外留学者数 . https://www.mext.go.jp/content/20230201-mext_kotokoku01-1412692_00003.pdf。

二、出国留学意愿调查

（一）调查目的

本次调查以线上分发问卷、抽样调查的形式，对 38 名日本籍公民进行调查。通过本次调查,我们可以了解在日本当前中高等教育制度下,日本国民的出国留学意愿,以及影响日本国民出国留学意愿的一些因素。

(二)调查结果分析

1. 日本国民的出国留学意愿不强

关于“您身边有出国留学的家人和朋友吗?”这个问题,选择“无”的人占 44.74%; 选择“1~3 个”的人占 42.10%; 选择“4~6 个”的人占 10.53%; 选择“6 个以上”的只有 1 人,占 2.63%,如图 1-9 所示。关于“您国家出国留学人员多吗?”这个问题,选择“几乎没有”的人占 15.79%; 选择“不太多”的人占 52.63%; 选择“有一些”的人占 21.05%; 选择“很多”的人占 10.53%,如图 1-10 所示。以上两组数据说明日本国民的出国留学意愿不是很强烈。

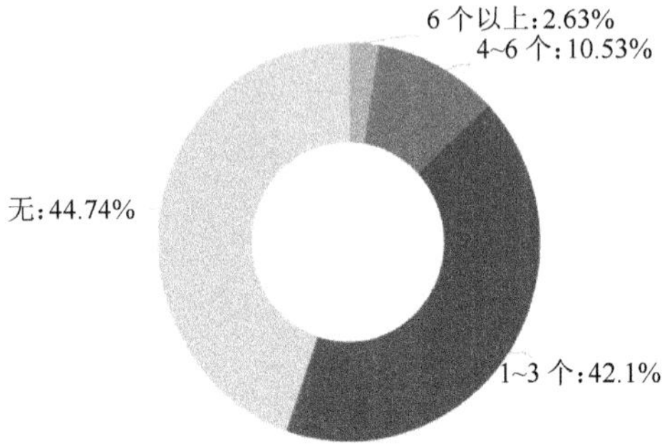

图 1-9　出国留学的家人和朋友统计

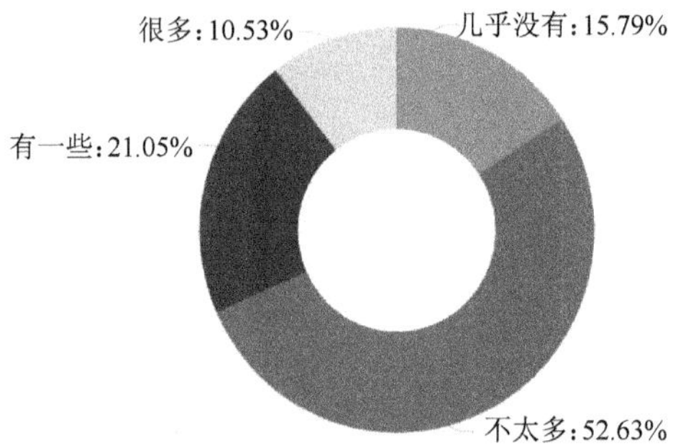

图 1-10　日本出国留学人员统计

关于“日本政府是否在政策上鼓励学生出国留学?”这个问题,选择“一般在资金上不予以支持”的人占 39.47%; 选择“鼓励学生出国留学,但在资金上的支持比较少”的人占 50%; 选择“很鼓励学生出国留学,并在资金上给予支持”的只有 4 人,占 10.53%,如图 1-11 所示。此项数据说明,在政策上,日本政府对于学生出国留学给予的财政支持不足,这也是日本学生出国留学意愿不强的因素之一。

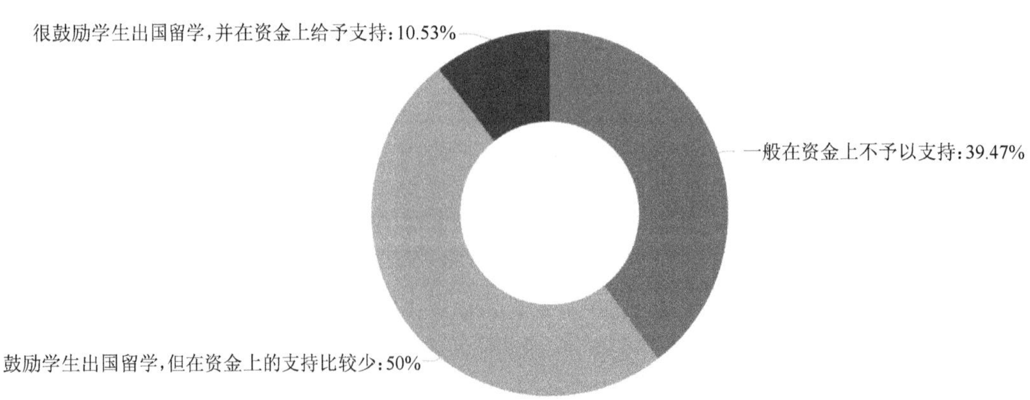

图 1-11　日本政府在政策上鼓励学生出国留学情况统计

2. 日本国民的留学选择多元化

（1）留学方式多元化

关于“日本学生出国留学资金的主要来源”这个问题，答案主要集中在“自费”和“奖学金和自费结合”这两个选项上，其中选择“自费”的人占 39.48%；选择“奖学金和自费结合”的人占 55.26%；选择“奖学金”的只有 2 人，占 5.26%，如图 1-12 所示。

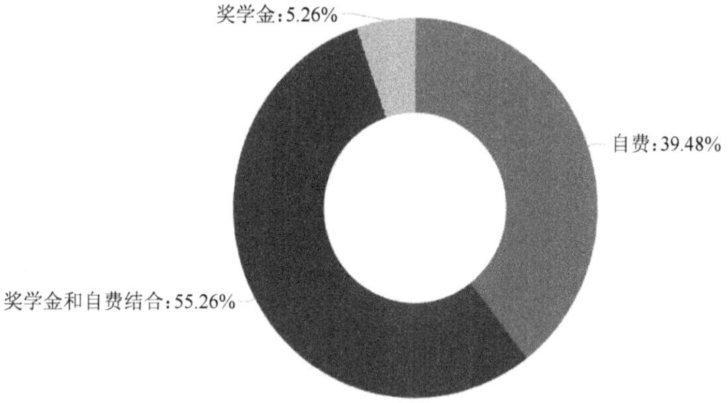

图 1-12 日本学生出国留学资金的主要来源统计

（2）出国留学原因多元化

关于“选择出国留学的主要原因”这个问题，答案主要集中在“为了给自己争取更多的发展机会”（36.84%）、“为了学习留学目的国的语言”（36.84%）这两个选项上，除此之外还有部分人选择“为了更好地了解其他国家政治、经济、文化”（15.79%）。对于“国内社会环境很认可国外的学历”“目的国教育水平比自己国家好”这两个选项，各有 1 人选择，这说明日本国民对于本国教育水平还是比较认可的。选择出国留学的主要原因统计如图 1-13 所示。

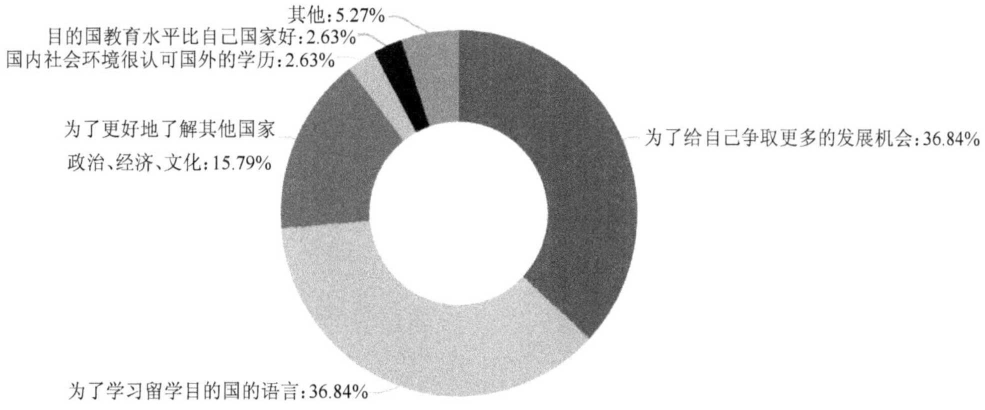

图 1-13 选择出国留学的主要原因统计

(3)选择留学目的国时考虑的因素多元化

在选择留学目的国时,日本学生首先考虑的是“留学目的国的经济、政治、文化发展程度”“留学目的国的教育水平”“留学目的国的选择对于自己职业发展的影响”这3个因素;其次考虑的是“日本社会对留学目的国的教育背景(学历)的认可程度”。对于“留学目的国的奖学金政策”这个因素,日本学生考虑得较少。

(4)留学目的国的选择多元化

关于“留学目的国的选择”这个问题,日本学生在考虑多方面因素之后,主要把西方发达国家作为主要留学目的国,根据偏好程度从高到低依次为美国、加拿大、英国、中国、德国,如图1-14所示。

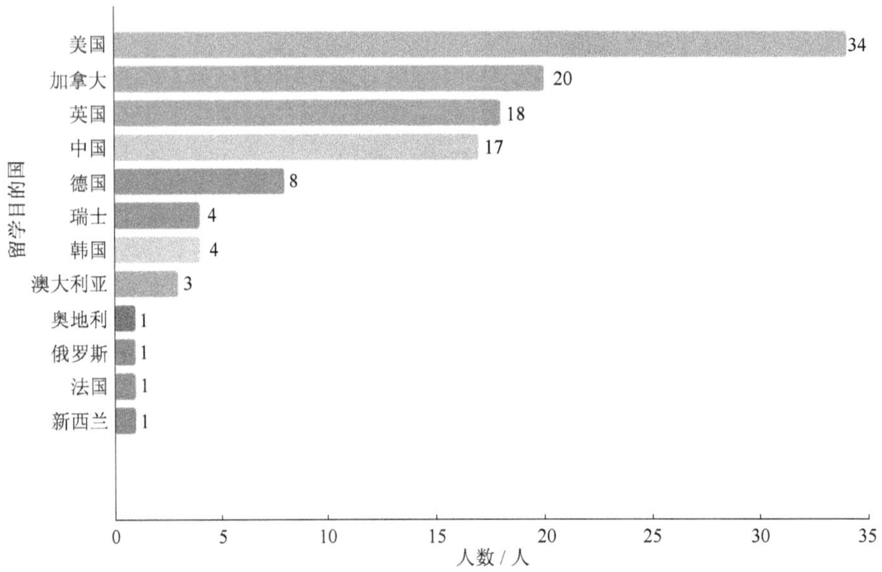

图1-14　日本学生留学目的国的选择

关于“是否有家人和朋友在华留学”这个问题,在所调查的38人中,选择“没有”的有19人,占50%;选择“1~3人”的有16人,占42.11%;选择“4~6人”的有3人,占7.89%。家人和朋友在华留学情况统计如图1-15所示。

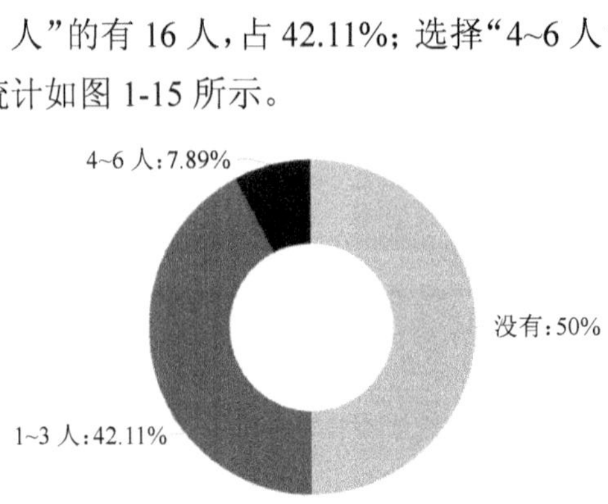

图1-15　家人和朋友在华留学情况统计

第七节　日本学生来华留学情况

一、学生分布情况

(一)日本学生来华留学规模

21世纪,中国的发展吸引着包括日本在内的全世界的目光。随着综合国力不断增强,中国的教育水平不断提高,中国在留学市场上的竞争力不断增强。虽然日本少子化的社会环境决定了学生总数在不断减少,但日本的出国留学市场并没有持续萎缩,赴华留学在日本学生中逐渐流行。日本文部科学省汇总的统计数据显示,2012年日本赴海外留学人数达到60 138人(比上年增加2 637人),时隔8年转为增长;在日本学生的留学目的国选择上,选择中国的同比增长18%,超过美国成为日本学生的留学首选。

根据1999—2018年统计数据(表1-26),1999—2012年日本始终是来华留学生数量最多的3个国家之一,来华留学生数量规模长期比较稳定,虽然在某一时间段内出现小幅度的波动,但整体上呈现逐年增加的趋势,如图1-16所示。

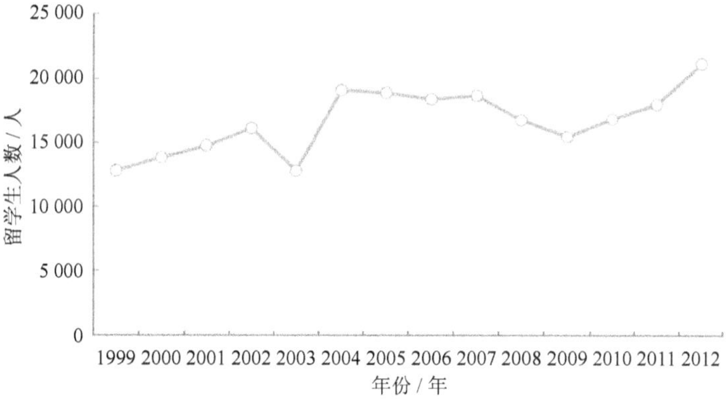

图1-16　1999—2012年日本来华留学生人数变化趋势

虽然2012年以后,日本来华留学生人数有所回落,如图1-17所示,但日本文部科学省2021年统计报告显示,中国仍然是日本学生出国留学的主要目的地之一。

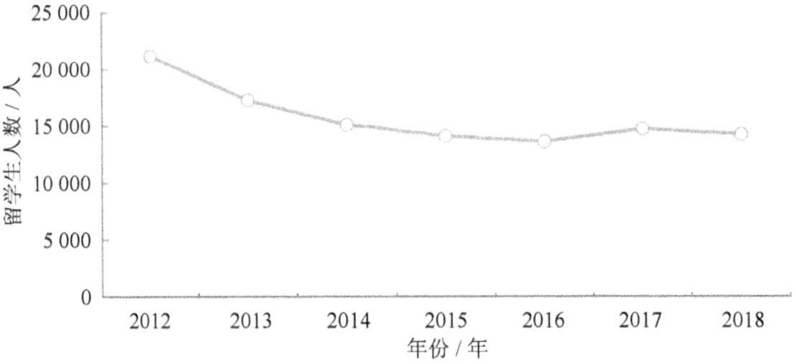

图 1-17　2012—2018 年日本来华留学生人数变化趋势

表 1-26　1999—2018 年日本来华留学生人数统计

年份	留学生数量生源国排名	学历生						非学历生						总计/人	占全球来华留学生比例/%
		专科生/人	本科生/人	硕士研究生/人	博士研究生/人	合计/人	占全球来华留学学历生比例/%	普通进修生/人	高级进修生/人	短期留学生/人	语言进修生/人	合计/人	占全球来华留学非学历生比例/%		
1999 年	1	78	1 340	160	46	1 624	14.15	5 440	126	5 594	—	11 160	33.58	12 784	28.59
2000 年	2	65	1 904	164	54	2 187	15.96	5 748	159	5 712	—	11 619	30.22	13 806	26.47
2001 年	2	381	1 796	186	66	2 429	14.59	5 589	142	6 532	—	12 263	27.12	14 692	23.75
2002 年	2	61	2 027	222	74	2 384	11.32	7 303	174	6 223	—	13 700	21.15	16 084	18.74
2003 年	2	37	1 990	250	71	2 348	9.54	6 961	167	3 289	—	10 417	19.62	12 765	16.43
2004 年	2	32	2 069	277	85	2 463	7.79	7 752	161	8 683	—	16 596	20.95	19 059	17.19
2005 年	2	58	2 683	288	104	3 133	6.99	8 598	202	6 941	—	15 741	16.36	18 874	13.38
2006 年	2	44	2 407	309	118	2 878	5.25	3 157	176	6 853	5 299	15 485	14.36	18 363	11.29
2007 年	2	51	2 606	342	123	3 122	4.58	448	151	7 427	7 492	15 518	12.19	18 640	9.53
2008 年	3	53	2 541	332	113	3 039	3.80	532	175	6 281	6 706	13 694	9.54	16 733	7.49
2009 年	3	45	2 358	351	111	2 865	3.07	423	174	5 356	6 591	12 544	8.67	15 409	6.47
2010 年	3	44	2 393	436	115	2 988	2.78	451	162	6 636	6 571	13 820	8.77	16 808	6.34
2011 年	3	58	2 289	522	121	2 990	2.52	461	111	7 004	7 395	14 971	8.62	17 961	6.14
2012 年	3	56	2 412	587	126	3 181	2.38	617	109	8 881	8 338	17 945	9.21	21 126	6.43
2013 年	4	40	2 433	591	137	3 201	2.16	931	101	5 786	7 207	14 025	6.72	17 226	4.83
2014 年	5	58	2 428	579	154	3 219	1.96	6 085	107	5 646	—	11 838	5.57	15 057	3.99
2015 年	7	31	2 343	512	146	3 032	1.64	5 358	98	5 597	—	11 053	5.19	14 085	3.54
2016 年	9	31	2 281	464	152	2 928	1.39	5 085	67	5 515	—	10 667	4.58	13 595	3.07

续表

年份	留学生数量生源国排名	学历生						非学历生						总计/人	占全球来华留学生比例/%
		专科生/人	本科生/人	硕士研究生/人	博士研究生/人	合计/人	占全球来华留学学历生比例/%	普通进修生/人	高级进修生/人	短期留学生/人	语言进修生/人	合计/人	占全球来华留学非学历生比例/%		
2017 年	7	18	2 291	453	137	2 899	1.20	5 103	72	6 643	—	11 818	4.77	14 717	3.01
2018 年	9	13	2 146	458	116	2 733	1.06	4 758	57	6 682	—	11 497	4.91	14 230	2.89

资料来源：1999—2018 年来华留学简明统计。在 1999 年至 2005 年简明统计书中，“普通进修生”包括普通进修生和语言进修生；2006 年开始，对统计口径做了调整，将普通进修生和语言进修生分列；从 2014 年开始，又将普通进修生和语言进修生合并在一起，统合为“普通进修生”。

（二）日本来华留学生学历结构

由图 1-18 可知，1999—2008 年，在学历教育日本来华留学生中，本科学生最多，远远超过其他种类学历生；专科生最少，并且整体上呈现减少的趋势；硕士研究生的数量超过博士研究生。之后的 10 年，基本延续了这样的结构。2018 年，学历生中本科生最多，占 78.52%，硕士研究生占 16.76%，博士生占 4.24%，专科生最少只占 0.48%。

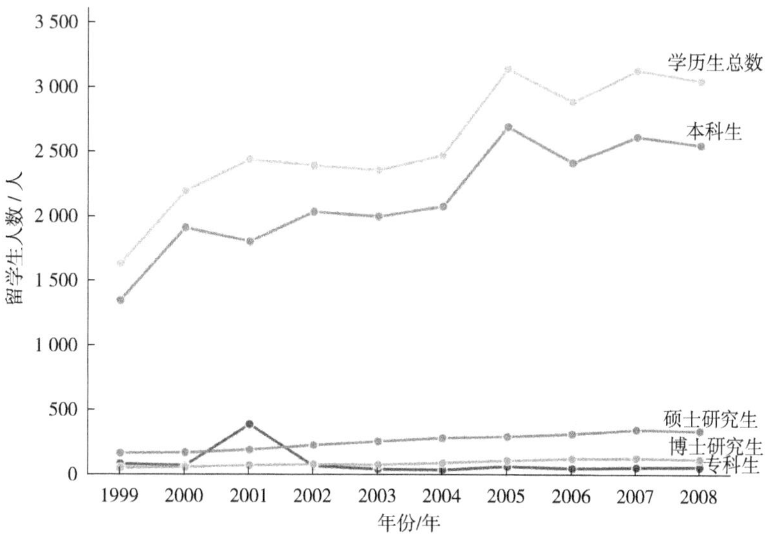

图 1-18　1999—2008 年种类学历生人数变化趋势

与学历生数量相比，非学历留学生历来是日本留学生的主要部分。从2006—2013年的数据来看，非学历教育日本来华留学生主要为短期留学生和语言进修生，普通进修生和高级进修生数量相对较少，如图1-19所示。2008年，日本来华留学生中的学历生为3 039人，非学历生为13 694人，非学历生数量远远超过学历生。在这些非学历生中，语言进修生占48.97%、短期留学生占45.87%、普通进修生占3.88%、高级进修生占1.28%。

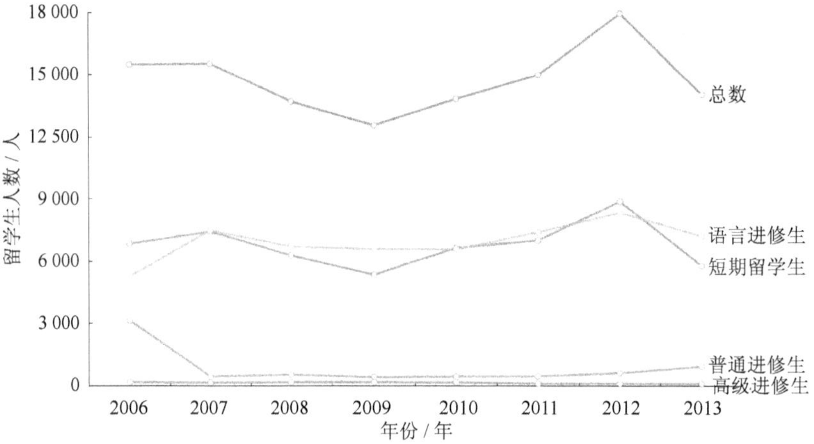

图1-19 2006—2013年日本来华留学非学历生人数

在中国政府奖学金方面，由1999—2018年的统计数据（表1-27）可知，日本来华留学生获得奖学金的比例逐年上升。在这些日本来华留学生中，学历生获得奖学金的比例明显高于非学历生，并整体呈现递增的趋势。1999年，获得奖学金的学历生占学历生总数的4.99%，到2018年，该比例提升至14.60%，而获得奖学金的非学历生，每年的比例整体呈现下降趋势。

表1-27 1999—2008年日本来华留学生获中国政府奖学金人数统计

年份	学历生			非学历生			日本来华留学生总计 / 人	获奖学金留学生总计 / 人	获奖学金留学生占比 /%
	学生总数 / 人	获奖学金学生总数 / 人	获奖学金学生占比 /%	学生总数 / 人	获奖学金学生总数 / 人	获奖学金学生占比 /%			
1999年	1 624	81	4.99	11 160	295	2.64	12 784	376	2.94
2000年	2 187	85	3.89	11 619	285	2.45	13 806	370	2.68
2001年	2 429	99	4.08	12 263	289	2.36	14 692	388	2.64
2002年	2 384	120	5.03	13 700	282	2.06	16 084	402	2.50
2003年	2 348	132	5.62	10 417	272	2.61	12 765	404	3.16
2004年	2 463	150	6.09	16 596	280	1.69	19 059	430	2.26
2005年	3 133	157	5.01	15 741	282	1.79	18 874	439	2.33

续表

年份	学历生			非学历生			日本来华留学生总计 / 人	获奖学金留学生总计 / 人	获奖学金留学生占比 /%
	学生总数 / 人	获奖学金学生总数 / 人	获奖学金学生占比 /%	学生总数 / 人	获奖学金学生总数 / 人	获奖学金学生占比 /%			
2006 年	2 878	169	5.87	15 485	272	1.76	18 363	441	2.40
2007 年	3 122	178	5.70	15 518	252	1.62	18 640	430	2.31
2008 年	3 039	195	6.42	13 694	258	1.88	16 733	453	2.71
2009 年	2 865	275	9.60	12 544	238	1.90	15 409	513	3.33
2010 年	2 988	353	11.81	13 820	241	1.74	16 808	594	3.53
2011 年	2 990	397	13.28	14 971	215	1.44	17 961	612	3.41
2012 年	3 181	432	13.58	17 945	245	1.37	21 126	677	3.20
2013 年	3 201	468	14.62	14 025	250	1.78	17 226	718	4.17
2014 年	3 219	450	13.98	11 838	229	1.93	15 057	679	4.51
2015 年	3 032	388	12.80	11 053	204	1.85	14 085	592	4.20
2016 年	2 928	386	13.18	10 667	170	1.59	13 595	556	4.09
2017 年	2 899	394	13.59	11 818	189	1.60	14 717	583	3.96
2018 年	2 733	399	14.60	11 497	235	2.04	14 230	634	4.46

资料来源：1999—2018 年来华留学简明统计。

二、来华留学意愿调查

在对 38 名日本籍公民进行的问卷调查中，关于“来华留学是否具有吸引力？”这个问题，7.89% 的人认为很有吸引力，44.74% 的人认为比较有吸引力，28.95% 的人认为吸引力一般，18.42% 的人认为没有吸引力，如图 1-20 所示。

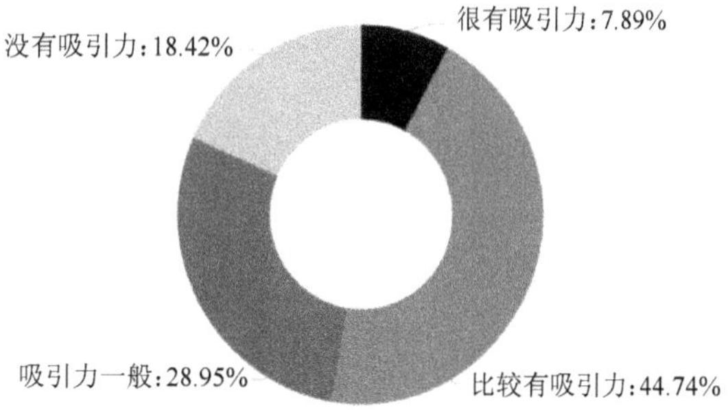

图 1-20　来华留学吸引力问题统计

调查发现，“留学申请途径少”（28.9%）、“中日两国文化差异大”（26.3%）是被调查者认为来华留学困难的两个主要原因，除此之外，“来华留学申请程序复杂”“申请条件高、费用高昂” 等也是导致日本学生来华留学意愿不强的因素。

关于“选择来华留学的原因”这个问题，65.7% 的人选择了“想要学习中文”，15.7% 的人选择了 “喜欢中国历史文化”，“中国对留学生政策优势”“未来在中国工作或者从事与中国有关的工作”也是被调查者选择来华留学的原因。

参考文献

著作类：

[1] 江春华．日本概况（日文版）[M]. 上海：上海交通大学出版社，2018.

[2] 刘丽芸．新编日本概况 [M]. 北京：外语教学与研究出版社，2008.

[3] 边静．现代日本社会 [M]. 北京：北京大学出版社，2019.

[4] 杜修平．图解国别中高等教育制度 [M]. 北京：东方出版社，2020.

[5] 刘笑明．日本国家概况 [M]. 天津：南开大学出版社，2018.

期刊类：

[1] 周冲，李昱辉．日本大学入学统一考试改革：目标、路径及挑战 [J]. 比较教育研究，2019，41（5）：28-35.

[2] 严平．日本研究生教育改革新动向：以《第二次研究生教育发展纲要》为中心 [J]. 学位与研究生教育，2013（6）：68-73.

[3] 崔玉玉．网络学中文正走俏 [N]. 人民日报（海外版），2017-11-29（8）.

[4] 刘劲聪．日本人“民族”概念的形成：近代日本学者相关研究考察 [J]. 广东外语外贸大学学报，2012，23（6）：61-65.

[5] 杜海清．日本研究生教育发展轨迹探析：兼论其对大学师资供需的影响 [J]. 理论经纬，2015（1）：274-283.

[6] 李颖．日本研究生教育发展浅析 [J]. 世界教育信息，2007（8）：66-68.

[7] 金华，田中虹子．日本研究生教育的启示 [J]. 长春工业大学学报（高教研究版），2008（1）：88-90.

[8] 周广．美国、日本、中国三国研究生招生制度比较 [J]. 教书育人（高教论坛），2015（3）：78-80.

[9] 曹婷．日本职业教育的发展沿革及启示 [J]. 天津商务职业学院学报，2022，10（2）：91-97.

[10] 方晓田，金红梅．多元化与职业性：日本高等职业教育入学制度的特征与启示 [J]. 广东技术师范大学学报，2023，44（2）：65-72，112.

[11] 严文红．汉字传入日本及其本土化溯源 [J]. 考试周刊，2012（46）：24-26.

[12] 王莎莎．加拉帕戈斯化社会下日本人出国留学意向降低的原因分析 [J]. 大众标准化，2021（4）：138-140.

电子资源类：

[1] 大学入試センター．令和 3 年度大学入学者選抜に係る大学入学共通テスト実施要項 [EB/OL] .(2020-06-30)[2021-5-26].https://www.dnc.ac.jp/kyotsu/kako_shiken_jouhou/r3/r3.html.

[2] 大学入試センター．令和 3 年度大学入学共通テスト段階表示換算表 [EB/OL].(2021-02-04)[2021-05-26].https://www.dnc.ac.jp/albums/abm.php?f=abm00040264.pdf&n=%E6%AE%B5%E9%9A%8E%E8%A1%A8%E7%A4%BA%E6%8F%9B%E7%AE%97%E8%A1%A8.pdf.

[3] 文部科学省．令和 3 年度入学者選抜について [EB/OL].(2021-01-29)[2021-05-15].https://www. mext.go.jp/a_menu/koutou/senbatsu/1412102_00003.htm.

[4] 文部科学省．令和 3 年度国公立大学入学者選抜の概要 [EB/OL].(2021-01)[2021-05-15].https:// www.mext.go.jp/content/20210201-mxt_daigakuc02-000012526_2.pdf.

[5] 大学入試センター．令和 3 年度大学入学者選抜に係る大学入学共通テスト実施要項 [EB/OL].(2020-06-30)[2021-05-15].https://www.dnc.ac.jp/kyotsu/kako_shiken_jouhou/r3/r3.html.

第二章　蒙古中高等教育研究

第一节　蒙古国家概况

一、地理位置和行政区划

蒙古，全称蒙古国（Mongolia），地处亚洲中部的蒙古高原，东、南、西三面与中国接壤，北面与俄罗斯的西伯利亚为邻。从世界地图上可以看到，蒙古只与中国和俄罗斯两个国家接壤，处于这两个国家之间。中蒙边界线长 4 710 千米，蒙古是与中国接壤的国家中陆地边界线最长的邻国。蒙古的国土面积为 156.65 万平方千米，是世界上国土面积第十九大的国家，也是仅次于哈萨克斯坦的世界第二大内陆国家。

蒙古行政区划分为 1 个直辖市（首都乌兰巴托市）和 21 个省，即后杭爱省、巴彦乌列盖省、巴彦洪格尔省、布尔干省、戈壁阿尔泰省、东戈壁省、东方省、中戈壁省、扎布汗省、前杭爱省、南戈壁省、苏赫巴托尔省、色楞格省、中央省、乌布苏省、科布多省、库苏古尔省、肯特省、鄂尔浑省、达尔汗乌勒省和戈壁苏木贝尔省。蒙古的行政区可归并为五大区域，由西至东分别为西部区域、杭爱区域、中央区域、东部区域以及乌兰巴托区域（位于中央区域）。蒙古的大部分地区属大陆性气候区域，季节变化明显——冬季长，常有大风雪；夏季短，昼夜温差大；春、秋两季短促。蒙古每年有一半以上的时间被大陆高气压笼罩，处于地球上最强大的蒙古高气压的中心，为亚洲季风气候区冬季寒潮的发源地之一。

二、人口、民族和语言

蒙古是一个地广人稀的草原之国，也是世界上人口密度最低的国家之一。根据 2023 年 3 月最新统计，蒙古总人口约为 348 万人，其中男性约 172 万人，女性约 176 万人；每千人的出生率为 4.7，死亡率为 1.3；正常人口净增长率为 3.4%，居于亚洲前列。蒙古最大的城市是首都乌兰巴托市，常住人口约为 160 万人，占全国总人口的 46%，且绝大部分为青壮年，平均年龄不到 30 岁，是世界上人口最年轻的城市之一。

蒙古是以喀尔喀蒙古族（以下简称蒙古族）为主要民族的国家，其中蒙古族人口约占全国人口的80%，此外还有哈萨克族等少数民族。哈萨克族是蒙古除蒙古族以外的第二大民族。根据2023年12月的最新统计，蒙古的蒙古族人口约为213万人，哈萨克族人口约14万人（占蒙古总人口的4%），其中77%的哈萨克族人居住在巴彦乌列盖省，9%居住在乌兰巴托市，其余居住在其他省份。除哈萨克族外，其他各族人口均很少，主要居住在西北部的库苏古尔和乌布苏等省份。与中国这样的多民族国家相比，蒙古的民族结构较为单一，少数民族人口较少。

由于历史原因，蒙古于1946年废弃回鹘式蒙古文（传统蒙古文），开始使用以斯拉夫字母为基础创制的西里尔蒙古文，也称为新蒙文，其标准音为以乌兰巴托方言为主的喀尔喀蒙古语（以下简称蒙古语）。蒙古语属于黏着语，有比较丰富的元音，元音有开口度、舌位、唇形、发音长短和舌根松紧（即阳性、阴性）的对立。在一个单词里，阳性元音和阴性元音不能同时出现，在同性元音中还会表现出一定的唇形和谐。蒙古语的辅音相对较少，绝大多数辅音既可以出现在音节的开头，也可以出现在音节的末尾，在音节末尾还可以出现复辅音和辅音腭化现象。在形态学方面，蒙古语以词根或词干为基础，后接附加成分，以派生新词和进行词形变化；名词、代词、形容词、数词、副词、后置词和形动词，都有人称、数或格等语法范畴；动词都有时、体、态、式等语法范畴。在结构学方面，句子中的语序有一定的规律，通常主语在前，谓语在后，定语在中心词前，宾语和状语在谓语前。附加成分和助词是蒙古语表示语法意义的主要手段。

2010年起，蒙古开始扩大使用传统蒙古文。2015年，蒙古颁布《蒙古语言法》，进一步明确了传统蒙古文的法律地位。该法律规定，分阶段推进传统蒙古文工作，待做好充分的准备工作后，从2025年1月1日起国家、地方机关的公文里同时使用西里尔蒙古文和传统蒙古文。为此，蒙古从国家部委到省、县逐层落实传统蒙古文普及推广工作。蒙古外交部2020年11月开展“传统蒙古文学习月”活动，内容包括学习传统蒙古文，提升传统蒙古文电脑输入技能等。2020年，蒙古总统呼吁民众学习传统蒙古文，还以线上方式对4 154名公务人员和130名教师进行传统蒙古文教育培训。2021年，戈壁阿尔泰省提出了“民族文字使用省”倡议，很多其他省份紧随其后也提出了“民族文字使用省”计划。根据对蒙古现在推进传统蒙古文使用的力度的分析，预计其2025年能够实现在公文中同时使用西里尔蒙古文和传统蒙古文的计划。

三、文化和教育

（一）文化

蒙古族是有着优良传统的能歌善舞的民族。蒙古在音乐、舞蹈、服饰、建筑等方面也形成了其独特的文化。早在古时，蒙古族就经常在辽阔的草原上燃起篝火畅饮，高歌欢舞，其舞蹈和音乐的种类众多。蒙古族舞蹈有群舞、独舞、男女对舞、随歌伴舞等，舞姿各有特色,风格豪放大方,处处体现出草原民族独有的特点。蒙古族舞蹈伴奏较为简单,适合在蒙古包内以及众人围坐的情况下表演,如摇肩舞、顶碗舞等。大草原造就了能歌善舞的蒙古族,国家的自由开放则为蒙古的现代歌舞的发展提供了取之不尽的源泉。近几十年来,受西方外来文化的影响,蒙古在保留传统歌舞特色的同时,也较多地吸取了现代歌舞的精髓。

蒙古族长调民歌是蒙古族民歌的一种形式,在蒙古族的形成时期,长调民歌就已存在。长调的历史可追溯到 2 000 年前, 13 世纪的文学作品中就已有长调的记载。蒙古族长调民歌作为与盛大庆典、节日仪式有关的表达方式,在蒙古社会中享有独特和受人推崇的地位。长调是抒情歌曲,由 32 种采用大量装饰音的旋律构成,音调高亢,音域宽广,曲调优美流畅,旋律起伏较大,节奏自由而悠长。除饱含深切的故乡情结外,蒙古族长调民歌也包含了对生活、爱情、亲情的赞美。2005 年,中国和蒙古联合申报的蒙古族长调被联合国教科文组织确定为世界非物质文化遗产。

蒙古袍是蒙古的传统服饰,有皮袍、棉袍、布袍,男女均穿。女袍因地域和部族的不同而异,一般以缎料为主;男袍多用棉布料,也有用缎料的。袍子上扎的腰带以整幅绸子为之,男子腰带喜用金黄色和橙黄色,女子爱扎紫和绿等颜色的带子。男子戴的帽子分冬、夏两种,冬季戴皮帽、风雪帽,夏季戴尖顶圆帽和毡帽;妇女戴凉圈帽。帽子一般以兽皮做里子,绸、缎、布料做帽面。蒙古靴子为高筒靴,分革制、毡制和布制的,上有传统花纹。男子通常腰佩蒙古刀、火镰和鼻烟壶,妇女则喜用头饰。在现代,蒙古的牧区人仍多着蒙古袍,而城市居民则多穿现代服装,在庆典和重要节日时才着蒙古袍。

蒙古的重要节日有白月节和国庆节等。白月节日期与我国藏历新年相同,是蒙古民间最隆重的节日,以前称为“牧民节”,最初只在牧区庆祝,后成为全民节日。蒙古的国庆节,又称为“那达慕”,在每年 7 月 11 日举行,“那达慕”的蒙古语意为“游戏”“娱乐”,原指蒙古民族历史悠久的“男子三竞技”,包括摔跤、赛马和射箭,现指一种按照古老的传统方式举行的集体娱乐活动,具有浓郁的民族特点。

蒙古牧民至今仍保持着游牧生活方式,无固定房屋,居住在蒙古包内。蒙古包主要有三大构件:可折叠的网状围壁条木、搭起伞状圆顶的椽木、覆盖圆壁和顶棚的白色厚毡。蒙古包的顶部有圆形天窗,用来通风、采光、排烟。毡包有大有小,其共同点是适合草原上的气候条件和生活环境。蒙古包的正北面是上位,是平时家里男主人坐的位置。如果主人让客人坐上座的话是非常尊重的意思,表示坐上座的客人是贵宾。蒙古包内西侧是男宾的位置,东侧是女宾的位置,男宾应从左手方绕过摆放在蒙古包正中央的炉子走向座位。主人用茶、点心、奶制品等款待客人。当主人敬酒时,如客人一饮而尽,主人会认为是对自己的尊敬。主人也会为客人献上哈达,蒙古哈达为丝制,长度不一,有蓝、白、黄、绿、红等五种颜色,其中以蓝色为尊。敬献哈达时,哈达的叠口应对着接受者。晚辈向长辈敬献哈达时,应双手献上哈达，同时致祝词，接受者双手接过哈达，并自行将其搭在颈上；长辈向晚辈赠送哈达时，可直接将哈达搭在晚辈颈上。

在蒙古草原上常可以见到供人祈祷和祭祀的“敖包”，“敖包”蒙古语意为石堆，通常在行人经过较多的大路旁。祭敖包是蒙古族民间最普遍的一种祭祀活动。人们常常到敖包祈祷、还愿，病愈的人则在敖包上留一件病时旧物，表示病魔被压服。有的敖包兼有路标或界标的作用，路过敖包的人会下马下车，按顺时针方向绕着敖包走三圈，并在上面添加石块，同时祈祷许愿。日积月累，有的敖包可高达数米，底基周围可达十余米。专门祭祀敖包的大型活动一般在农历五月十三举行。我国的蒙古族同胞也有相同的祭敖包习俗。

（二）教育

1921 年，蒙古人民革命胜利，在此之前，可以说蒙古没有正规的学校，人们只能在私塾、社团或短期学校接受教育。蒙古人民革命胜利之后，蒙古开始建立各级、各类教育机构，至今经过一百多年的发展，蒙古已经有了完整的教育体系。该体系包括幼儿园、小学、中学、职业技术学校、大学等教育阶段。蒙古的教育体系由蒙古政府主导建立。在蒙古的教育体系中，幼儿园为 3~5 岁儿童提供教育服务，主要目的是帮助儿童建立良好的行为和习惯；小学为 6~13 岁儿童提供教育服务，让儿童掌握基本读写能力和数学知识；中学分初中和高中，初中为 13~16 岁的学生提供教育服务，高中为 17~18 岁的学生提供教育服务；职业技术学校为想学习实用技能的学生提供教育服务，涉及技术、手工、商业等领域；大学为想要深造的学生提供教育服务，在大学，学生可以选择自己感兴趣的专业进行深入学习。

蒙古实行 9 年制义务教育制度，即小学 5 年、初中 4 年。一般小学的入学年龄为 6~7 岁，但没有特别严格的限制和规定，主要根据孩子的受教育程度来决定。截至 2023 年，蒙古国内已经拥有 1 410 所学前机构，其中包括国有幼儿园 1 010 所，私立幼儿园 400 所；教职工总数 33 999 人，其中小学教师 9 733 人，占 28.6%；入学儿童 274 236 名，其中 260 271 名儿童接受基础教育，13 965 名儿童接受替代教育。2022—2023 学年，蒙古的普通初等教育、中等教育（包括初级中等教育和高级中等教育）毕业生为 166 816 人，比上一学年增加 12 681 人，增长 8.2%。根据职业技术教育机构统计数据，蒙古有 76 所职业培训中心和理工学院开展培训活动，其中国有性质的有 48 所，占 63.1%，私立性质的有 28 所，占 36.8%；在校学生总数 38 294 人，从业人员 4 168，其中教师 2 351，占从业人员总数的 56.4%。根据蒙古教育科学部网站上公布的 2022—2023 年统计数据，蒙古共有 69 所高等院校，包括大学 33 所，占 47.8%；学院 35 所，占 50.7%；中等学校 1 所，占 1.4%。蒙古的在校生有本科生 112 451 人，占 77.4%；硕士研究生 25 509 人，占 17.6%；博士研究生 4 508 人，占 3.1%。

冯福林将蒙古教育分为四个发展时期。第一个时期为 1921—1939 年，是国家成立后教育体系初步建立的时期。在经济基础和教育基础极其薄弱的情况下，初等教育、中等教育、技术教育、师范教育与全民扫盲教育相继起步并初具规模。1936 年，蒙古有国立小学 81

所,学生 4 575 人;中学 9 所,学生 975 人;技术学校 8 所,学生 980 人。学生总数只有 6 500 多人。在国家经济窘迫、教育资金严重缺乏的情况下,民众踊跃捐款、捐物,支持国家发展教育,随之民办教育浪潮掀起,有力推动了边远地区教育的发展。第二个时期为 1940—1960 年,是随着民主革命向社会主义过渡而确立完整的教育体系时期。在此时期,全民初等教育基本普及,省会城市的中等教育大规模发展,蒙古国立大学建立,技术教育进一步扩张,师范教育协调发展,扫盲教育达到高潮。1941 年,蒙古制定了全民识字目标,到 1957 年,8~45 岁的人口中有 93.4% 的人完成了识字目标,这一巨大成就得到国际社会的高度评价。第三个时期为 1961—1989 年,是随着社会主义建设的推进而不断完善教育体系的时期。在苏联教育模式影响下,初等教育、中等教育体系重新调整,高等教育进一步扩充,技术教育、师范教育快速推进,扫盲教育基本终结。第四个时期为 1990 年至今,是随着民主化改革而重新调整和扩展教育体系的时期。初等教育、中等教育经过短暂的曲折发展而重新崛起,国立、私立性质的高等教育兴盛,师范教育进一步扩充。因高等教育机构增多,中等技术学校逐步消亡,一些技术学校升格为职业技术学院,培养专门技术人才。

四、经济

蒙古的主要产业为农牧业、矿业、交通运输业等,国民经济对外依存度较高。蒙古曾长期实行计划经济,1991 年开始实行经济开放政策,向市场经济过渡。1997 年 7 月,蒙古政府通过“1997—2000 年国有资产私有化方案”,目标是使私营经济在国家经济中占主导地位。2009 年,受国际大宗矿产品价格下跌影响,蒙古经济呈现负增长。2010 年,国际大宗商品价格上涨后,蒙古经济逐渐恢复。2011 年,蒙古经济发展迅猛,但自 2012 年开始,国内生产总值增速开始下降,2012 年为 12.32%,2013 年为 11.65%,2014 年为 7.89%,2015 年为 2.3%。据蒙古国家统计局官方网站数据,2018 年蒙古国内生产总值总量为 130 亿美元,2019 年为 137 亿美元,2020 年为 136 亿美元,2021 年为 152.9 亿美元,2022 年为 157.2 亿美元。

1. 对外贸易情况

截至 2023 年,蒙古与世界上 155 个国家和地区进行了贸易往来,与十几个国家和地区保持贸易平衡,包括中国、瑞士、新加坡、埃及等。2023 年的前 8 个月,蒙古对外贸易总额达到了 159 亿美元,其中出口总额为 100 亿美元,进口总额 59.4 亿美元,贸易顺差 40.6 亿美元。2023 年,蒙古对中国贸易总额为 120.7 亿美元,同比增长 42.42%。

2. 农牧业情况

畜牧业是蒙古的传统产业,是国民经济的基础,也是蒙古加工业和生活必需品的主要原料来源。蒙古地广人稀,冬季持续时间较长,畜牧业现阶段难以实现大规模、现代化生产,仍以自然放养为主,受自然气候影响较大。近几年来,蒙古未发生暴雪灾害,也未暴发大规模牲畜疫情，畜牧业迎来丰收，牲畜存栏量连创历史新高。2023 年，蒙古牲畜存栏量共计 7 000 多万头，同比增加了 5.6%。农业，主要指种植业，并非蒙古国民经济的支柱产业，但因其关系国计民生，历来都受到政府的重视。蒙古的农业从业人口有 6 万余人，产值约占农牧业总产值的 1/4。蒙古的主要农作物有小麦、大麦、土豆、白菜、萝卜、葱头、大蒜、油菜等。

3. 工矿业情况

蒙古产业结构较单一，主要以矿产业和畜牧业为主。蒙古全国投资总额的 85%、国民生产总值的 20%、财政预算收入的 40%、出口收入的 90% 均来自矿产业。截至 2012 年，蒙古已发现和确定的矿产有 80 多种，建有 800 多个矿区和 8 000 多个采矿点，主要蕴藏铁、铜、钼、煤、锌、金、铅、钨、石油、油页岩等资源。2023 年，工业总产值达 8 314 亿图（蒙古的货币为蒙币，单位是图格里克，简称图），较 2022 年增加了 275.6 亿图。其中，矿业总产值为 3.4 万亿图，同比增加了 5.0%；加工制造业总产值 5.11 万亿图，同比下降了 6.8%；水电暖供应等行业总产值 1.2 万亿图，同比增长了 10.7%。

4. 交通运输业情况

2023 年，蒙古交通运输收入达 4.5 万亿图，同比增加 1 倍多；运输货物 4 520 万吨，同比增加 23.3 万吨。其中，公路运输收入 1.2 万亿图，同比增长 65.7%，运输货物 3 880 万吨，同比增加 2.4 倍。铁路运输收入 3 052 万亿图，同比增长 58.6%；铁路货运达 2 380 万吨，同比增加 4.4 万吨。航空运输收入 3 648 亿图，同比增加 2 倍；旅客人数达到 31.18 万人，同比增加 6.64 万人，增长 27.1%。

第二节　蒙古中等教育制度

一、中等教育类型

1921 年，蒙古人民革命取得胜利之前，蒙古没有正规的学校，只有私塾、社团和短期学校。蒙古宣布独立时，全国的文盲问题较严重。1923 年，蒙古开始进行全国扫盲活动。1924 年，蒙古成立了人民教育部（现教育科学部）。1931 年，有 7 500 名学生在 110 所各类学校就读。1934 年，蒙古有 59 所小学和 5 所中学。1939 年，蒙古设立了第一所 10 年制的普通学校。2003 年，蒙古开始教育课程改革，将 10 年制基础教育改为 11 年制。2008 年 9 月，蒙古确立了 12 年制的普通教育体系，其中，一～五年级为小学阶段，六～九年级为初中阶段，十～十二年级为高中阶段。蒙古普通教育机构数量见表 2-1。

表 2-1 蒙古普通教育机构数量

年份	性质			类型			总计 / 所
	国立 / 所	私立 / 所	总计 / 所	小学 / 所	中学 / 所	高中 / 所	
2016 年	645	133	778	69	117	542	728
2017 年	652	146	798	74	116	562	752
2018 年	656	147	803	80	115	563	758
2019 年	662	158	820	78	113	629	820
2020 年	672	167	839	72	109	658	839
2021 年	682	166	848	74	109	665	848
2022 年	676	183	859	75	116	668	859

蒙古的中学分为国立学校、私立学校和特别学校。国立学校通常是由政府拨款设立的学校，主要由教育科学部和地方教育局管理。私立学校一般由学校全额收费，教学质量也比较好。特别学校是为残疾儿童设立的特殊教育学校，一般属于国立学校。此外，蒙古还有许多专业语言类学校，如英语、俄语、汉语学校等。蒙古国立学校与私立学校的区别见表 2-2。

表 2-2 蒙古国立学校与私立学校的区别

国立学校	私立学校
免费接受教育	学费高(一年学费约合人民币 4 000~131 000 元)
学生人数多(每班 40~60 个学生)	学生人数少(每班 15~20 个学生)
教师工资待遇低	教师工资待遇高
政府提供教材	学生从学校购买教材
学生午餐费用低(每餐约合人民币 10 元)	学生午餐费用高(每餐约合人民币 10~25 元)
教学环境一般	教学环境好

国立学校的教育是免费的，学生人数比较多，每班有 40~60 个学生，教学环境一般，而且教师工资待遇较低。与国立学校相比，私立学校的学生需要缴纳学费。不同私立学校的学费也有所不同，每年学费约合人民币 4 000~131 000 元。私立学校学生人数比较少，每班有 15~20 个学生，教学环境较好。有些私立学校会开设双语教学课程，与外国学校进行合作，交换培养学生。在蒙古，家长特别重视孩子的教育，他们愿意在孩子的教育上投资。

二、初级中等教育

蒙古学生每个学年学习 33 周，涉及数学、信息技术、自然科学、社会科学等科目。在蒙古，小学、初中和高中的每节课时长是一致的，一般为 40 分钟。蒙古初中各科目课时设置见表 2-3。

表 2-3 蒙古初中各科目课时设置

单位:课时

序号	科目		各年级课时数				合计
			六年级	七年级	八年级	九年级	
1	新蒙文、蒙文	新蒙文	99	66	66	66	297
		传统蒙文	66	66	66	66	264
		文学	66	66	66	66	264
2	数学		165	132	132	132	561
3	信息技术		33	33	33	33	132
4	自然科学	物理	33	66	66	66	231
		化学	33	66	66	66	231
		生物	33	66	66	66	231
5	社会科学	公民教育	66	66	66	66	264
		地理	—	33	33	33	99
		蒙古历史	33	66	66	66	231
		社会课	—	33	33	33	99
6	艺术	美术	33	33	33	—	99
		音乐	33	33	33	33	132
7	造型艺术与基础工艺技术		66	66	66	66	264
8	体育		66	66	66	66	264
9	健康		33	33	33	33	132
10	外语	英语	99	99	99	99	396
		俄语	—	66	66	99	231
合计			957	1 155	1 155	1 155	4 422
教师安排补课课时							268
总计							4 690

在教师安排补课课时中,教师安排蒙文补课课时为 18 课时,社会科学、美术、造型艺术与基础工艺技术课、健康课补课数量为 10 课时,而其他课程要在 15 课时之内进行补课和课外活动。公民教育则是由社会课教师为学生和学生家长进行课程安排和提供职业建议。

蒙古中学一般每学年都有升学考试,考试目的主要是考查学生在这个学年掌握了什么新知识,一般采用“分数”与“等级”的方式评价学生成绩。蒙古中学评估体系见表 2-4。

表 2-4 蒙古中学评估体系

等级	分数	评估要求
Ⅷ	90~100	全面理解学科的现象、概念、规律和原理,并学会运用课程内容对问题进行分析; 提出问题,并制订研究计划; 分析问题和信息,并科学地表达
Ⅶ	80~89	了解学科的现象、概念、原理和规律之间的关系; 用所学内容对问题进行分析; 提出问题,并制订研究计划; 选择适当的方法解决问题; 分析问题和信息,并有效地表达
Ⅵ	70~79	了解学科的现象、概念、原理和规律; 提出问题,并制订研究计划; 在熟悉和复杂的环境下,使用掌握的新知识; 选择合适的方法解决问题
Ⅴ	60~69	了解学科的现象、概念、原理和规律; 根据说明,将掌握的知识应用在新的环境中; 提出问题,并参与研究计划; 分析问题和信息,并指出重点
Ⅳ	50~59	了解学科的现象、概念、原理和规律; 根据说明,将掌握的知识应用在熟悉的环境中; 提出问题,并参与研究计划; 分析问题和信息,并表达
Ⅲ	40~49	了解学科的现象、概念、原理和规律; 根据说明,将掌握的知识应用在熟悉的环境中; 在别人的指导下,解决问题; 提出问题
Ⅱ	30~39	记住学科的现象、概念、原理和规律; 根据说明,使用掌握的知识
Ⅰ	0~29	了解学科的现象、概念、原理和规律的基本意义

根据课程目标所规定的内容,教师会评价全体学生的学习情况。学生取得的成绩分为八个等级,不同的等级对应不同的分数。

在蒙古,无论是教学方法还是教学模式,都没有统一的标准。蒙古中学的课程设置相对来说更为随意,学校有权自主选择课程,而且课程进度完全由教师自己决定,学校并不制定统一的标准。

在蒙古,学校每年都会举行中学毕业评价会。学校根据学生在一年级到九年级的成绩、国家统一考试的综合成绩以及学生的学习态度,对学生的综合成绩进行排序,并以学校管理部提出的标准为红线,红线以上学生可以读高中继续学习,也可以自愿考职业学校;红线以下的学生只可以考职业学校。蒙古初中学生成绩单和蒙古基础教育证书如图 2-1 和图 2-2 所示。

（初中）八年级线上科目成绩单

线上课程时间：XI/11-XII/18

№	科目	出勤		课程表现		作业		考试		任课教师的建议
		应得的成绩	取得的成绩	应得的成绩	取得的成绩	应得的成绩	取得的成绩	应得的成绩	取得的成绩	
1	新蒙文	10	10	30	30	30	30	30	30	要提高写作能力
2	传统蒙文	10	10	30	30	30	30	30	30	要提高阅读速度
3	数学	10	10	20	15	40	33	30	22	要积极地参加课程活动。作业要按时提交，如有不知道的地方可以问老师
4	英语	10	10	10	10	50	42	30	24	她是一个认真、勤奋的学生。在本学期中，她按时提交作业，谢谢合作
5	化学	10	10	20	20	40	40	30	30	要复习化学元素
6	历史	10	8	10	10	50	38	30	27.1	要复习前课的内容。加油！
7	地理	20	20	20	20	30	30	30	30	在这学期，她努力学习，认真地完成了课程。加油，谢谢！
8	中文	10	10	30	28	30	30	30	26.4	很努力地完成了这学期的课程，以后要按时记住汉字，加油！
9	物理	10	10	10	10	50	44	30	30	要注意作业的实施方法
10	生物	10	10	10	10	50	44	30	29	学生积极地参加了课程活动。下学期，要注意作业的实施方法，加油！
11	社会课	10	10	20	20	40	40	30	25	积极主动地完成了本学期的课程，也认真地完成了作业
12	信息技术	10	10	20	20	30	30	40	40	好好学习如何写代码，加油！

班主任：Х.Чимэдлхам

出勤一10分
课程表现一30分
作业一30分
考试一30分
总成绩：100分

图 2-1 蒙古初中学生成绩单

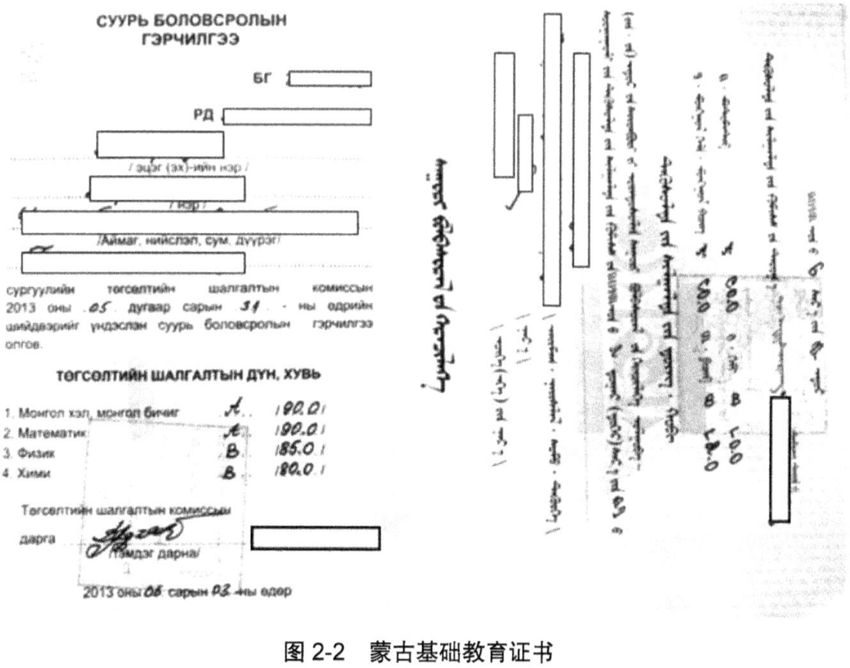

图 2-2 蒙古基础教育证书

蒙古在 2019 年发布《关于颁发基础教育与中等教育证书的规定》，针对初中做出了以下几项规定：

1)教育机构应在国家统一考试结束后的三个工作日之内，在信息系统中录入基础教育证书上的科目、成绩和其他信息，并将基础教育证书发送到首都、省和区的教育部门；

2)毕业生要核对基础教育证书中的父母姓名、学生姓名、登录号和学业评估信息；

3)按照教育评价机构批准的计算方法，计算出学生的学业成绩平均分，并记录在基础教育证书上；

4)基础教育证书需由班主任、课程负责人和校长签字并盖章；

5)发给毕业生的基础教育证书需保存在各个地方教育部门的档案中。

三、高级中等教育

蒙古的高中教育每个学年设有33周课，每节课时长为40分钟，科目分为必修课和选修课。学生可以按照职业规划的方向选择选修课，但必须选修三门以上的课程，第二语言只能选一种语言（英语或俄语）。此外，教师会安排辅导班，以提高学生的学习水平，也会安排公民道德教育和职业咨询等课程。蒙古高中必修课和选修课设置见表2-5、表2-6。

表2-5　蒙古高中必修课设置

单位：课时

序号	科目	各年级课时数			合计
		十年级	十一年级	十二年级	
1	新蒙文	33	33	33	99
2	传统蒙文	66	66	66	198
3	文学	33	33	33	99
4	公民教育	66	66	66	198
5	数学	99	99	99	297
6	信息技术	33	33	33	99
7	物理	66	66	—	132
8	化学	66	66	—	132
9	生物	66	66	—	132
10	蒙古历史	33	33	—	66
11	社会课	66	66	—	132
12	地理	66	66	—	132
13	英语或俄语	99	99	99	297
14	体育	66	66	66	198
15	健康	33	33	33	99
16	造型艺术与基础工艺技术	66	66	66	198
合计		957	957	594	2 508

表 2-6 蒙古高中选修课设置

单位：课时

科目		各年级课时数			合计
		十年级	十一年级	十二年级	
语言	新蒙文、传统蒙文	198	231	594	1 023
	文学				
	英语				
	俄语				
数学					
自然科学	生理				
	物理				
	化学				
社会科学	蒙古历史				
	社会课				
	地理				
	商务学				
造型艺术与基础工艺技术					
信息技术					

由表 2-5 和 2-6 可知，蒙古高中选修课与必修课共 3 531 课时，另有教师安排课程 144 课时。对于蒙古高中的选修课，每个年级的情况有所不同。在十年级时，学生可以选修四门课，一周为 1~2 课时。在十一年级时，学生可以选修三门课，一周为 4~8 课时。蒙古的高中还会根据教学安排和教师资源，为学生开设职业方向教育课。此外，教师可以根据时间安排，为学生开设公民教育课，也可以进行补课以帮助学生更好地学习知识，还可以为学生和学生家长提出职业建议。

在每个学年的第二季度和第四季度，教师都要对三至十二年级的学生进行评价。其中，第四季度的评价为年末成绩评价。蒙古的初中和高中都有三种不同的成绩评价类型，包括平时性评价、终结性评价和诊断性评价。平时性评价是为提高教学效率而经常进行的评价，主要包括回答问题、做课本练习、参加团体活动、完成学生个人任务等内容，由教师进行评价。终结性评价采用"分数"和"等级"的形式评价学生掌握新知识的情况。而诊断性评价主要是在开学之前，通过访谈、讨论、调查问卷、观察等方式进行的评价。除了以上三种评价之外，教师还会在学生的个人档案中对学生进行评价，包括以下几类内容：

1）学习态度和表达能力；

2）学习方法；

3）学生性格特点，与他人交流的方式；

4）对国家文化和社会的重视程度；

5)适应陌生环境的能力;

6)对周围环境、环保、社会交流等方面的态度和相关行为。

学年末,学校进行全国统一考试。全国统一考试是对九年级和十二年级的学生进行的考试。

蒙古高中毕业标准主要包括学生的平时性评价、终结性评价、诊断性评价、教师评语等。根据这些评价,学校委员会决定是否为学生颁发高中毕业证书。达到学校制定的高中毕业标准的学生可以获得中等教育毕业证书。取得毕业证书的学生可以参加国家高考。蒙古普通中等教育(高中)证书如图 2-3 所示。

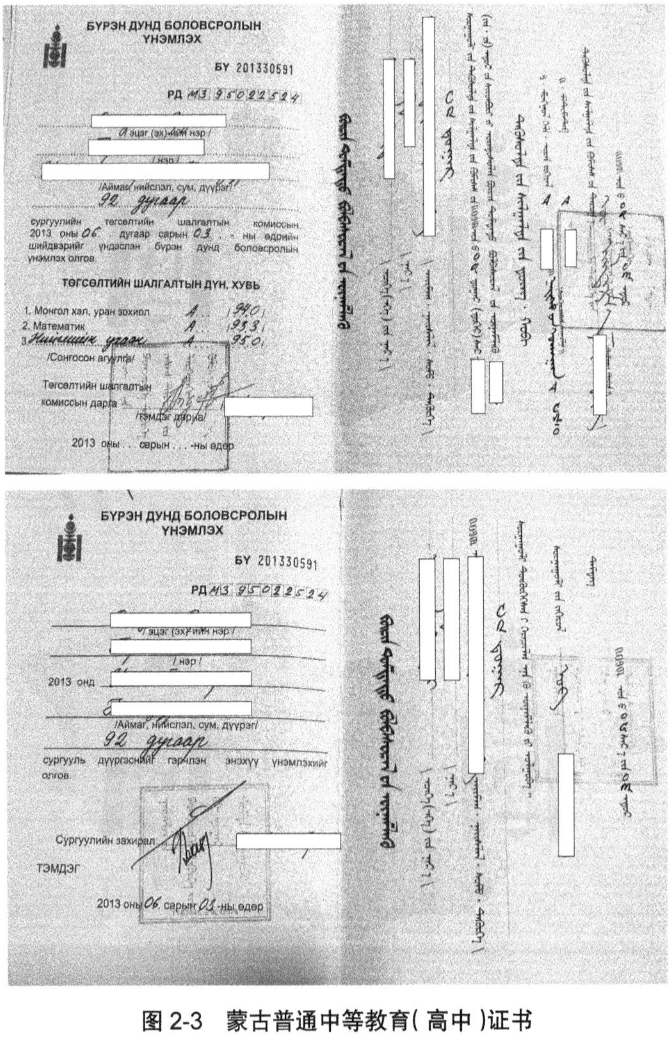

图 2-3 蒙古普通中等教育(高中)证书

蒙古在 2019 年发布的《关于颁发基础教育与中等教育证书的规定》中针对高中做出以下几项规定:

1）教育机构应在国家统一考试结束后的三个工作日之内，在信息系统中录入中等教育证书上的科目、成绩和其他信息，并将普通中等教育证书发送到首都、省和区的教育部门；

2）毕业生要核对普通中等教育证书中的父母姓名、学生姓名、登录号和学业评估信息；

3）按照教育评价机构批准的计算方法，计算出学生学业成绩的平均分，并记录在普通中等教育证书上；

4）普通中等教育证书须由班主任、课程负责人和校长签字并盖章；

5）发给毕业生的普通中等教育证书须保存在各个地方教育部门的档案中；

6）学生要将在国外取得的中等教育证书与蒙古国家标准证书相对应；

7）在国外完成普通中等教育的学生要提交公证副本和官方翻译件；

8）取得普通中等教育证书的学生才能参加高考；

9）个人信息遗失或变更，需重新申领普通中等教育证书；

10）在信息系统中没有正式注册的公民无法取得普通中等教育证书。

四、全国性毕业考试

（一）升学考试

升学考试是为评价学生学习新知识的情况而进行的考试。根据蒙古教育科学部的规定，各级学校都要组织升学考试。蒙古升学考试安排见表2-7。

表2-7　蒙古升学考试安排

教育等级	年级	考试次数	考试方向
小学教育	三	1	综合考试内容（根据三年级的课程内容）
	四	2	学生选择一个科目 综合考试内容（除了考试科目之外的）
初中教育	六	2	新蒙文、传统蒙文和文学（综合考试内容） 数学 学生选择一个科目（除了考试科目之外的）
	七	3	新蒙文、传统蒙文和文学（综合考试内容） 数学 学生选择一个科目（除了考试科目之外的）
	八	3	新蒙文、传统蒙文和文学（综合考试内容） 数学 学生选择一个科目（除了考试科目之外的）

续表

教育等级	年级	考试次数	考试方向
高中教育	十	3	新蒙文、传统蒙文和文学(综合考试内容) 数学 学生选择一个科目(从化学、物理、生物、地理、社会课、蒙古历史、英语、俄语中任选其一)
	十一	3	新蒙文、传统蒙文和文学(综合考试内容) 数学 学生选择一个科目(从化学、物理、生物、地理、社会课、蒙古历史、英语、俄语中任选其一)

由校长任命的考试委员会负责组织升学考试和全国统一考试。考试委员会主席为校长,委员包括教学组长、班主任和学生家长。考试委员会委员不可参与考试题目和内容的编写。地方教育部门对升学考试结果进行分析,并为每所学校提供建议。

(二)全国统一考试

组织全国统一考试的主要目的是评价小学、初中、高中学生所掌握的知识、技能,一般考试时间为 80 分钟。考试结果将作为小学、初中、高中学生提高学业成绩和升学的依据。蒙古全国统一考试科目见表 2-8。

表 2-8 蒙古全国统一考试科目

教育等级	年级	考试次数	科目
小学教育	五	3	新蒙文 数学 人与自然
初中教育	九	4	新蒙文、传统蒙文(综合考试内容) 数学 选修考试(在自然科学和社会科学中选一个科目) 外语(在英语和俄语中选一个科目)
高中教育	十二	4	新蒙文、传统蒙文(综合考试内容) 数学 选修考试(在化学、物理、生物、地理、社会课和蒙古历史中选一个科目) 外语(在英语和俄语中选一个科目)

全国统一考试的日期由国家教育评价机构确定。国际教育项目或与国外合作的普通教育学校的学生也要参加全国统一考试。国家教育评价机构要对考试成绩进行分析,并于每年 10 月之前,将分析结果上报给国家教育行政部门。

(三)高考

2006 年起,蒙古高考实行新制度。蒙古高考的蒙古语是“Монгол Улсын их, дээд

сургуульд элсэн суралцах Элсэлтийн ерөнхий шалгалт”，可翻译为“蒙古高等学校入学教育招生总考试”，简称“Элсэлтийн ерөнхий шалгалт，ЭЕШ”，即“招生总考试”。在此之前，蒙古的高考是各所大学自主组织命题，学生可以选择报考多所大学，也可能同时被多所大学录取。2006 年，高考实行新制度后，考生需参加由国家统一组织的高考 。高考之前，考生必须通过蒙文考试。蒙文考试一年举办两次，如第一次考试因可原谅原因没有参加或没有通过，可参加第二次考试。蒙文考试中传统蒙文内容占 25%。

全国高考考生统一在 www.eec.mn 网站上报名。传统蒙文、数学、物理、化学的考试时间为 100 分钟，新蒙文、英语、俄语、生物、地理、蒙古历史、社会科学的考试时间为 80 分钟。此外，参加高考的考生们在进入考场时必须随身携带 4 件物品：身份证明或具有同等效力的材料、中等教育证书、考场座位号和注册登记单。

2022 年，蒙古高考于乌兰巴托时间 2022 年 6 月 23 日 10 点开始，共有 36 253 名考生参加考试，其中应届毕业生 29 093 名，往届毕业生 7 160 名。2021 年，蒙古高考于乌兰巴托时间 2021 年 8 月 19 日 10 点开始。2020 年，蒙古高考于乌兰巴托时间 2020 年 7 月 2 日 9 点开始，共有 30 902 名考生参加考试，其中应届毕业生 27 999 名，往届毕业生 2 903 名。一般每个考场分别安排 20~100 名考生。考试结束后一般在 10 个工作日之内开始发放成绩单。高考成绩以及蒙文考试成绩在 2.5 年内有效。

蒙古的高考满分为 800 分，国立大学合格分数线为 480 分，私立大学合格分数线为 410 分，地方性大学合格分数线为 400 分。高考成绩为 600 分及以上的学生可以被国立大学录取，但录取的学生人数有限。学生如果在高中时期获得过奥林匹克竞赛一等奖，就能收到某些大学的邀请函，获得保送资格。

蒙古高考主要有 10 个科目，包括数学、蒙文、社会科学、蒙古历史、英语、俄语、地理、物理、生物、化学等科目。考试内容一般是本科目的综合内容。表 2-9 为蒙文高考考试内容。

表 2-9　蒙文高考考试内容

<table>
<tr><th>试题类型</th><th>试卷组成</th><th>内容</th><th>题数</th><th>分数</th><th>时间</th></tr>
<tr><td rowspan="3">选择题、
问答题、
写作题</td><td>第一部分</td><td>作文
句子
词汇
语素
文学
传统蒙文</td><td>35 道</td><td>70 分</td><td rowspan="3">80 分钟</td></tr>
<tr><td>第二部分</td><td>句子
语素
文学
传统蒙文</td><td>4 道</td><td>20 分</td></tr>
<tr><td>第三部分</td><td>作文</td><td>5 道</td><td>10 分</td></tr>
</table>

从表2-9可见,蒙文高考考试主要由3个部分组成,共有44道题,分为选择题、问答题和写作题3个类型。蒙文考试除了考句法,还要考文学和传统蒙文。

高考考生要选与考试科目对应的专业和大学,并按照高考分数线选择大学和专业。下面以蒙古国立大学为例进行简单介绍。

1）蒙文科目在该校对应的专业有:蒙语师范、蒙语语言学、蒙语语言文学、国际语言学、传统蒙文学等专业。高考录取分数线为630分。

2）数学科目在该校对应的专业有:数学师范、应用数学、经济数学、会计学、国际贸易管理、商业管理等专业。高考录取分数线为600分。

3）蒙古历史科目在该校对应的专业有:历史学、社会人类学、人类学、考古学、历史文化、旅游等。高考录取分数线为560分。

4）外语科目(英语、俄语)在该校对应的专业主要是国际研究(英语、俄语、法语、德语、西班牙语、汉语、韩语、日语、土耳其语)。高考录取分数线为760分。

5）地理科目在该校对应的专业有:地理师范、地籍制图、环境生态、城市和区域规划、地理学和自然科学教育等专业。高考录取分数线为600分。

6）化学科目在该校对应的专业有:化学师范、环境化学、矿物品化学、煤炭化学、石油化学等专业。高考录取分数线为560分。

7）物理科目在该校对应的专业有:物理师范、物理学、核物理、应用物理学等专业。高考录取分数线为560分。

8）生物科目在该校对应的专业有:生物师范、生物学(植物学、动物学)、应用生物学、生物技术、食品生物技术等专业。高考录取分数线为560分。

9）社会科目在该校对应的专业有:社会学、哲学、宗教学、政治学、心理学、社会工作、法学、法律、国际法学、新闻学等专业。但社会学有时会与别的科目组合在一起进行选科。例如,在哲学、宗教学、政治学、心理学、社会工作等专业方面,要考社会学和外语(英语和俄语中选一科),高考分数线为640分。而国际法学、经济法学等专业,要考社会学和数学,高考录取分数线为700分。

第三节　蒙古高等教育制度

1921年,蒙古人民革命取得胜利,初步获得政权的蒙古政府克服重重困难积极发展教育,逐步建立了各级教育体系。1924年,蒙古政府成立了人民教育部(现教育科学部)。1942年,蒙古创办高等教育,在乌兰巴托市投资建立了第一所正规高等教育机构——蒙古国立大学。该大学借鉴了苏联高等院校的模式,设立了三个学院,分别为教育学院、医学院和兽医学院。随后,蒙古的高等教育院校数量不断增多,呈现公立院校、私立院校并存的局面。

根据蒙古教育科学部网站上公布的2022—2023年统计数据，蒙古共有69所高等院校，包括大学33所，占47.8%；学院35所，占50.7%；中等学校1所，占1.4%。蒙古的在校生有本科生112 451人，占77.4%；硕士研究生25 509人，占17.6%；博士研究生4 508人，占3.1%。根据2019—2020年统计数据，蒙古有95所大学，本科生119 203人，占80.35%；硕士研究生25 753人，占17.36%；博士研究生3 392人，占2.29%。

可见，蒙古还是以培养本科生为主要教育目标。蒙古规定获得高等教育文凭，需完成不少于90学分的课程，本科生至少完成120学分的学位课程，硕士研究生至少完成150学分的学位课程，博士研究生至少完成210学分的学位课程。

在学制方面，蒙古的高等教育体系在借鉴北美高校优秀经验的基础上进行了改革，本科教育学制调整为4年，硕士教育学制为1.5~2年，博士教育学制为3年。

一、本科教育制度

蒙古的大学入学统一考试由国家组织人员统一命题，在指定的时间、地点统一进行。比如2022年的大学入学统一考试是在6月23日10点进行的。考试以笔试为主，考试科目包括必考科目和可选科目，必考科目为蒙文，其他均为可选科目，如俄语、英语、数学、化学、生物、地理、文学、蒙古历史、社会科学等。一般来说，学生会根据所报考的专业，选择4~5门科目进行考试。考试的总分为800分，成绩公布以后，考生可以根据分数最高的科目来选择要报考的大学和专业，且只能选择一所大学的一个专业。大学入学统一考试成绩最高者优先选择学校和专业，如果成绩与其他学生相同，学校则会根据高中会考成绩、毕业证书上的各科平均成绩等做出决定。

高等院校进行招生时，会提出最低成绩要求，考生只有达到最低分数线才有资格入学。如果分数不够，考生可以选择重回高中复读，也可以选择进入私立大学。一般来说，400分以上者才能进入私立大学，500分以上者有希望进入比较理想的公立大学。

高等教育第一阶段即本科阶段，需要进行4~6年的全日制学习，修满不少于120学时的课程，才能获得学士学位。一般专业的学制为4年，一些特殊专业，如牙科、药剂和兽医专业的学制为5年，医学专业的学生则需要6年才能获得学位证书和毕业证书。本科教学计划包括基础课、专业及专业技能课和选修课，每所高校编制具备自身特色的具体教学计划。

二、研究生教育制度

（一）硕士教育制度

在蒙古，没有统一的全国硕士研究生招生考试，招生工作由各高校自主安排。多数高校在每年的八九月份开始招生；也有学校全年都接受学生申请，每个季度都有一次硕士研究生入学考试。各学校会提前在其官网上发布通知。每所学校对硕士研究生提出的要求不尽相同,考生应按要求提交申请材料。申请材料包括本科毕业证书、本科学习成绩(平均成绩绩点不低于3.0)、硕士研究生期间的研究学习计划。申请人提交申请材料后,等待学校审核,审核通过后可以参加学校组织的考试。硕士研究生招生考试由专业考试和外语考试两部分组成,满分100分,其中专业考试60分,外语考试40分。

硕士研究生教学计划主要包括研究方法、英语、专业课和专业技能课及硕士研究生论文等部分,专业课和专业技能课不低于12学分,硕士研究生论文6学分。硕士研究生课程见表2-10。

表2-10 硕士研究生课程

课程分类	学分/分	全日制/课时		非全日制/课时	
		上课	自习	上课	自习
外语	6	144	144	96	192
综合性研究方法学	1	16	32	12	36
科学研究方法学	2	32	64	24	72
专业课	9	144	288	108	324
专业技能课	12	192	384	96	480
硕士研究生论文	6	48	240	48	240
总计	36	576	1 152	384	1 344

蒙古贯彻通识教育的课程理念,要求硕士研究生教育个性与共性相结合。蒙古的研究生课程结构灵活,学生在导师的指导下,根据自身意愿选择专业课和辅修课。蒙古国立教育大学硕士研究生毕业证书如图2-4所示。

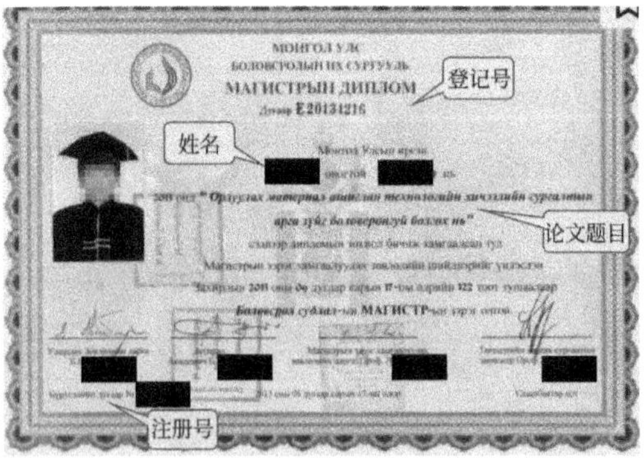

图2-4 蒙古国立教育大学硕士研究生毕业证书

贾智莲分析了蒙古财经类大学的硕士研究生教育,蒙古财经类大学的硕士研究生招生工作由各学校自主安排,一些学校全年接受学生的申请,每个季度都会安排考试,学校提前在其官网上发布接受申请的时间。考生按要求向学校提交申请材料,申请材料一般包括本科毕业证书、本科学习成绩(平均成绩绩点不低于3.0)、英语水平证明(中级水平以上)、入学申请书、付款保证。审核通过后,学生可参加学校组织的入学考试。考试一般包括三个部分:第一部分是GMAT(Graduate Management Admission Test,经企管理研究生入学考试),时长100分钟,试题为英文形式的，考生也要用英语作答；第二部分是蒙语写作，时长 20 分钟，考生根据所选择的专业，写一篇与专业相关的作文；第三部分是面试，一般时长 5 ~10 分钟，主要介绍自己的学习目的。学校十分重视对学生的综合素质以及研究水平的考查。

蒙古财经类大学只招收专业硕士，包括企业管理、金融、会计和经济学四个专业。申请者既有应届本科毕业生，也有在职工作人员；既有本专业考生，也有跨专业考生。由于生源构成相对复杂，学校会针对学生的不同情况设置不同的授课时间和培养年限，学生可以根据自身情况进行选择。贾智莲对蒙古财经类大学的经济学和企业管理专业的培养方案进行了调研，这两个专业分别针对本专业和跨专业的硕士研究生设计了不同的培养方案，并且为全日制硕士和非全日制硕士设计了不同的学制，授课时间也非常灵活，除了基本的全日制学习，还设计了周末教学班和夜间教学班，以满足不同类别学生的需求。全日制硕士的学制为 1 年，非全日制硕士的学制为 1.5~2 年，学分都是 42 学分，但国际班是 48 学分。

（二）博士教育制度

在蒙古，学生申请攻读博士时要向学校提交的材料包括硕士研究生毕业证书、硕士学位论文、攻读博士阶段的研究计划、硕士研究生学习成绩（平均成绩绩点不低于 3.5）。蒙古科技大学博士研究生毕业证书如图 2-5 所示。

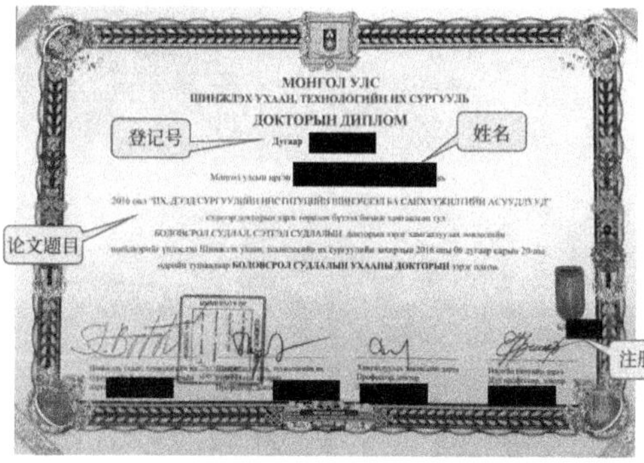

图 2-5　蒙古科技大学博士研究生毕业证书

博士研究生入学后，需要攻读 2~3 年，申请学位时要求申请者完成不少于 210 学时的学位课程、获得不少于 60 学分、完成博士毕业论文并且通过答辩。另外，蒙古有一种更高级别的博士学位——科学博士学位，要求申请者在获得博士学位之后，再学习 2~2.5 年。

博士研究生的教学计划可以大致分为以下六个部分：专业英语、学术研究方法课、专业课与专业技能课、学术工作和论文。学术研究方法课根据所选专业不同分成一门或几门课程，主要内容为该专业的研究方法；专业课与专业技能课是与博士专业研究方向有关的课程，要求博士研究生获得的学分不低于 30 学分；学术工作是指博士研究生在导师指导下，按研究计划完成相关学术研究工作，占 6 学分；论文指准备论文及答辩，占 12 学分。博士研究生课程见表 2-11。

表 2-11　博士研究生课程

课程分类	学分 / 分	全日制 / 课时		非全日制 / 课时	
		上课	自习	上课	自习
专业外语	3	48	96	32	112
学术研究方法课	3	48	96	32	112
专业课	9	144	288	96	336
专业技能课	24	384	768	192	960
学术工作	9	144	288	96	336
准备论文及答辩	12	48	528	48	528
总计	60	816	2 064	496	2 384

三、高等教育机构

蒙古的大学主要集中在乌兰巴托市，因为乌兰巴托市作为蒙古的首都，人口密集、经济发达。其他高校的分布地区各不相同，有的位于城市，如蒙古国立大学等；有的地处牧区，如科布多大学等。蒙古的高等教育机构包括公立大学、私立大学、与国外合办的大学。公立大学有蒙古国立大学、蒙古国立医科大学等；私立大学有奥特根腾格尔大学、环球领袖大学、伊德大学、奥尔洪大学等；与国外合办的大学有德蒙资源与技术研究所、蒙古文化教育大学、国际经济商业研究所等。

根据蒙古教育科学部网站上公布的 2022—2023 年统计数据，蒙古共有大学 69 所，下面具体介绍蒙古高校的排名情况和具有代表性的重点知名高校。

（一）世界大学网络排名

世界大学网络排名（Webometrics Rankings of World Universities，WRWU），是由西班牙教育部高等学术研究委员会主持的，对全球众多大学进行的综合评价。WRWU 的宗旨是使“全球的大学与研究中心能展现其对电子期刊、科学研究成果与研究活动之国际化的学术责任”，该排名将全球大学的数据库和 Google（谷歌）、Google Scholar（谷歌学术搜索）、Yahoo!（雅虎）、Live Search（微软的智能搜索服务）、Exalead 及 Alexa 等重要网络搜索引擎及学术资料数位化以后的引用次数，纳入网络大学排名要项之列。根据资料引用和对照综合，于每年 1 月与 7 月更新一次。

该排名的评量标准简要概述如下。

1）规模（size）：统计四大搜索引擎 Google、Yahoo!、Live Search 与 Exalead 所搜索到的各大学网页的页数。

2）能见度（visibility）：统计三大搜索引擎 Yahoo!、Live Search 与 Exalead 搜索到的各大

学网页对内、对外被连接数及被浏览数。

3）学术档案（rich files）：根据 Google 搜索到的不同档案类型 [包含 Adobe Acrobat（PDF）、Adobe PostScript（PS）、Microsoft Word（DOC）与 Microsoft Powerpoint（PPT）等形式档案] 的学术出版品数目，计算其总数。

4）学术论文（scholar）：Google Scholar 搜索到的学术文章、报告与其他相关的学术研究等的数目。

截至 2024 年 5 月，世界大学网络排名中蒙古大学的排名见表 2-12。

表 2-12　世界大学网络排名中蒙古大学的排名

国内排名	世界排名	大学	影响等级	公开程度	卓越排名
1	3 151	蒙古国立大学	4 309	3 072	3 827
2	4 631	蒙古科技大学	10 155	4 181	4 648
3	6 014	乌兰巴托国际大学	4 923	8 370	6 141
4	7 017	蒙古国立医科大学	7 948	3 335	7 223
5	8 559	奥托奇·曼兰巴大学	4 628	8 370	7 223
6	9 000	科布多大学	12 610	8 370	6 417
7	11 127	蒙古技术大学	8 246	8 370	7 223
8	12 411	蒙古生命科学大学	16 985	5 119	7 223
9	14 525	蒙古国立教育大学	14 434	8 031	7 223
10	16 519	CITI 大学	15 046	8 370	7 223
11	19 922	蒙古财经大学	19 065	8 370	7 223
12	20 127	蒙古文化教育大学	19 292	8 370	7 223
13	20 349	蒙古国际大学	19 553	8 370	7 223
14	21 480	德蒙资源与技术研究所	20 846	8 370	7 223
15	21 531	大札撒大学	20 903	8 370	7 223
16	22 102	蒙古国立文化艺术大学	21 566	8 370	7 223
17	22 284	乌兰巴托国立大学	21 763	8 370	7 223
18	22 396	奥特根腾格尔大学	21 890	8 370	7 223
19	22 488	蒙古管理学院	21 990	8 370	7 223
20	23 505	环球领袖大学	23 106	8 370	7 223
21	23 758	胡里大学	23 381	8 370	7 223
22	23 884	奥肯大学	23 521	8 370	7 223
23	24 388	埃图根大学	24 068	8 370	7 223
24	24 519	伊德大学	24 215	8 370	7 223
25	25 027	莱福士国际学院乌兰巴托分院	24 765	8 370	7 223

续表

国内排名	世界排名	大学	影响等级	公开程度	卓越排名
26	25 405	蒙古信息与电信技术学院	25 170	8 370	7 223
27	26 055	石湖图格大学	25 867	8 370	7 223
28	26 413	多诺德大学东方大学	26 243	8 370	7 223
29	26 513	曼达克大学	26 348	8 370	7 223
30	26 604	三宝师范学院	26 451	8 370	7 223
31	26 937	建筑科技学院	26 802	8 370	7 223
32	27 042	管理大学	26 912	8 370	7 223
33	27 821	圣大学	27 710	8370	7 223
34	27 929	蒙古药科大学	27 819	8 370	7 223
35	27 929	蒙古加扎尔钦大学	27 819	8 370	7 223
36	28 033	蒙古国防大学	27 927	8 370	7 223
37	28 326	农业生态与商业学院	28 231	8 370	7 223
38	28 812	埃内尔高等教育学院	28 736	8 370	7 223
39	28 936	蒙阿尔蒂斯研究所	28 863	8 370	7 223
40	28 936	教育文化法律学院	28 863	8 370	7 223
41	28 936	蒙古国家技术大学	28 863	8 370	7 223
42	29 031	人文大学	28 959	8 370	7 223
43	29 246	蒙古国立音乐学院	29 178	8 370	7 223
44	29 338	蒙古技术学院	29 276	8 370	7 223
45	29 538	民族体育学院	29 477	8 370	7 223
46	29 917	达尔罕研究所	29 863	8 370	7 223
47	30 223	蒙古民族经济大学	30 176	8 370	7 223
48	30 332	阿瓦尔加学院	30 289	8 370	7 223
49	30 332	国际研究学院	30 289	8 370	7 223
50	30 554	新医科大学	30 522	8 370	7 223

(二)全球高校网排名

全球高校网,英文为 uniRank,原名 4International Colleges and Universities 或 4ICU,是一家世界大学排名发布机构,拥有 200 多个国家的超过 13 800 所官方认可的大学和学院的评论和排名,每半年更新一次。

uniRank 目前覆盖满足以下要求的全球高等教育机构:①获得国家或地区相关机构的官方认可,如教育部或政府认可的组织;②获得至少 4 年制本科学士学位或研究生硕士和研究生博士学位的官方许可或授权；③高等教育课程主要采用传统的面对面教学形式，通过现场教学设施进行授课。uniRank 当前未覆盖以下高等教育机构：①两年制的学位授予机构，如社区学院、职业学院、培训学院等；②远程学习机构；③神学院和其他神学高等教育机构；④军事或执法高等教育机构；⑤不符合前述要求的其他任何高等教育机构。

uniRank 的大学排名基于一种算法，该算法包括从 4 种不同的 Web 智能资源中提取的 5 种无偏向且独立的 Web 指标：Moz 域名权重（Moz Domain Authority）、Alexa 全球排名（Alexa Global Rank）、SimilarWeb 全球排名（SimilarWeb Global Rank）、指称域（Majestic Referring Domains）、信任流（Majestic Trust Flow）。

大学排名过程是在同一周内收集 Web 指标数据，以最大限度地减少时间不同带来的变化和提高可比性，同时采用预先计算的滤波器检测原始数据中的异常值。对于采用子域（强烈建议不要使用）作为官方机构主页的大学，要进一步调查并审查 Alexa 全球排名和 SimilarWeb 全球排名数据。一旦发现异常值，就要对子域名数据进行审查和调整。考虑到 Moz 域名权重、Alexa 全球排名和 SimilarWeb 全球排名的对数性质，Web 度量数据将被归一化到 0~100 的尺度。

一些大学通常由于以下原因而没有进入排名或排在末尾：大学没有官方网站；在排名过程中大学的官方域名无法长时间访问；大学采用内部 URL（统一资源定位系统）作为其官方网站；大学的官方网站由 wordpress.com、logspot.com，或者其他全球免费的托管服务托管。截至 2024 年 5 月，蒙古大学全球高校网排名见表 2-13。

表 2-13　蒙古大学全球高校网排名

国内排名	大学	全球高校网	性质
1	蒙古国国立大学	3 514	公立
2	蒙古科技大学	5 245	公立
3	蒙古财经大学	8 103	私立
4	蒙古国立医科大学	8 389	公立
5	蒙古国立教育大学	8 964	公立
6	蒙古生命科学大学	9 229	公立
7	蒙古国立文化艺术大学	10 496	公立
8	科布多大学	10 921	公立
9	蒙古管理学院	11 115	公立
10	蒙古国际大学	11 155	私立
11	人文大学	11 556	公立
12	乌兰巴托国际大学	11 616	私立
13	奥特根腾格尔大学	11 912	私立

续表

国内排名	大学	全球高校网	性质
14	大札撒大学	11 921	私立
15	胡里大学	11 950	私立
16	曼达克大学	11 984	私立
17	埃图根大学	12 008	私立
18	蒙古药科大学	12 059	私立
19	乌兰巴托国立大学	12 212	公立
20	CITI 大学	12 247	私立
21	额尔德木	12 296	私立
22	伊德大学	12 393	私立
23	环球领袖大学	12 422	私立
24	工程技术学院	12 617	私立
25	多诺德大学	12 666	公立
26	蒙古民族大学	12 756	私立
27	石湖图格学院	12 771	私立
28	奥肯大学	12 851	私立
29	教育文化法律学院	12 915	私立
30	圣大学	12 965	私立
31	奥托奇·曼兰巴大学	12 983	私立
32	采西古恩管理学院	13 075	私立
33	乌兰巴托大学	13 097	私立
34	民族体育学院	13 110	私立
35	阿奇医科大学	13 128	私立
36	三宝师范学院	13 135	私立
37	达尔罕研究所	13 140	私立
38	蒙阿尔蒂斯研究所	13 145	私立
39	蒙古加扎尔钦大学	13 151	私立
40	蒙古国家技术大学	13 160	私立
41	诺莫拉学院	13 174	私立
42	阿瓦尔加学院	13 178	私立
43	腾格尔学院	13 199	私立
44	新医科大学	13 236	私立
45	蒙古国立音乐学院	13 293	公立
46	新文明职业技术学院	13 301	私立
47	蒙古劳动和社会关系学院	13 304	私立

续表

国内排名	大学	全球高校网	性质
48	国际问题研究所	13 310	私立
49	札萨克图汗学院	13 310	私立
50	蒙古国际经贸大学	13 310	私立

（三）蒙古知名高校简介

为了具体了解蒙古高等教育机构，本书综合世界大学网络排名和全球高校网排名情况对蒙古的知名高等院校进行介绍，相关资料来源于各高校的官方网站、百度百科以及北城百科。

1. 蒙古国立大学（National University of Mongolia，NUM）

蒙古国立大学成立于 1942 年 10 月 5 日，是蒙古国立重点综合性大学，本部位于蒙古首都乌兰巴托市，并在科布多省、扎布汗省和鄂尔浑省设有分校。除蒙古本国学生外，有美国、俄罗斯、韩国、越南、中国、日本、阿富汗和土耳其等国的留学生来此大学学习交流。蒙古国立大学校徽如图 2-6 所示。

图 2-6 蒙古国立大学校徽

蒙古国立大学提供官方认可的高等教育学位课程和项目，如预科课程、学士课程、硕士课程、博士课程等。蒙古国立大学实行以入学考试成绩和学生过去的学习成绩为基础的择优录取政策，录取率为 10% 以下，是蒙古高等教育机构中最具选择性的一所院校。截至 2023 年，蒙古国立大学有共 12 个院系 80 多个专业，包括文理学院、应用科学与工程学院、商学院、法学院、国际关系与公共管理学院、Baigali Ekh 高中、生态教育中心等。

下面以蒙古国立大学文理学院为例，介绍其构成。蒙古国立大学文理学院由自然科学、社会科学、人文科学三个方向的系，以及研究所和研究中心组成。自然科学方向，下设数学系、物理系、化学系、生物系、地理系、地质与地球物理系。社会科学方向，下设人类学与考古学系、教育心理系、新闻与公共关系系、社会学与社会工作系、政治学系、经济学系。人文科学方向，下设哲学与宗教学系、历史系、蒙古语言学系、文学艺术系、英美研究系、欧洲研究系、亚洲研究系、外国语培训研究中心。文理学院的研究所和研究中心有蒙古研究所、城市与区域发展研究所、突厥联合研究所、核研究中心、社会研究所。

蒙古国立大学也招收国际学生，国际学生入学要求如下。①国籍要求：任何外国公民都可以申请在蒙古国立大学学习。②学历要求：有意向在蒙古国立大学攻读学位的国际申请人应接受过与蒙古教育类似的教育。尽管对外国公民没有必须参加蒙古语言准备课程的要求，但国际申请人必须年满 18 周岁，并能独立承担法律责任。③蒙古语能力：在蒙古国立大学，大多数课程都用蒙古语进行授课，因此，有兴趣学习学位课程或参加交换项目的国际申请人应提供蒙古语能力证明，并在申请或入学时提交正式文件或证书。不懂蒙古语或没有蒙古语基础的国际申请人可以学习为期一年或一学期的蒙古语语言课程。完成这些课程后，国际申请人可以在蒙古国立大学申请学位课程。但是，对参加与其他大学或组织联合开设的课程或用英语授课的交换项目的国际学生无蒙古语能力的要求。此外，国际学生还须满足其所申请专业所属院系、研究所和研究中心的录取要求。

蒙古国立大学共有三所分校，其中鄂尔浑省分校原是 UBDS 的外国语言学院，于 1996 年成为蒙古国立大学的鄂尔浑省分校。该分校于 2002 年和 2008 年获得国家教育认证委员会的认证，是鄂尔浑省内第一所获得认证的大学。自 1996 年首届毕业生毕业以来，蒙古国立大学鄂尔浑省分校已培养了数千名外语和经济领域的专业人士，其中包括来自俄罗斯、哈萨克斯坦、土耳其和韩国的数十名外国学生。蒙古国立大学鄂尔浑省分校设有商业科学系、会计系、财经系和人文系。商业科学系成立于 2001—2002 学年，最初名为经济系，2003 年更名为管理系，后又更名为商业科学系。会计系成立于 2002 年。财经系的任务是培养金融和经济领域具有国际水平的高素质人才，以为社会和经济发展做出贡献。

2. 蒙古科技大学（Mongolian University of Science and Technology，MUST）

蒙古科技大学于 1959 年建校，前身为蒙古国立大学工程学院，是蒙古享有声望的、以工科类专业为主的公立大学。蒙古科技大学位于蒙古首都乌兰巴托市，在达尔汗乌勒省、鄂尔浑省、前杭爱省和苏赫巴托尔省设有分校，是一所以工科为主、多学科共同发展的综合性大学，是蒙古的教育和科学研究中心之一。蒙古科技大学校徽如图 2-7 所示。蒙古国内的科技产业和基础设施建设等领域的人才很多都毕业于该大学。蒙古科技大学由外国语学院、工商管理与人文学院等 17 个学院、分校，3 个研究所，36 个实验和技术中心构成，共有 89 个本科专业，与美国、日本、韩国、中国、俄罗斯等国家的高校开展合作。

图 2-7　蒙古科技大学校徽

3. 蒙古国立医科大学（Health Sciences University of Mongolia，HSUM）

蒙古国立医科大学位于蒙古首都乌兰巴托市，是蒙古最高等级的医科大学。蒙古国立医科大学是一所综合性大学，约有在校学生 1 万人，其中医学院设有 22 个专业，共有 3 000 多名在校医学生。蒙古国立医科大学校徽如图 2-8 所示。

蒙古国立医科大学成立于 1942 年，当时是蒙古国立大学下属的医学系，1961 年从蒙古国立大学中分离出来，独立为蒙古国立医学院，下设 5 个院系：医学系、儿科系、卫生系、口腔医学系和药学系。1990 年，蒙古国立医学院升格为大学，2003 年改为现名——蒙古国立医科大学，建立了生物医

图 2-8　蒙古国立医科大学校徽

学学院和药学院。2016 年，德国 ASIIN（Association of International Studies Institutions Network）国际认证协会的医疗团队认可了该校的医学学士学位课程。2019 年，蒙古国立医科大学在蒙古建立第一所大学医院和校园综合体。

蒙古国立医科大学还在戈壁阿尔泰省、东戈壁省和达尔汗乌勒省设有分校。蒙古国立医科大学提供官方认可的高等教育学位课程和项目，包括预科课程、学士课程、硕士课程、博士课程，提供涵盖多个研究领域的学位。其中，硕士和博士学位课程有临床医学、药理学、医学诊断和治疗技术、传统医学、护理学、妇产科、康复和治疗。蒙古国立医科大学实行以入学考试成绩和学生过去的学习成绩为基础的择优录取政策，录取率为 10%~20%，是蒙古高等教育机构中极具选择性的院校之一。同时，国际申请人也有资格申请入学。该学校还为学生提供一些学术和非学术设施和服务，包括图书馆、体育设施、资金援助、奖学金、海外学习和交换项目、在线课程和远程学习机会、行政服务等。

4. 科布多大学（Khovd University）

1979 年，科布多大学在蒙古科布多省的科布多市成立，原名科布多师范学院，当时仅有 25 名教职员工和 113 名学生。如今，该校拥有 250 多名学者和教职员工，超过 3 000 名在校生。1979—2003 年，科布多大学只招收来自科布多省、巴彦乌列盖省、戈壁阿尔泰省、扎布汗省、乌布苏省这西部 5 个省的学生。2003 年，该校变为蒙古国立大学的分校，2004 年又独立出来，改名为科布多大学，成为蒙古 8 所高等院校之一。科布多大学校徽如图 2-9 所示。

图 2-9　科布多大学校徽

科布多大学的学士学位课程包括教师和学前教育、教师和初等教育、建筑工程师、地质学、采矿技术、旅游管理、土地管理、应用物理学、林业技术、公共卫生、环保技术、社会工作、会计、法律等。科布多大学开设物理与数学、化学与生物学、历史与地理学、蒙古语与文学 4 种双科班，为蒙古西部 5 个省培养教师。硕士学位课程有生物学、地理学、外国语言学、教育科学、化学、语言学、文学研究、商业管理、公共行政管理等。博士学位课程有生物学、教育科学、地理学、化学、语言文学、历史学等。

5. 蒙古生命科学大学（Mongolian University of Life Sciences）

蒙古生命科学大学的前身为成立于 1942 年的蒙古国立农业大学，位于蒙古首都乌兰巴托市，是蒙古农牧业教育和科研领域的最高学府。蒙古生命科学大学的校徽如图 2-10 所示。

图 2-10　蒙古生命科学大学校徽

蒙古生命科学大学有达尔汗种植和农业学院、科布多农业学院和东方省农业学院 3 所分校，共有兽医学院、农业与生物技术学院、工程技术学院、经济与商业学院、农业生态学院、研究生学院和农业生态商业学院 7 个学院。其中，经济与商业学院有农业经济学系、市场营销系、会计学与分析学系、管理学系、经济与财政信息系统系、财政学系、社会学系 7 个系。

蒙古生命科学大学部分学院授予硕士、博士学位的专业统计情况见表 2-14，其中，F 代表博士、E 代表电子硕士，MSc 为理学硕士、MPS 为专业研究硕士。

表 2-14　蒙古生命科学大学部分学院授予硕士和博士学位专业统计情况

学院	专业	学位		
		博士	硕士	
			理学硕士（MSc）	专业研究硕士（MPS）
兽医学院	兽医医药	F	E	
	动物寄生虫病	F	E	
	兽医卫生监测与评估	F	E	
农业与生物技术学院	动物传染病与病理学	F	E	E
	老兵专用医药	F	E	E
	肉类和奶制品研究	F	E	
	生物技术工程师	F	E	
	牧草研究	F	E	
	兽医工程师	F	E	
	农产品质量卫生评估	F	E	
	（农产品）商品研究	F	E	
	农产品化学科技		E	
	牧场保护与恢复		E	
	鱼类养殖		E	
农业生态学院	环境监测与评估	F	E	
	自然旅游		E	
	生态环境工程师		E	
	农艺师	F	E	
	土壤科学与农业化学	F	E	
	植被检疫控制评估	F	E	
	植物合成生物学		E	
	种子育种	F	E	
	水果和蔬菜种植	F	E	
	农业与作物生产	F	E	

续表

学院	专业	学位		
		博士	硕士	
			理学硕士（MSc）	专业研究硕士（MPS）
农业生态学院	林业与森林经营		E	
	土地管理	F	E	
	景观建筑与规划		E	
	土地评估与使用		E	E
	地籍制图		E	
	地理信息系统		E	
经济与商业学院	经济学	F	E	
	工商管理	F	E	E
	营销学	F	E	E
	会计学	F	E	E
	统计学	F	E	
工程技术学院	数学建模	F	E	
	机械	F	E	
	机械工程师	F	E	
	电气		E	E
	软件工程		E	
	信息系统		E	
	食品生产科技		E	
	经济安全		E	

6. 蒙古国立教育大学（Mongolian State University of Education，MSUE）

蒙古国立教育大学位于蒙古首都乌兰巴托市，原名为蒙古国立师范大学，成立于 1951 年，是蒙古培养师资力量的最高学府。蒙古国立教育大学校徽如图 2-11 所示。自成立以来，蒙古国立教育大学制定并成功地实施了培训专业教师和教育专家的全面政策，已培养了数千名教育领域的各类专业人员，包括幼儿园教师、文化工作者、体育教师和体育教练等。蒙古国立教育大学下设数学学院、自然科学学院、社会与人力资源学院、美术学院、教育学院、体育学院、学前教育学院、阿尔汉基教师学校、MSUE 中学。同时，该校还与中国高校合作，开办孔子学院。

图 2-11　蒙古国立教育大学校徽

7. 蒙古财经大学(University of Finance and Economics of Mongolia，UFE)

自 1924 年成立以来，蒙古财经大学一直致力于培养负责任、理性运用自己的知识为社会做出贡献的领导型人才。蒙古财经大学校徽如图 2-12 所示。多年来，蒙古财经大学不断适应社会的发展变化，培养了大批满足社会发展需求的创新型专业人才。蒙古财经大学是蒙古最古老的大学之一，其凭借 100 年的教育经验、科学的课程设计以及创新的教学方法，被公认为蒙古最先进的高等教育机构之一。

图 2-12　蒙古财经大学校徽

与蒙古财经大学有国际合作的大学有蒙大拿州立大学、丹佛科罗拉多大学、韩东国际大学、亚洲大学、大连大学、大连工业大学、内蒙古财经大学等。蒙古财经大学的国际合作伙伴组织有美国驻蒙古大使馆、美国普林斯顿大学、乌兰巴托中国文化中心、中国孔子学院总部。

蒙古财经大学的学士学位课程有 ACCA（特许公认会计师公会）计划、会计、银行管理、商业管理、商务法、市场营销管理、信息系统管理、财务管理、经济学、旅游管理；硕士学位课程有工商管理，财务管理，会计，应用经济学，理学，专门从事非营利性管理的工商管理硕士（MBA）课程，专门研究公司治理的 MBA 课程，专门从事会计、金融管理的理学硕士课程；博士学位课程有商业管理和管理学。

8. 乌兰巴托国际大学(International University of Ulaanbaatar)

乌兰巴托国际大学自 2002 年起开设工商管理和韩语硕士学位课程，2010 年更名为 Ikh Surkhui 学院，2018 年更名为研究生学院，目前提供 9 个硕士学位课程和 2 个博士学位课程。乌兰巴托国际大学校徽如图 2-13 所示。任何申请本科专业的学生都必须参加由蒙古教育评估中心组织的蒙古语考试，并且相关的一般入学考试（GAT）的第一门和第二门科目的分数必须达到教育部设定的最低分数。

图 2-13　乌兰巴托国际大学校徽

硕士相关专业及学制如下。外国语言学系有英语和朝鲜语专业，商业管理系有商业管理专业，家庭研究系有家庭研究专业，通信与信息技术系有软件专业，法学系有法律专业，农业部有园艺与花卉栽培专业，以上各专业的学制均为 1.5 年；护理学系有护理学专业，学制为 2 年。博士相关专业及学制如下。外国语言学系有英语和朝鲜语专业，商业管理系有商业管理专业，以上专业的学制均为 3 年。

9. 蒙古国立文化艺术大学(Mongolian University of Arts and Culture)

蒙古国立文化艺术大学位于乌兰巴托市。其前身是艺术及文化研究所（Institute of Arts

and Culture)，后来随着规模的扩大，蒙古将其升格为大学。蒙古国立文化艺术大学校徽如图 2-14 所示。该大学隶属于政府教育主管部门，其基础院系包括戏剧与摄影、语音艺术、音乐、钢琴与民乐院系等。其中，语音艺术、音乐、钢琴与民乐院系是在蒙古国立大学部分专业的基础上于 1960—1961 年逐步组建而成的，戏剧与摄影院系是在蒙古师范大学部分相关专业的基础上于 1959—1960 年组建而成的。蒙古国立文化艺术大学由文化学院、舞蹈艺术学院、音乐学院、戏剧艺术学院、美术与设计学院、广播电视与传媒艺术学院组成。蒙古国立文化艺术大学的硕士学位课程如表 2-15 所示。

图 2-14 蒙古国立文化艺术大学校徽

表 2-15 蒙古国立文化艺术大学的硕士学位课程

序号	院系	专业方向	学习年限
1	舞蹈艺术学院	艺术教育(舞蹈老师)	1.5~2 年
		导演艺术(舞蹈)	1.5~2 年
		舞蹈的艺术	1.5~2 年
		艺术研究(舞蹈研究)	1.5~2 年
2	美术与设计学院	服装设计	1.5~2 年
		平面设计	1.5~2 年
		绘画	1.5~2 年
		蒙古国画	1.5~2 年
		纪念性绘画	1.5~2 年
		舞台和墙纸	1.5~2 年
		雕塑	1.5~2 年
		锻造艺术	1.5~2 年
		雕刻艺术	1.5~2 年
		装饰艺术	1.5~2 年
		陶瓷艺术	1.5~2 年
		皮革艺术	1.5~2 年
		画线	1.5~2 年
		恢复历史文化古迹	1.5~2 年
		美术研究	1.5~2 年
3	广播电视与传媒艺术学院	媒体制作(媒体动画、广播电视设备和技术、声音设计)	1.5~2 年
		导演艺术(广播和电视)	1.5~2 年
		新闻学	1.5~2 年

续表

序号	院系	专业方向	学习年限
4	文化学院	文化学习	1.5~2 年
		图书馆研究与信息	1.5~2 年
		管理	1.5~2 年
		休闲和文化工作的方法论	1.5~2 年
5	戏剧艺术学院	导演艺术(舞台和银幕)	1.5~2 年
		电影和戏剧艺术	1.5~2 年
		舞台演说的艺术	1.5~2 年
		艺术研究(舞台和屏幕艺术研究)	1.5~2 年
		场景(电影和戏剧)	1.5~2 年
6	音乐学院	音乐教育(音乐老师)	1.5~2 年
		音乐创作	1.5~2 年
		合唱团艺术	1.5~2 年
		管弦乐队艺术	1.5~2 年
		音乐艺术	1.5~2 年
		民族艺术	1.5~2 年
		歌唱艺术	1.5~2 年
		艺术研究(音乐学)	1.5~2 年

蒙古国立文化艺术大学的博士学位课程,见表 2-16。

表 2-16　蒙古国立文化艺术大学的博士学位课程

院系	专业方向	学习年限
舞蹈艺术学院	艺术研究	3 年
美术与设计学院		
戏剧艺术学院		
音乐学院		
文化学院	文化学习	

10. 蒙古国际大学(Mongolia International University,MIU)

蒙古国际大学位于蒙古首都乌兰巴托市,在蒙古前总统那楚克·巴嘎班迪(Nachagyn Bagabandy)先生的支持下,于 2002 年建立,是一所全英语授课的私立国际大学,由来自世界各地的教职员工及学生组成,旨在培养未来的全球领导者。蒙古国际大学校徽如图 2-15 所示。

蒙古国际大学提供以下用英语授课的本科课程：SoM- 工商管理、SoM- 酒店和旅游管理、生物技术与食品科学、计算机科学、英语教育、能源资源与环境技术、时装设计、国际关系、媒体与传播、音乐教育、音乐教育 - 新媒体音乐、通识教育。本科生有机会参加“2+2”双学位项目。该项目的参与者将同时获得蒙古国际大学及其合作院校——美国纽约州立大学奥尔巴尼分校（University at Albany，State University of New York）的文凭。

图 2-15 蒙古国际大学校徽

蒙古国际大学的研究生课程有公共管理硕士（MPA）、计算机科学硕士（MCS）、外国语言教育硕士（FLE）4 类，设有 4 个英语授课型研究生专业。研究生有机会参加“1+1”或“1+1.5”双学位项目。“1+1”或“1+1.5”双学位项目的参与者将获得蒙古国际大学及其合作院校——美国密苏里大学，韩国忠南国立大学、汉阳大学的文凭。

蒙古国际大学的语言教育学院为初学者提供英语基础课程和蒙古语言文化计划。英语基础课程为期 32 周，每天上午或下午上 4 个课时，并设有寒假班。该课程培养学生的听、说、读、写等基础英语能力。学生可以在蒙古国际大学学习一学年，并参加其他活动以提高英语技能。通常，完成一学年英语基础课程的学生可以继续学习蒙古国际大学的本科课程。学生也可以选择仅学习一个学期，这种比较适合在课余时间寻求额外辅导的高中生，或希望在下班后提高技能的商务人士。蒙古语言文化计划专为希望同时了解蒙古语和蒙古生活方式的外国人而设计，包括口语、语法、阅读和听力课程。教师会认真选择教材，以满足学生的各种需求。为了使学生了解蒙古文化和展示他们的技能，该计划每年还会安排文化日活动和实地考察活动，并在年底举办友好比赛。

11. 蒙古管理学院（Academy of Management Government of Mongolia）

蒙古管理学院致力于培养具有高素质和高技能的学生，持续改进教学质量，专注于公共行政和管理领域的研究，帮助政府解决存在的问题，并在政策制定过程中为政府和行政部门提供支持。目前，该校提供博士、硕士研究生培养课程和公务员专业培训课程等，为蒙古培养优秀人才。蒙古政府管理学院校徽如图 2-16 所示。

12. 大札撒大学（Ikh Zasag University）

大札撒大学设有皇家国际大学、Ikh Zasag 职业培训中心、Ikh Zasag 中学和 Ikh Zasag Temuujin 幼儿园。作为领先的历史文化大学，大札撒大学已建立了游牧文明学院、蒙古牧民荣耀协会、成吉思汗 • 普里斯汀偶像中心、Terelj-Bumban 旅游营地和 Hunnu 乡村旅游营地。学校在 2010 年成为亚太地区教育质量保障组织（APQN）成员。大札撒大学校徽如图 2-17 所示。

图 2-16　蒙古管理学院校徽

图 2-17　大札撒大学校徽

13. 德蒙资源与技术研究所（German-Mongolian Institute for Resources and Technology，GMIT）

德蒙资源与技术研究所在蒙古和德国政府的倡议下，于 2013 年成立。德蒙资源与技术研究所是蒙古的一所国立大学，旨在促进矿产资源部门和下游工业的科学教学和研究，从而应对全球经济、环境和社会的挑战以及满足蒙古对专业劳动力的需求。德蒙资源与技术研究所校徽如图 2-18 所示。

图 2-18　德蒙资源与技术研究所校徽

德蒙资源与技术研究所实施国际标准，开设了高标准的课程。课程将理论和实践结合，并且侧重个人发展。基于科学的教育与创新理念，工程学院、数学学院、计算机和自然科学学院以及语言和教学方法学中心紧密合作，为发展基于应用研究和工程实践的教育奠定了坚实的基础。作为一所国家级的科教科研大学，德蒙资源与技术研究所为蒙古高等教育改革提供了一个开拓性的范本，培养了新一代的世界级工程师和技术专家。

14.CITI 大学（CITI University）

CITI 大学成立于 1998 年，位于蒙古首都乌兰巴托，其先后于 2005 年和 2010 年通过蒙古教育科学部质量信誉评估认证，2010 年加入科恩大学开始与国际接轨。学校设有商业管理学院、艺术学院、法学院、文人学院、建筑设计学院、美容学院等 6 个学院和 12 个教研室。目前，该校已与国外的 50 多所高校签署了校际合作协议，开展实质性的教育交流。硕士研究生专业有艺术学、教育学、音乐学、服装设计、工商管理、旅游管理、法学和新闻学。博士研究生专业有艺术学和工商管理。CITI 大学校徽如图 2-19 所示。

图 2-19　CITI 大学校徽

15. 奥特根腾格尔大学（Otgontenger University）

奥特根腾格尔大学成立于 1991 年，并于 1999 年升格为大学，提供学士学位、硕士学位和博士学位课程，其教师团队由具有教育和科学硕士学位和博士学位的教授组成。2014

年，该校会计、财务管理、国际法和商法的职业学位课程获得 A 级认证。2015 年，该校新闻、英语、中文翻译课程也获得了认证。奥特根腾格尔大学校徽如图 2-20 所示。

16. 奥托奇 • 曼兰巴大学(Otoch Manramba University，OMIS)

奥托奇 • 曼兰巴大学是蒙古第一所传统私立大学，成立于 1991 年。它分别于 2000 年、2006 年、2016 年和 2018 年获得了美国国家教育认可委员会的认证，并获得了高等教育机构的认证。奥托奇•曼兰巴大学校徽如图 2-21 所示。

图 2-20 奥特根腾格尔大学校徽

图 2-21 奥托奇·曼兰巴大学校徽

17. 乌兰巴托国立大学(Ulaanbaatar State University，USU)

乌兰巴托国立大学前身为高等技术学院，成立于 1992 年，于 1995 年升级为大学。该校下设法学院、护理学院、人文学院、社会科学学院、工程设计与技术学院、经济学院、商学院、基础教育学院，共有 14 个系（ 28 个本科专业、 14 个硕士专业、 2 个博士专业），拥有约 100 名拥有学位的国内外教授，是一所培训研究型大学 。自 1994 年以来，亚洲研究专业开始扩招。1999—2000 学年，科罗拉多大学和莫斯科能源学院与该校联合成立分校，为学生提供出国留学的机会。 乌兰巴托国立大学校徽如图 2-22 所示。

18. 胡里大学(Huree University)

胡里大学成立于 2002 年，截至 2023 年 1 月，该校设有 16 个本科专业，有 4 个院系开设了硕士研究生专业。该校现有教师 60 余人，学生 1 400 余人；设有附属中学一所，学生 400 余人。此外，主教学楼建筑面积为 10 000 平方米，新综合楼建筑面积为 1 000 000 平方米，学校总占地面积为 6 400 平方米。胡里大学的校徽彰显着该校的目标——将学生培养成为有专注力、有目标、卓越的全球领袖。胡里大学校徽如图 2-23 所示。

19. 埃图根大学(Etugen University)

埃图根大学成立于 2001 年，然而，学校的教学活动并没有马上开始，经过一年的准备，于 2002 年秋季开学，当时开设了两个专业，只有 36 名学生和 2 名教师，使用的教室也是租来的。在蒙古政府的帮助下，埃图根大学克服种种困难，在 2009 年扩展到拥有 4 460 平方米的教学楼和 562 名学生的规模。如今，埃图根大学已有 1 679 名学生毕业，毕业生大部分都是医学专业的。埃图根大学校徽如图 2-24 所示。

图 2-22　乌兰巴托国立大学校徽

图 2-23　胡里大学校徽

20. 环球领袖大学(Global Leadership University,GLU)

环球领袖大学培养具有全球视野、正确价值观、良好职业道德、较强学术和专业能力的数字时代毕业生,其商学院、医学院、护理学院、法律学院和人文学院致力于培养在国际上具有学术技能、领导力、创业精神的未来领导人。环球领袖大学校徽如图 2-25 所示。

图 2-24　埃图根大学校徽

图 2-25　环球领袖大学校徽

21. 曼达克大学(Mandakh University)

曼达克大学的发展过程按不同阶段可划分为 3 个 10 年。第 1 个 10 年:在桑达格仁(B. Sandagsuren)先生的倡议下,该校于 1992 年成立,并成为蒙古最早的私立学院之一。该校成立后,设定了培养目标,其中包括培养能够满足当今社会需求和受过良好教育的专业会计师,为蒙古实施新会计制度做出贡献。第 2 个 10 年:为达到世界大学的国际标准,该校一直在努力完善培训工具和技术以及学位课程。为改善教学方法、进行技术创新、研发和采用前沿技术,该校加强与其他大学之间的合作和研究。第 3 个 10 年:为了成为被国际认可的研究型大学,该校努力寻找机会扩大学术活动和科研工作的范围。曼达克大学校徽如图 2-26 所示。

22. 伊德大学(IDER University)

自 1995 年以来,伊德大学开设了学士、硕士和博士学位课程。如今,伊德大学跻身蒙古私立大学前 10 名,并被蒙古大学协会授予“最佳大学”的称号。伊德大学校徽如图 2-27 所示。

图 2-26　曼达克大学校徽

图 2-27　伊德大学校徽

23. 奥肯大学(Orkhon University)

奥肯大学位于乌兰巴托市，融合了亚洲和西方的教育理念，通过创新和基于实践的学习培养学生的才能。奥肯大学提供 24 门学士学位课程、7 门硕士学位课程和 4 门博士学位课程，并每年培训具国际竞争力的专家。截至 2023 年 1 月，奥肯大学已培养 8 000 多名具有学士、硕士和博士学位毕业生，为国家的发展做出了贡献。奥肯大学校徽如图 2-28 所示。

24. 蒙古药科大学(Mongolian University of Pharmaceutical Sciences)

2000 年 3 月 22 日，莫诺斯学院成立。2010 年，莫诺斯学院成为药学领域的独立机构，并在 2015 年更名为蒙古药科大学。2019—2020 学年，该校拥有 100 多名教职员工，其中有 64 名专职教师、22 名兼职教师。目前，学校大约有 1 300 名学生，其中包括 40 多名博士和硕士研究生以及 1 200 多名本科生。蒙古药科大学校徽如图 2-29 所示。

图 2-28　奥肯大学校徽

图 2-29　蒙古药科大学校徽

25. 多诺德大学(Dornod University)

多诺德大学前身为多诺德师范学院，于 2005 年扩建为多诺师范学院，2010 年扩编为多诺德大学。 2009 年获得国家教育认证委员会认证，为期 10 年。 2011—2014 年，根据培训专门许可证，共有 13 个专业获得非师范类专业高等教育专门人才培养权。除了提供硕士和博士课程外，多诺德大学还在学校附近创建了附属幼儿园、附属高中、蒙古学中心等。通过与企业开展合作，多诺德大学实施学校的重大战略项目，不断扩大办学规模。多诺德大学校徽如

图 2-30 所示。

26. 蒙古人文大学(University of the Humanities)

蒙古人文大学位于蒙古首都乌兰巴托市,成立于 1979 年,原名高等教育学院。蒙古人文大学校徽如图 2-31 所示。蒙古人文大学由语言文化学院、商学院、信息与通信管理学院、国际关系与社会研究学院组成。

语言文化学院有英语系和外语系。其核心目标是在外语教学和翻译方面开展被国际社会认可的素质教育,为学生提供广泛的理论和实践知识,发展学生的创新批判性思维能力,使学生树立积极的学习态度,并鼓励学生成为有识之士。

商学院有工商管理系、财经系、环境研究实验室。商学院成立于 1999 年,2003 年开始对学生进行商业管理、财务管理和生态管理方面的培训。商学院共有 35 名教职员工,其中 80% 以上的教职员工已获得硕士学位和博士学位。

信息与通信管理学院由计算机科学系、新闻与媒体技术系组成,截至 2023 年 7 月,拥有约 10 位教师,开展与信息技术、媒体技术与计算机工程有关的各种教学和研究计划。

国际关系和社会研究学院是一个独特的国际学术平台,使学生掌握各种国际关系和社会研究学科的知识、技能,同时在科学研究、经验总结、技术与创新的基础上,提供学士、硕士和博士各层次的综合教育和培训计划以及高级课程。

图 2-30 多诺德大学校徽

图 2-31 蒙古人文大学校徽

27. 石湖图格大学(Shihihutug University)

石湖图格大学于 1991 年成立,是蒙古第一所私立法学院,它是以人名命名的学校。石湖图格(Shihihutug,1180—1262)是蒙古帝国的一位伟大的检察官、政治家和法学家。自 1991 年成立以来,石湖图格大学一直在教授法律课程,目前该学校提供法律博士学位课程、法律硕士学位课程和工商管理硕士学位课程。石湖图格大学校徽如图 2-32 所示。

28. 圣大学(Sun University)

圣大学成立于 1998 年,是一所私立高校。圣大学的特点和优势在于提供国际认可的课程,通过了美国外部机构的评估认证,并拥有国际证书。2014 年,该校开启云学校计划,成为蒙古第一所引入该计划的学校。云学校计划可以实现教师、学生、家长和雇主等所有利益相关者之间的在线沟通,并提供在线学习的机会,让学生可以为职业生涯和进一步的深造做好准备。圣大学校徽如图 2-33 所示。

图 2-32 石湖图格大学校徽

图 2-33 圣大学校徽

29. 三宝师范大学(Gorvan Erdene Pedagogical University)

三宝师范大学成立于 1993 年,开设了蒙古文学、小学教育、历史文学、英语、数学信息学、历史社会学、学龄前教育、新闻记者和旅游管理等专业课程,硕士学位课程有教育理论和历史学。三宝师范大学校徽如图 2-34 所示。

30. 教育文化法律学院(Institute of Education, Culture and Law)

1999 年,蒙古著名艺术家措格特巴亚尔创办了该大学,当时名为佐约姆吉学院,2020 年更名为教育文化法律学院。在第 24 学年,该校 3 个系共开设了 10 门学士学位课程和 4 门硕士学位课程,且国家教育认证委员会高等教育认证委员会已根据 2024 年 2 月 14 日第 01 号决议给予其为期 5 年的认证以表彰其活动。学校的目标是引领科学教育发展,通过基于现代先进的创造性教学,培养技术精湛且道德高尚的专业人才和研究人员,使学校发展成为基于研究、创造和协作、创新的开放式学校。教育文化法律学院校徽如图 2-35 所示。

图 2-34 三宝师范大学校徽

图 2-35 教育文化法律学院校徽

31. 蒙古加扎尔钦大学(Gazarchin University of Mongolia)

蒙古加扎尔钦大学于 1995 年建立,名称为“Gazarchin”。该校是第一所通过教育科学部认证的高级旅游学校,主要培训旅游专业人员。蒙古加扎尔钦大学已有近 30 年的历史,提供采矿、旅游和教育等 30 多个专业的学士和硕士学位课程。2015 年,该校达到美国商学院项目认证委员会(ACBSP)亚太地区教育质量保障组织(APQN)标准。蒙古加扎尔钦大学校徽如图 2-36 所示。

32. 蒙阿尔蒂斯大学(Mon-Altius Institute)

蒙阿尔蒂斯大学是一所位于乌兰巴托市中心的私立高等教育机构,且该校获得了蒙古国家教育认证委员会的正式认可。该大学的蒙阿尔蒂斯学院提供了涵盖各种学科的课程与项目,可授予获得官方认可的高等教育学位,其招生专业(本科)在体育方面主要包括:体育教师、体育运动管理和管理者,以及体育教师及教练员,如篮球教练、足球教练、排球教练、手球教练、健美教练、柔道教练、自由式摔跤教练、跆拳道教练。蒙阿尔蒂斯大学校徽如图 2-37 所示。

图 2-36 蒙古加扎尔钦大学校徽

图 2-37 蒙阿尔蒂斯大学校徽

33. 民族体育大学(Mongolian National Institute of Physical Education)

1991 年 5 月 1 日,民族体育大学经教育科学部全体会议决定成立,建校之初仅有 3 名教师和 47 名学生,到如今已经运营了 25 年,拥有 40 多名教师、800 余名学生。为了提高人民的健康水平,从 1997 年起该校就制订了培训计划,以培养具有“物理治疗卫理公会”学士学位的专家,且自 2002 年起一直在开展硕士学位课程,主讲体育运动与健康、体育教师、体育教练方法论等课程,许多名师在此工作了 20 余年。该校学生在奥运会、世界锦标赛、洲际锦标赛上已获得了 200 余枚奖牌。其招生计划包括教师和体育、体育教练、体育卫理公会、旅游管理、体育管理等专业。民族体育大学校徽如图 2-38 所示。

34. 达尔罕研究所(Darkhan Institute)

达尔罕研究所于 1997 年 6 月 12 日成立,设施完备，2002 年,学校首次获得铁匠认证。2004 年 7 月 20 日,达尔罕研究所获得教育部门颁发的新的培训和学术活动国家注册证书第 960102 号,开设了 11 个学士学位课程和 2 个硕士学位课程,这些课程均依照高等教育法的规定设立,涵盖了教育、文化、体育和科学技术领域。达尔罕研究所校徽如图 2-39 所示。

到了 2008 年,达尔罕研究所第二次获得了国立科技大学的认可,并因教学人力资源数量的增加和能力的提高,增设了 9 个本科专业和 2 个硕士研究生专业。从 2016—2017 学年起,学校全面引入了管理信息系统(ULMS)开展培训。

2023 年,达尔罕研究所正在开展 11 个学士学位项目和 2 个硕士学位项目的培训。在过去的 24 年里,学校已经培养了 4 000 多名学士和 474 名硕士,他们成功地在蒙古各地以及国外一些国家开展业务。

图 2-38　民族体育大学校徽

图 2-39　达尔罕研究所校徽

35. 蒙古国防大学(Mongolian National Defense University,DUS)

蒙古国防大学成立于 1921 年,共有 6 个下属研究所和学院：国防研究所、国防管理学院、通用军事学校、军事音乐学院、军事教育学院和士官学校。该校开设 13 个军事学科和 11 个民用学科专业,可授予学士、硕士、博士学位。蒙古国防大学校徽如图 2-40 所示。

图 2-40　蒙古国防大学校徽

第四节　蒙古职业教育情况

蒙古是一个资源型经济体,但其经济多样性相对较低。加强职业教育,可以提高劳动力素质,促进经济多元化发展。蒙古的年轻人口众多,但就业机会有限,通过培养适应市场需求的技术人才,可以提高年轻人就业率。蒙古正在进行教育改革,包括提高职业教育质量和进行与劳动力市场需求相匹配的教育改革等。职业教育政策与经济发展、就业压力以及技能需求等因素密切相关。这些政策旨在培养适应市场需求的专门技术人才,并促进经济发展和增加就业机会。

蒙古初中学生毕业后即可参加中等职业教育,职业教育普遍采取"车间 + 教室"和"理论 + 实践"的职业教育形式,实践和实习占培训内容的70%~80%,理论学习只占20%~30%,可见蒙古的职业教育是非常注重实践的。蒙古的职业教育课程体系分为中等职业教育和高等职业教育两个层次。高等职业教育主要由大学提供,包括各种专科和本科课程,涵盖了工程技术、商务管理、农牧畜产、医疗保健等领域。中等职业教育则面向初中毕业生或同等学力人群,提供实用型技能培训。蒙古的职业教育课程体系注重实践能力的培养,并与行业需求紧密结合。这些课程体系旨在为学生提供适应市场需求的实际技能,并帮助他们顺利就业或创办自己的企业。

蒙古的职业教育是由蒙古劳动和社会保障部负责的,但其发展则主要取决于教育部门和各领域各行业之间的合作。蒙古通过促进相关利益群体的参与来发展职业教育及其培训。根据职业教育机构统计数据,截至2023年,蒙古有76所职业培训中心和理工学院开展培训活动,其中有国有性质的48所,占63.2%,私立性质的28所,占36.8%;在校学生38 294人;从业人员4 168名,其中教师2 351名,占从业人员总数的56.4%。

蒙古的职业教育政策的目标是培养适应市场需求的高素质人才,并通过加强产学研结合、推动创新创业等方式来促进经济发展和社会进步。具体包括以下几个方面。①提高职业教育的质量和水平:加强职业教育师资培训,提升教师专业能力;优化职业教育课程设置,与市场需求相匹配;改善职业教育设施和设备,提供更好的学习环境。②加强产学研结合:促进职业教育与企业之间的紧密合作,建立实习基地和实训中心;提供实际工作经验和技能培训。③推动创新创业教育:加强创新创业意识和能力培养,鼓励创新思维和实践能力的培养;支持创新创业项目孵化和技术转移。④加强国际交流与合作:推动蒙古和其他国家在职业教育领域的交流与合作,分享经验、资源和开展实践活动;开展师生互访、联合研究等活动,促进双方共同发展。

蒙古政府也高度重视职业教育的发展,并制定了相关政策来推动其发展。蒙古致力于提高职业教育的质量和水平,加强学校与企事业单位的合作,为学生提供更多实践机会。此外，蒙古还鼓励学生参加技能竞赛和实习活动，以提升他们的就业竞争力。蒙古在职业教育政策的实施上取得了一定成效，并且不断加大对职业教育的支持力度。这些举措有助于提高青年人才素质和就业能力，并促进蒙古经济社会发展。

2022 年 8 月 19 日—20 日，由中国教育部、中国联合国教科文组织全国委员会和天津市人民政府共同主办的首届世界职业技术教育发展大会在天津隆重举办。在该大会的主论坛上，蒙古教育科学部部长恩赫阿木格朗指出：目前，蒙古有 76 个职业技术教育与培训机构，能够提供 200 多个专业的课程培训，并有 5 万余名学生及 4 000 余名教师和员工，毕业生在劳动力市场的就业率超过了 60%。但是，这一数字在新冠疫情发生后下降了 10%。在这个特殊时期，蒙古政府采取了一系列措施，用来保证接受职业技术教育与培训的学生人数不会减少，同时提出了新的复苏政策和 2050 年愿景，并指出想要实现这一愿景，最重要的是为劳动力市场准备好成熟的技术职工。今后，有必要利用不同的方法增强蒙古职业教育部门教师的技能培训。

第五节　蒙古中文教育发展概况

一、中文教育发展历程

因为邻近的地缘关系，蒙古的中文教育历史最早可以追溯到中蒙建交之际，1949 年，蒙古派 5 名学生到中国学习汉语，回国后从事中文教学工作。目前，学界习惯把蒙古中文教育分为 3 个阶段。

1）初期阶段（1957—1968 年）。1957 年，蒙古国立大学第一次开设了汉语翻译与研究专业班，培养了蒙古最早的一批中文人才。1964 年，第一所由华侨华人开办的学校成立。1965 年，由于政治原因，中文教育被迫停止。

2）恢复阶段（1973—1990 年）。蒙古国立大学于 1973 年恢复了汉语教学，蒙古语专业的学生可选修汉语课，1975 年正式开设汉语翻译专业班。在这个阶段，蒙古的中文教育有了较快发展，学习中文的人越来越多，对外汉语教师也发展到一定规模。1987 年，中国教育部第一次向蒙古国立大学派遣中国政府公派汉语专家教师。随着国际中文教育事业的发展，越来越多的国际学生学习中文，蒙古的中文教育也取得较大进展，学习中文的人不断增多，中文教育的学校和教师也初具规模，并总结了蒙古中文教育各个阶段的特点和汉语教学状况。

3）积极发展时期（1990 年至今）。从 1990 年开始，随着中蒙两国关系的不断发展，蒙古学生对汉语的学习需求也越来越多。1993 年，蒙古国立大学成立汉语教研室，蒙古国立教育大学、乌兰巴托大学等开设了汉语专业课程，现在这些学校已经成为汉语教学示范学校。

1994 年，中蒙签署了《中蒙友好合作关系条约》，2003 年两国宣布建立睦邻互信伙伴关系。随着中蒙两国政治、经济的友好往来，以及在文化合作、人才培养方面交流的加深，中文教育得到了更多蒙古师生的关注和喜爱，为蒙古之后的中文教育事业发展打下坚实的基础。

2007 年 6 月，蒙古国立大学孔子学院成立，蒙古越来越多的高校、中小学开设汉语课程，孔子学院在蒙古的规模不断扩大，对外汉语教师和相关教学资源不断增加。目前，蒙古的中文教育已经取得重大进展，但其中文教育事业仍然有很多需要完善的方面，从教学体制、课程设置到师资培训和教材资源，都需要蒙古教育部门和中国教育部中外语言合作交流中心共同努力，促进教学体制的更新和完善，补充并修改中文教材内容，加强教师的培养和管理，推动蒙古的中文教育事业向更高水平迈进。

二、中文教育现状

据蒙古国立大学孔子学院在 2018 年的调查数据，蒙古共有 20 多所中小学和 30 多所高校开设了中文课程，这些学校主要集中在首都乌兰巴托市，在此学中文的人数占了全国学习中文总人数的一半以上。旅蒙华侨蒙中友谊学校和育才中学是乌兰巴托地区最大的两所中文学校，其学生人数占本地学习中文的中小学生总数的 53%。

2017— 2018 学年，蒙古开设汉语专业的高校共有 16 所，学习中文的学生总数为 1 700 多人，其中公立学校有 9 所，其学习中文的学生占高校中文学习总人数的 70%。而中小学开展中文教学的学校约 30 所，学生总数为 7 300 余人，其中公立学校 7 所，在校学生 2 300 余人，占总人数的 31.5%，私立学校 20 余所，在校学生超过 5 000 人，占总人数的比重近 70%。这组数字表明在蒙古高等教育体系中，学习中文的人集中在公立学校，而中小学的中文教育大多数集中在私立学校。

2019 年，蒙古 9 所公立高校、6 所私立高校共 15 所大学开设了中文专业，学习中文的学生人数达 1 700 名。如今，虽然蒙古主修中文的学生人数比以前减少了，但辅修中文的人数增多了。为进一步加强蒙古中文翻译人才培养工作，蒙古国立大学、人文大学等学校加强与中国相关高校的合作，开展了“2+2”“3+1”等模式的人才培养合作项目。

截至 2020 年，蒙古共有 3 所孔子学院、2 个孔子课堂、31 所普通志愿者学校和 51 个教学点。孔子学院面向蒙古社会各阶层，开展了多种形式的中文教学、汉语教师进修、教育文化交流等活动。孔子学院不仅开展传统文化教育活动，也组织不同等级的 HSK 考试。

(一)中小学

蒙古中小学均开设了相关的中文课程，满足不同水平、年龄段学生的学习需求。蒙古公立中小学的教学现状调查研究显示，蒙古乌兰巴托市公立中小学 2018—2019 年度开设中文课程的学校共有 5 所，分别是第二十三中学、第十八中学、第五十二中学、第四十四中学和额尔德穆温都拉综合学校。2021—2022年度开设中文课程的学校共有8所，分别是第二十三中学、第十八中学、第五十二中学、第四十四中学、额尔德穆温都拉综合学校、育才学校、普通话学校、彩虹学校。

第二十三中学和第十八中学都开设了孔子课堂，学生的中文水平比较高，中文课程的开设效果也很好。第五十二中学、第四十四中学和额尔德穆温都拉综合学校是普通的公立中小学，开设中文兴趣班，中文学习者水平偏低。由此可见，教学资源在不同层次的学校分布不均。针对不同水平的学生开设不同难度的中文课程，可以满足学生的个性化需求。

蒙古中小学学习中文的人数多于高等院校，特别是私立中小学学习中文的学生越来越多，其中旅蒙华侨蒙中友谊学校具有40多年历史，是最早开设中文课程的学校。育才中学是最早由华侨和当地人合办的学校。乌兰巴托市共有6所民办中文学校，其他省还有2所民办中文学校，共有约2 500名学生在这类学校学习。这些开设中文课程的学校都是中学，均属于民办学校，办学条件较差，师资力量薄弱，是为满足社会和百姓的需求而办起来的营利性学校。蒙古中小学根据学生的知识水平的不同划分出不同的教学层次，对学生学习水平高的班级，开设孔子课堂，对学生学习水平偏低的班级，开设兴趣班，旨在让学生形成对中文的基本认知和了解，培养学生对中文的学习兴趣，有针对性地开展教学活动，以最大限度地发挥教学资源优势，减轻学生学习本国课程的压力。虽然蒙古的中小学中文教育已经取得很大成绩，但在课程设置、学生管理、教师培养、教材编写方面仍然存在很多问题，需要不断完善和改进。

（二）高等院校

蒙古在高等院校广泛开展中文教育，中文课程大致分为三类：第一类是专业课，是中文专业学生的学习课程；第二类是选修课，是专为非中文专业学生开设的；第三类是复合性专业课程，是专为辅修第二学位的学生设置的课程。

据不完全统计，蒙古开设中文课程的高校有数十所，公立大学包括蒙古国立大学、蒙古师范大学、蒙古国立教育大学、蒙古生命科学大学、人文大学、蒙古科技大学、乌兰巴托大学等，私立高校包括语言研究者学院、伊赫扎萨克、奥特根腾格尔大学等。

专科院校也同样重视中文课程，将其与学生的专业结合，有针对性地开展中文教学。2018年，一个关于蒙古高校中文教学情况的调查统计显示，蒙古共有高等院校近180所，其中有国立高校49所，私立高校128所，有二十几所高校开设了中文课程。随着中蒙两国贸易往来的不断加深，越来越多的蒙古学生为了适应未来就业形势而学习汉语，因此，在蒙古开设中文课程的高校也越来越多。

蒙古中文教育以蒙古国立大学的声誉最为高。蒙古国立大学十分重视国际交流与合作，在国际上建立了广泛的学术交流与合作关系，先后与俄罗斯、德国、英国、法国、中国、日本、韩国、澳大利亚等50多个国家和地区的60所大学建立了校际合作关系。除了大学本科阶段的中文教育外，蒙古还有 30 多所大专院校引进中文教育课程。

蒙古高等院校中文教学课程的第三类是复合性专业课程，是专为辅修第二学位的学生设置的课程，如汉语 - 旅游管理学、经济学 - 汉语专业等。蒙古一共有 5 所专科院校采取这样的教学形式，其中公立院校 3 所，私立院校 2 所，一共有 160 名学生学习双学科。通过双学科的学习，学生可以将课上学到的汉语知识及时应用在专业课中，在学习之后能够及时了解自己的学习程度，增强学习的成就感，既提升了专业技能，又提高了汉语沟通技能，为未来就业奠定了坚实的基础。

（三）孔子学院

蒙古的孔子学院虽然数量不多，但发展方向已经渐趋明确，它采取与中国国内高校合作办学的模式，进行教学资源共享和经验交流，有效促进蒙古中文教育的发展。蒙古现有 3 所孔子学院，分别为与山东大学合办的蒙古国立大学孔子学院、与东北师范大学合办的蒙古国立教育大学孔子学院、与新疆职业大学合办的科布多大学孔子学院。

蒙古的孔子学院经过数十年的成长，已经发展得初具规模，尤其以蒙古国立大学孔子学院最为著名。蒙古国立大学孔子学院于 2007 年 6 月开始试运营，2008 年 5 月揭牌，是世界上第 96 个国家开办的第 369 所孔子学院，是蒙古第一家孔子学院及蒙古目前规模和影响力最大的孔子学院。2018 年，蒙古国立大学孔子学院已发展成蒙古国立大学亚洲学院中文系，共有 13 名本土汉语教师，其中 11 名具有汉语言博士学位，7 名教师在中国获得博士学位。2019 年，蒙古国立大学孔子学院共有教师 106 人，其中中方公派教师 16 人、本土全职教师 5 人、本土兼职教师 2 人、志愿者 83 人。截至 2019 年，蒙古国立大学孔子学院培训学生 32 271 人。2018—2019 学年，蒙古国立大学孔子学院有 6 219 名学生，其中本科生 2 579 人，中学生 1862 人，小学生 881 人。2021 年，约有蒙古国 10 000 名公民在中国学习。

蒙古国立大学孔子学院日益成为蒙古中文教学的中心，为学生开展与中国历史、文化相关的活动，它是蒙古最大的 HSK 考点，并负责定期举办学术会议、承接共建"一带一路"课题研究，编研本土汉语教材并翻译中国文化典籍。蒙古国立大学还开展了丰富多彩的文化交流活动，举办写作、书法、舞蹈、唱歌等比赛，让优秀学员到中国参加夏令营，派访华团参观学习。除了专业的课程教学，蒙古国立大学孔子学院还开设中文进修培训班，开展"送课上门"、一对一辅导等活动，全方位满足学生的中文学习需求；通过多种多样的教学形式调动学生学习中文的积极性，充分发挥蒙古学生能歌善舞的特点，在游戏中激发学生的学习乐趣。截至 2019 年，各种交流活动举办总次数达 166 次，交流活动受众总人数达 65 368 人。

2010 年 12 月，东北师范大学与蒙古国立教育大学合作成立的孔子课堂，经中国国家汉办（即国家汉语国际推广领导小组办公室，现为教育部中外语言交流合作中心）批准升格为孔子学院。经过近些年的发展，该孔子学院规模不断扩大，截至 2019 年累计培训学生 10 698 人，2018—2019 学年有学生 2 912 人，其中本科生 640 人，中学生 1 802 人，小学生

350 人；教师总人数 5 人，其中中方公派教师 2 人，志愿者 3 人；举办各类文化活动 29 场次，活动受众 3 190 人。蒙古国立教育大学孔子学院以培养和培训蒙古本土中文教师为特色，推动汉语师范专业建设，同时进一步推进 HSK 的组织和推广、蒙古中文教学研究和汉语言学研究、蒙古本土中文教材开发、中文语言强化培训等工作。

2015 年，科布多大学与新疆职业大学联合成立科布多大学孔子学院。科布多大学孔子学院是蒙古第三所、地方第一所孔子学院。科布多大学孔子学院主要从事教学、科研和文化等方面的工作，每学年开设 3~4 期的初级、中级、高级、商务和口语中文短期培训，组织 HSK 考试，开展 HSK 考试辅导，截至 2019 年举办了 17 次中蒙文化交流活动。该孔子学院自 2015 年建立以来已对蒙古西部地区的 1 220 名中学生、大学生、公务员和社会人员进行汉语培训。2018—2019 年度，该孔子学院有学生 170 人，其中本科生 28，中学生 95 人，小学生 20 人；教师总人数达 5 人，其中公派汉语教师 2 人，志愿者 3 人。

蒙古的 3 所孔子学院发挥各自特色优势，积极与中国高校开展学术交流、文化合作，成为蒙古举办与中文相关的文化活动、各类比赛考试，开展中文教育事业的示范性平台。

（四）孔子课堂

孔子课堂是海外中文推广的分支机构，办学模式分为独立孔子课堂办学模式和孔子学院下设孔子课堂模式。

独立的孔子课堂有蒙古育才广播孔子课堂和扎门乌德第二综合学校孔子课堂。

蒙古育才广播孔子课堂正式启动时间为 2008 年 9 月，中方为中央广播电视总台，蒙古方合作单位为育才学校。截至 2019 年，该校累计培训学生 7 000 人。2018—2019 年度，该校有学生 1 100 人，其中中学生 500 人，小学生 600 人，教师总人数 32 人，其中中方公派教师 1 人，志愿者 31 人。累计举办活动 56 次，交流活动受众总人数 57 180 人。

扎门乌德第二综合学校孔子课堂正式启动时间为 2017 年 11 月，中方合作院校为内蒙古师范大学二连浩特国际学院，外方为扎门乌德第二综合学校。截至 2019 年，该校累计培训学生 430 人。2018—2019 年度，该校有学生 423 人，其中中学生 343 人，小学生 80 人。累计举办活动 32 次，交流活动受众总人数 5 000 人。

孔子学院下设孔子课堂模式以蒙古国立大学孔子学院下设的孔子课堂为例。

蒙古国立大学孔子学院为孔子课堂的中文教学与文化活动制定了统一的质量要求，对其具有规划发展、资源调配、业务咨询及专业培训等管理权限和义务。蒙古国立大学对孔子学院与孔子课堂进行管理，主要包括孔子学院与孔子课堂的整体发展规划、规划的执行与落实、日常督导与检查、年终评估与总结。蒙古国立大学孔子学院现下辖 5 个孔子课堂（乌兰巴托大学孔子课堂、国立第二十三中学孔子课堂、希望中学孔子课堂、达尔罕彩虹中学孔子课堂和国立第十八中学孔子课堂）和 11 个教学点，有 13 位中国公派专家教师和 47 名汉语教师志愿者，师资队伍不断壮大，教学水平持续提高，已发展成为蒙古中文教学与师资培训基地、汉学研究与文化传播基地、HSK与奖学金推荐中心，在蒙古具有较高的知名度、良好的口碑和信誉，成为中蒙两国人文交流的旗帜。

孔子课堂由于成立时间短，在当地的知名度不高，通过孔子学院下设孔子课堂的模式发挥品牌带动效应，进行宣传和推广。孔子课堂在教学管理和资源配置等方面仍然存在很多需要规范和完善的地方，未来需要孔子学院继续加强对孔子课堂的管理，将孔子课堂打造成对外中文教学工作的新基地，促进国际中文教育的发展。

三、中文教育面临的问题

1. 课程方面

相关研究者的一项调查表明，蒙古多数学校中文教育的培养目标和教学计划可以更加具体和明确，教学大纲有待进一步完善。比如在初级阶段开设语法课，学生在对汉语知识没有基本了解的情况下学习汉语，不仅无法有效理解汉语语法知识，还会因学习困难而丧失学习积极性，甚至对汉语学习产生厌倦心理，长此以往，更加不利于对外汉语教师的教学工作。

蒙古的大学汉语课程总体以专业课程为主，主要有基础的口语、会话、听力、阅读、翻译和进阶的中国文学、中国历史、汉地研究等，而开设商务汉语课程的高校极少。学校更重视语言知识的传授而忽略教学方式的调整。中文课程在大部分中小学作为选修课程开设，学生除选择中文课程外，也可以选修其他外语语种。

2. 师资方面

除了关注高校的中文课程设置，蒙古也十分重视本土汉语教师的培养。1990—2005年，蒙古高校纷纷开设汉语师范专业，培养了600多名汉语师范专业毕业生。蒙古国立教育大学自1993年以来，一直培养汉语教师和汉语翻译人才，2010年开始培训汉语教师。长期以来，为蒙古大中小学培养了大批的本土汉语教师。

蒙古的汉语教师分为三类：蒙古汉语教师（本土汉语教师）、中国的公派教师和汉语教师志愿者。其中最多的是到中国进修过的蒙古本土汉语教师。随着中蒙两国交流的加深，中国开始公派汉语教师帮助蒙古开展汉语教学并弘扬中华文化。

近十几年来，随着中蒙关系的不断发展和中蒙在经贸、文化等各个领域交流的不断扩大，蒙古学习汉语的人数急剧增加，汉语师资匮乏。应蒙方要求，自2005年首次派出12名汉语教师志愿者以来，至2019年中国家汉办共派出14批共计1 644人次汉语教师志愿者，分布于蒙古8个省市的46所学校，累计教授学生超过1万人次。他们发扬“奉献、友爱、互助、进步”的志愿者精神，兢兢业业地为蒙古中文教学事业做出积极贡献，已成为中蒙两国友谊的重要使者。

2017年，蒙古共有汉语教师260人，比2003年增加了2倍，本土汉语教师87人，占汉语教师总数的33%。而中国汉语教师共有173人，其中包括本土华侨教师、通过中蒙两国政府间文化教育交流协议聘请的中国教师及中国国家汉办派遣的志愿者教师。其中，女教师占总人数的72%，男教师占总人数的28%，大多数为高校教师。蒙古汉语教师的学历水平较高，获得博士学位或正在攻读博士学位的教师约占29%，获得硕士及其以上学位者占65%。大多数有博士学位的教师曾在中国留学并攻读汉语言专业。

目前，在蒙古的大学教授汉语的中国教师中，志愿者教师多于专职教师和公派教师。汉语言文学、翻译学专业的教师居多，在语言理解及研究方面专业性较高，去蒙古前都接受过汉语教学培训，专业对口。但是蒙古高校的本土汉语教师数量较少，影响蒙古汉语教学的扩容提质，不能满足日益增长的汉语人才培养需求。另外，汉语志愿者教师任期较短，导致中国教师在数量和教学质量上有波动。有学者对蒙古国立大学和伊赫扎萨格大学进行对比，发现蒙古公立高校和私立高校在师资方面有很大的差距，如教师数量、年龄、教龄、学历和职称等。虽然伊赫扎萨格大学的教师数量比蒙古国立大学的多，汉语教师都是中国志愿者教师，但是在教师教龄、年龄、学历和职称等方面不如蒙古国立大学。教师人才短缺、教师资源分布不均是蒙古当下中文教育普遍存在的问题，平衡公立学校和私立学校的教师资源，提高教师的综合素质和专业技能，还有很长的路要走。

一项调查研究发现，汉语志愿者教师多数是高校应届毕业生且专业对口的志愿者所占比例不高，这就会出现绝大多数志愿者没有接受过系统的专业知识训练的现象，从而导致汉语志愿者教师水平参差不齐。在课程教学上，教师可以根据自己的知识水平和兴趣偏好选择教学内容，拥有很大的自主性，这导致学生所接受的中文知识不统一，不同批次的教师授课内容不能衔接，缺乏系统性。

3. 学生方面

蒙古语和汉语在语音、语法和书写上有很大差异，比如蒙古语没有声调，语序也不同，在书写上比汉字简单。一些学生之前没有学习汉语的经历，认为汉语学习起来难度较大，对汉语的兴趣不高。学生的汉语水平也参差不齐，教师上课教授同样的内容，不同水平的学生所能接受的程度却不一样，有的学生难以理解难度较大的知识，在学习汉语的过程中遇到很多问题，产生了畏难心理，有的学生甚至不愿意继续学习汉语。

目前，中国已成为蒙古最大的贸易伙伴国，也是蒙古最大的投资国，因此中蒙两国在进行政治经济交流时需要大量汉语人才。大部分蒙古留学生学习汉语的目的是辅助学习其他专业知识，获得学历，找到待遇更高的工作，这意味着蒙古留学生学习汉语以工具型动机为主。工具型动机容易受到外部环境的影响，具有不稳定性，致使整体动机水平不高。学生学习汉语的动力不足，就无法坚持学习汉语，因此中文教育的效果也不明显。不同年龄段的学生学习动机也不一样，年龄大的学生有更明确的工作目标，希望通过学习汉语获得更好的就业机会，年龄小的学生一般都是被动接受汉语知识学习的，学校安排什么课程就学什么课程，没有清晰的职业规划，学习汉语的动力不足。大部分学生学习汉语的主要目的是到中国留学或者未来做汉语教师、从事商贸活动等。对学习目的性较强的学生可以多教授一些未来工作中用到的汉语知识，对只想简单了解中文的学生，以拓展知识面、培养兴趣点为主，开展一些丰富多彩的教学活动，满足不同学生的兴趣爱好。

4. 教材方面

蒙古的大学汉语课程多使用中国出版的教材。蒙古国立大学汉语基础课程使用了北京语言大学出版社出版的《汉语阅读教程》（彭志平，2009）、《汉语听力教程》（胡波等，2010）、《汉语口语教程》（郭颖雯等，2003），人民教育出版社出版的《快乐汉语》（李晓琪等，2014）。进阶课程教材由教师自己准备。伊赫扎萨克大学所用的教材是北京语言大学出版社的对外汉语专业全日制本科系列教材《汉语教程》（杨寄洲，2009）。人文大学外语学院中文系使用的是北京大学出版社出版的《博雅汉语》（徐晶凝等，2005）和《速成汉语基础教程》（郭志良等，2007）。

目前，蒙古各高校使用的教材大多是由中国为世界各地的留学生编写的。它们不适合蒙古的本土汉语教学，在种类和数量上也不能满足蒙古汉语教学的实际需要。缺乏与本国教学情况相适应的教材，教材种类、数量少，教材不统一，有的教材内容陈旧，这些问题给蒙古汉语教学带来了很大的困难。特别是对高年级学生来说，由于缺乏辅助材料，教师主要采用自编教材授课，缺乏系统性，学生很难理解教师讲授的内容。

5. 教学方法

一项关于蒙古中文教学方法的研究显示，汉语教师的教学方法单一，缺少情景练习。一般教师讲解汉语的教学流程是语音—词汇—语法—课文—练习—布置作业。大部分教师采用以语言传递为主的方式讲解知识点，缺少互动和情景练习，使整个课堂缺少活力，学生的积极性不高。学生学习汉语单纯依赖教师的课堂传授，而教师因为缺少配套的教学资源及自身素质的限制，教学模式单一，没有充分利用多种教学方法开展多样的教学活动，无法调动学生的积极性。

在汉语教学过程中，教师可以选用多种多样的教学方法，但每一种教学方法的使用都需要根据课堂的实际需求确定，否则会浪费学生的时间和精力，喧宾夺主，影响正常的课堂秩序。比如教师为了让学生感知汉语的声调，通过“声调音乐化”的方式，将汉语与歌曲旋律结合在一起，充分发挥蒙古学生能歌善舞的特点，促进学生对汉语声调的理解，加深对汉语发音的印象。除此之外，教师还可以在讲解生词环节通过展示图片、播放视频的方式让学生理解生词的含义，以及适当增加课堂互动、提问和小组讨论，培养学生独立思考的能力，调动学生的积极性，让学生成为学习的主体，提升对汉语的学习兴趣。

第六节 蒙古学生出国留学情况

一、学生国际流动现状

据蒙古外交部官网发布的信息，截至 2019 年 12 月 31 日，在国外国家教育机构注册的学生总数为 47 650 人。在蒙古教育科学部的网站上，高等教育统计数据显示了蒙古学生的留学目的地和所学专业。更多蒙古学生选择去奥地利 、比利时、巴西、德国、意大利、挪威、俄罗斯、西班牙、瑞典、土耳其、英国、美国留学，其所学专业集中在金融和工商管理、卫生、教育、社会科学、文化艺术及其他专业。

另外，为了了解哪些专业比较受蒙古学生青睐，我们还了解了蒙古国内高等教育机构学生部分专业分布情况，见表 2-17。

表 2-17 蒙古国内高等教育机构学生部分专业分布情况

单位：%

专业类别	2014 年	2015 年	2016 年	2017 年	2018 年	2019 年
教育	12.7	13.6	14	13.2	14.8	13.9
艺术、人性	7.1	7.1	7.5	8.2	8.7	8.9
社会科学、信息、新闻	7.0	6.3	5.2	5.8	4.5	5.1
商业、管理、法律	26.1	26.7	26.7	26.0	27.5	26.0
自然科学、数学、统计学	4.6	4.1	3.6	3.9	2.7	4.6
信息与通信技术	2.8	2.7	2.7	2.3	3.2	2.9
工程、制造、设计	18.6	19.0	17.3	16.5	14.5	18.0
农业、林业、渔业、兽医	2.9	2.7	2.6	2.2	2.2	2.2
健康、社会保护	11.6	11.8	11.8	13.3	14.2	12.5
服务	4.0	4.0	4.0	3.6	4.0	3.9

由表 2-17 可知，2014—2019 年，各专业选择人数的占比变化幅度不大，在蒙古选择商业、管理、法律类专业的学生最多，占 26% 以上；选择工程、制造、设计专业的学生也比较多，但 2016—2018 年呈现相对下滑趋势；选择教育和健康、社会保护类专业的学生也比较多。

此外，奥运比乐格调查了来自中央民族大学、北京语言大学、广东外语外贸大学、中山大学、华南理工大学、暨南大学的 102 名蒙古本科及研究生留学生，调查结果表明，蒙古留学生所选择的专业主要为中文和经济，除此之外是能够对经济建设形成直接支持的机械专业。

综合蒙古学生在国内外所学习专业的分布情况，可以发现经济类专业是蒙古学生选择比较多的专业，同时教育、社会科学、卫生、文化艺术专业的学习人数也相对较多。这为我国针对蒙古学生招生提供了参考依据。

二、出国留学意愿调查

为了了解蒙古学生的出国留学意愿和来华留学意愿，我们对 55 名蒙古学生进行了问卷调查，这 55 名蒙古学生分别来自天津大学、南开大学和东北师范大学。在设计调查问卷时，有 47 份问卷通过“问卷星”发放并收回，有 8 份问卷通过 Word 电子文档形式发放并收回。通过“问卷星”填写的问卷全部为有效问卷，但在通过 Word 电子文档收回的问卷中，有的学生在某些题目上忽略了单选的要求，造成相关题目回答无效。因调查对象数量有限，我们未将其作为无效问卷处理，而是在不同题目上备注了有效填写人次。

在了解蒙古学生留学意愿时，问卷题目主要以选择题的形式呈现，其中包括 6 个单项选择题和 2 个多项选择题，具体内容及回答情况如下。

1）您身边有出国留学的家人和朋友吗？

身边出国留学的家人和朋友问题的结果统计见表 2-18。

表 2-18　身边出国留学的家人和朋友问题的结果统计

选项	人数	占比
1~3 个	17	30.91%
3~6 个	8	14.55%
6 个以上	26	47.27%
无	4	7.27%
本题有效填写人次	55	

本题有效答题人次为 55，结果显示所调查的 55 名蒙古学生中只有 4 个人的身边没有出国留学的家人或朋友，其余 51 名蒙古学生身边都有出国留学的家人和朋友，甚至有 47.27% 的人身边有 6 个以上的家人和朋友选择出国留学，可见在蒙古，出国留学的现象还是比较常见的。当然由于所调查的学生来自蒙古不同的城市和地区，其选择可能受到所处地域环境、经济条件、留学观念以及家庭教育理念等影响，但有的学生身边没有有出国留学经历的家人和朋友，但总体而言在蒙古出国留学的现象已经比较普遍，大家意识到可以走出国门求学。

2）您国家出国留学人员多吗？

出国留学人员数量问题的结果统计见表 2-19。

表 2-19　出国留学人员数量问题的结果统计

选项	人数	占比
很多	33	60%
一般	18	32.73%
不太多	3	5.45%
几乎没有	1	1.82%
本题有效填写人次	55	

由表 2-19 可知，在大部分蒙古学生看来，其国家中出国留学的人较多。认为蒙古出国留学人员“很多”和“一般”的学生占到 92.73%，认为“不太多”的学生占 5.45%，认为“几乎没有”的学生占 1.82%。可见大多数学生觉得蒙古出国留学人员的数量不算少，不过仍有 4 个学生认为蒙古出国留学人员不太多或者几乎没有，这正好与第一题的调查结果吻合。在第一题的被调查者中有 4 个人的身边没有出国留学的家人和朋友，所以他们认为“不太多”或“几乎没有”。由这两组数据可以看出蒙古有些城市或地区的某些人群中出国留学的人员比较多，而有些城市或地区的某些人群中出国留学的人员较少，出国留学的市场有进一步发展的空间。

3）您国家学生出国留学的主要类型有哪些？

出国留学主要类型问题的结果统计见表 2-20。

表 2-20　出国留学主要类型问题的结果统计

选项	人数	占比
公派生	24	47.06%
交换生	8	15.69%
项目交流合作	17	33.33%
其他	2	3.92%
本题有效填写人次	51	

从表 2-20 可知，蒙古学生留学的主要类型以“公派生”和“项目交流合作”居多，分别为 47.06% 和 33.33%，而“交换生”这种类型较少，只占 15.69%。可见蒙古可以适当提高“交换生”以及自费生等其他类型的出国留学人员的比重，从而实现出国留学类型的均衡化、多样化。

4）您国家学生出国留学资金的主要来源有哪些？

出国留学资金主要来源问题的结果统计见表 2-21。

表 2-21 出国留学资金主要来源问题的结果统计

选项	人数	占比
奖学金	28	53.85%
全自费	0	0.00%
奖学金与自费结合	24	46.15%
本题有效填写人次	52	

由表 2-21 可知，53.85% 的人认为蒙古学生出国留学的主要资金来源是“奖学金”，没有人认为蒙古学生出国留学是“全自费”的，46.15% 的人认为蒙古学生出国留学的主要资金来源是“奖学金与自费结合”。可见在蒙古以“全自费”这种方式出国留学还是很少的，这也反映出，蒙古政府和留学目的国在资金上对留学生的支持力度很大，很多出国留学人员能获得奖学金的资助。很多蒙古留学生对奖学金抱有期望，这也造成了以“全自费”的方式出国留学的比例较低，人们更倾向于申请全额奖学金或者选择奖学金与自费结合的方式。

5）您出国留学时主要考虑哪些因素？（多选）

出国留学主要考虑因素问题的结果统计见表 2-22。

表 2-22 出国留学主要考虑因素问题的结果统计

选项	人次	比例
留学目的国的经济、政治、文化发展程度	27	49.09%
留学目的国的教育水平	36	65.45%
留学目的国的奖学金政策	31	56.36%
国内社会对留学目的国学历的认可程度	15	27.27%
留学目的国对职业发展的影响	29	52.73%
其他	0	0.00%
本题有效填写人次	55	

从表 2-22 中可以看出，65.45% 的人在出国留学时更看重留学目的国的教育水平，56.36% 的人看重留学目的国的奖学金政策，52.73% 的人看中留学目的国对职业发展的影响，49.09% 的人看中留学目的国的经济、政治、文化发展程度，27.27% 的人看重国内社会对留学目的国学历的认可程度。由此可见，更多的人看重留学目的国的教育水平，毕竟很多人选择走出国门，就是为了接受更好的教育，在教育水平更高的学府深入学习专业知识，以此来提升自己的竞争力。当然，在求学的过程中资金也是不可或缺的一部分，参与调查的蒙古学生也较为重视留学目的国的奖学金政策，其在很大程度上影响留学生留学方向的选择。这在第四个问题的调查结果中也得到了印证，蒙古学生出国留学靠全自费的非常少。同时，留学目的国对职业发展的影响也是蒙古学生的重要考虑因素之一，大家都希望留学经历对

日后职业发展有所助益。另外，蒙古学生对留学目的国经济、政治、文化发展程度也较为重视，在经济、政治、文化发展更好的国家留学可以接触到更先进的理念，开阔眼界。国内社会对留学目的国学历的认可程度是较少人关注的因素，蒙古虽然对不同留学目的国学历的认可程度有所不同，但是留学生还是较为看重出国留学这个行为本身给自己带来的变化。大多数人还是以提升自己的能力和开阔眼界为目的，而并非所获得的学历能得到国内社会的认可。

6）您周围人出国留学的主要原因是什么？

周围人出国留学的主要原因问题的结果统计见表 2-23。

表 2-23　周围人出国留学的主要原因问题的结果统计

选项	人数	占比
更好地了解留学目的国的政治、经济、文化	5	10.20%
给自己争取更多的发展机会	30	61.22%
留学目的国教育水平比自己国家好	2	4.08%
父母的要求	0	0.00%
学习留学目的国的语言	9	18.37%
国内社会很认可国外的学历	1	2.04%
国外吸引人才的政策	0	0.00%
国家人才的稀缺	0	0.00%
移民	0	0.00%
其他	2	4.08%
本题有效填写人次	49	

从表 2-23 可以看出在出国留学的主要原因上，61.22% 的人为了提升自己，“给自己争取更多的发展机会”。还有少数人是为了“学习留学目的国的语言”和“更好地了解留学目的国的政治、经济、文化”，占比分别为 18.37% 和 10.20%。而选择“其他”原因的人则较少。可见，大多数蒙古学生还是出于自身发展考虑而选择出国留学。

7）您国家政府在政策上鼓励学生出国留学吗？

政府鼓励出国留学情况问题的结果统计见表 2-24。

由表 2-24 可知，49.09% 的人觉得政府虽然“鼓励学生出国留学，但在资金上的支持比较少”，27.27% 的人认为政府“很鼓励学生出国留学，并在资金上给予支持”，20% 的人觉得政府的支持度“一般，在资金上不给予支持”。由此可见，在蒙古的出国留学政策上，大多数人在主观上仍希望政府能够给予更多的资金支持，这样出国留学人数一定会增加。

表 2-24　政府鼓励出国留学情况问题的结果统计

选项	人数	占比
很鼓励学生出国留学，并在资金上给予支持	15	27.27%
鼓励学生出国留学，但在资金上的支持比较少	27	49.09%
一般，在资金上不给予支持	11	20.00%
不鼓励	2	3.64%
本题有效填写人次	55	

8）如果出国留学您觉得哪些国家是您国家学生留学首选国？（多选）

留学首选国问题的结果统计见表 2-25。

表 2-25　留学首选国问题的结果统计

选项	人次	比例
美国	41	74.55%
英国	10	18.18%
加拿大	21	38.18%
瑞士	3	5.45%
德国	12	21.82%
中国	39	70.91%
日本	29	52.73%
韩国	32	58.18%
俄罗斯	19	34.55%
其他	3	5.45%
本题有效填写人次	55	

从表 2-25 可以看出，蒙古学生在选择出国留学目的国家的时候，首选是美国，占 74.55%，其次是中国，占 70.91%，日本和韩国所占比例也都超过 50%。由此可以看出，大多数蒙古学生更倾向于到经济、教育比较发达的美国留学。调查蒙古学生出国留学主要考虑因素时，多数学生看中的是留学目的国的教育水平。而美国有 QS 世界排名前几名的高等学府，教育实力雄厚，同时其经济与科技也很发达。在美国求学可以让蒙古学生有更广阔的发展空间。在本题统计结果中，排名第二位的国家是中国，首先中国在地理位置上占有很大的优势，是蒙古的邻国，其次中国在奖学金政策上给予了来华留学生更多支持。从总体来看，蒙古学生在选择留学目的国家时还是以教育水平较高、经济较为发达的国家为主。

第七节　蒙古学生来华留学情况

一、学生分布情况

据中国教育部2011—2018年对在华学习的外国留学人员进行的统计，2011年共有来自194个国家和地区的292 611名各类来华留学人员，分布在全国31个省、自治区、直辖市（不含台湾地区、香港特别行政区和澳门特别行政区）。按国别统计，排在前13位的生源国分别是韩国、美国、日本、泰国、越南、俄罗斯、印度尼西亚、印度、巴基斯坦、哈萨克斯坦、法国、蒙古、德国。2012年，共有来自200个国家和地区的328 330名各类来华留学人员，按国别统计，排在前15位的生源国分别是韩国、美国、日本、泰国、俄罗斯、印度尼西亚、越南、印度、巴基斯坦、哈萨克斯坦、法国、蒙古、德国、马来西亚、新加坡。2014年，共有来自203个国家和地区的377 054名各类来华留学人员，按国别统计，排在前15位的生源国分别是韩国、美国、泰国、俄罗斯、日本、印度尼西亚、印度、巴基斯坦、哈萨克斯坦、法国、越南、德国、蒙古、马来西亚、英国。2016年，共有来自205个国家和地区的442 773名各类来华留学人员，按国别统计，排前15位的生源国分别是韩国、美国、泰国、巴基斯坦、印度、俄罗斯、印度尼西亚、哈萨克斯坦、日本、越南、法国、老挝、蒙古、德国、马来西亚。2018年，共有来自196个国家和地区的492 185名各类来华留学人员，按国别统计，排前15位的生源国分别是韩国、泰国、巴基斯坦、印度、美国、俄罗斯、印度尼西亚、老挝、日本、哈萨克斯坦、越南、孟加拉国、法国、蒙古、马来西亚。2011—2018年来华留学数据统计见表2-26。

表2-26　2011—2018年来华留学数据统计

年份	来华留学总人数/人	来华留学生生源国和地区数量/人	蒙古排位	蒙古来华留学人数/人
2011年	292 611	194	第12位	7 112
2012年	328 330	200	第12位	8 210
2014年	377 054	203	第13位	7 920
2016年	442 773	205	第13位	8 508
2018年	492 185	196	第14位	10 158

由表2-26可知，2011—2018年来华留学总人数增长幅度较大，从29万多人增长到了49万多人，增长比例为68.2%，而蒙古来华留学人数从7 112人增长到10 158人，增长比例为42.83%，基本呈现平稳上升态势。2011—2018年蒙古来华留学人数统计如图2-41所示。

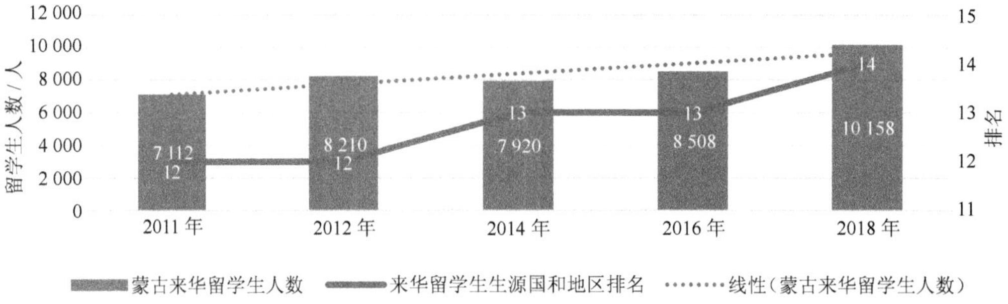

图 2-41　2011—2018 年蒙古来华留学生人数统计

2011 年以来,蒙古在来华留学生生源国和地区排名中,名次虽然有所下滑,但总体上人数呈小幅度稳步上升趋势,并于 2018 年首次突破万人。

2019 年,中国有 488 200 名来华留学生,其中,有 286 200 名是非联合国组织的学生,占 58.6%, 202 000 名是联合国组织的学生,占 41.4%。从所在地区来看,来华留学生的生源地分布非常广泛,来自亚洲的留学生占整体的比例最高,占 62.8%,其次是来自欧洲的留学生,占 15.9%,来自美洲的留学生占 14.3%,来自大洋洲和非洲的留学生分别占 4.2% 和 2.8%。从来华留学生攻读的学历来看,攻读研究生学历占比最高,占 74.2%,其次是本科学历,占 20.3%,而高中学历和其他学历的留学生分别占 3.6% 和 1.9%。从来华留学生的报读专业来看,最受欢迎的专业是工程学、商务管理和教育学,分别占 18.6%、13.3% 和 10.6%。2022 年 9 月 20 日,中国教育部举行新闻发布会,介绍党的十八大以来教育国际合作交流情况。从发布会上获悉 2020—2021 学年,中国在册国际学生来自 195 个国家和地区,学历生占比达 76%,比 2012 年提高 35 个百分点。

中国教育部 2018 年对来华留学人员的分布按省市进行了排序,前 10 名的省市依次为北京市 80 786 人、上海市 61 400 人、江苏省 45 778 人、浙江省 38 190 人、辽宁省 27 879 人、天津市 23 691 人、广东省 22 034 人、湖北省 21 371 人、云南省 19 311 人、山东省 19 078 人。2016 年的来华留学人员的分布按省市排序,前 10 名的依次为北京市 77 234 人、上海市 59 887 人、江苏省 32 228 人、浙江省 30 108 人、天津市 26 564 人、辽宁省 25 273 人、广东省 24 605 人、山东省 19 829 人、湖北省 19 263 人、云南省 14 925 人。2014 年的来华留学人员的分布按省市排序,前 10 名的依次为北京市 74 342 人、上海市 55 911 人、天津市 25 720 人、江苏省 23 209 人、浙江省 22 190 人、广东省 21 298 人、辽宁省 21 010 人、山东省 17 896 人、湖北省 15 839 人、黑龙江省 12 056 人。

由历年数据可知,北京、上海、天津三个直辖市和江苏、浙江、广东、山东、辽宁等沿海经济比较发达的省份最受来华留学人员欢迎。中国教育部公布的数据目前没有具体到某个国家的留学生在各省、自治区、直辖市的分布情况,因此没有统计出蒙古留学生在中国各个省、自治区、直辖市的人数情况。

二、来华留学意愿调查

在调查蒙古学生来华留学意愿时，问卷题目主要以选择题的形式呈现，具体内容及回答情况如下。

1）您身边有想来中国留学的家人和朋友吗？

身边想来华留学的家人和朋友问题的结果统计见表 2-27。

表 2-27　身边想来华留学的家人和朋友问题的结果统计

选项	人数	占比
1~3 个	25	45.45%
4~6 个	10	18.18%
6 个以上	15	27.27%
没有	5	9.09%
本题有效填写人次	55	

由表 2-27 可知，45.45% 的人选择“1~3 个”，45.45% 的人选择“4~6 个”和“6 个以上”，仅有 9.09% 的人选择了“没有”。由此可见，蒙古学生身边有来华留学意愿的人还是不少的，将近一半的学生认为自己身边有 4 个以上的人有来华留学意愿。这说明蒙古是一个值得深入开发的生源国，未来很有潜力成为来华留学大国之一。

2）您认为来中国留学在您的国家有吸引力吗？

来中国留学吸引力问题的结果统计见表 2-28。

表 2-28　来中国留学吸引力问题的结果统计

选项	人数	占比
很有吸引力	28	50.91%
比较有吸引力	20	36.36%
一般	6	10.91%
没有吸引力	1	1.82%
本题有效填写人次	55	

由表 2-28 可知，50.91% 的人认为来中国留学“很有吸引力”，只有 1 人认为来华留学“没有吸引力”。认为来中国留学“很有吸引力”的人，可能因为中国在地理位置上与蒙古相邻，另外中国的奖学金政策也是吸引留学生的重要因素。从留学生自身来看，对中国语言文化的兴趣，是促使他们来华留学的重要因素。选择“一般”的人，可能在考虑了自身的发展

规划后，认为来华留学的吸引力一般，这对我国的发展也提出了更高的要求。

3)您国家政府在政策上鼓励学生去中国留学吗?

政府鼓励来华留学问题的结果统计见表2-29。

表2-29 政府鼓励来华留学问题的结果统计

选项	人数	占比
很鼓励学生来华留学，并在资金上给予支持	18	32.73%
鼓励学生来华留学，但在资金上的支持比较少	25	45.45%
一般，在资金上不给予支持	11	20%
不鼓励	1	1.82%
本题有效填写人次	55	

由表2-29可知，45.45%的人认为蒙古政府虽然“鼓励学生来华留学，但在资金上的支持比较少”，32.73%的人认为蒙古政府“很鼓励学生来华留学，并在资金上给予支持”。这说明蒙古政府在出国留学资金的政策上投入力度仍旧未能达到学生们的预期。蒙古学生还是非常注重能否获得奖学金的，虽然被调查者认为蒙古政府给予的资金支持比较少，但中国政府针对外国学生设立了奖学金项目，如果有学生希望来华留学，可以通过申请中国各类奖学金的方式来获得资金支持。

4)您国家对中国学历认可程度怎么样?

对中国学历认可程度问题的结果统计见表2-30。

表2-30 对中国学历认可程度问题的结果统计

选项	人数	占比
非常认可	15	27.27%
比较认可	38	69.09%
不太认可	2	3.64%
不认可	0	0%
本题有效填写人次	55	

由表2-30可知，69.09%的人认为蒙古对中国的学历是比较认可的，27.27%的人认为蒙古对中国的学历是非常认可的。综合来看，中国的学历在蒙古还是受到认可的。

5)您国家人民对于来华留学的态度如何?

对来华留学的态度问题的结果统计见表2-31。

表 2-31　对来华留学的态度问题的结果统计

选项	人数	占比
来华留学很有前途	30	54.55%
来华留学很一般	25	45.45%
来华留学没有用	0	0.00%
本题有效填写人次	55	

由表 2-31 可知，54.55% 的人认为来中国留学很有前途，45.45% 的人认为来华留学很一般。这从侧面反映了中国教育还有很大的提高空间，对中国的教育起到了激励作用。

6）您国家学生选择来华留学的主要原因是什么？

选择来华留学的主要原因问题的结果统计见表 2-32。

表 2-32　选择来华留学的主要原因问题的结果统计

选项	人数	占比
喜欢中国历史文化	2	4.00%
想学习中文	22	44.00%
中国对留学生的政策比较好	14	28.00%
中国高等教育水平比国内好	6	12.00%
为了毕业以后留在中国工作	1	2.00%
为了移民到中国	1	2.00%
国内社会环境对中国高校学历很认可	3	6.00%
其他	1	2.00%
本题有效填写人次	50	

由表 2-32 可以看出，44.00% 的蒙古学生选择来中国留学主要是为了学习中国的语言，“中国对留学生的政策比较好”也是吸引蒙古学生来中国留学的主要原因之一。

7）您认为您国家学生来华留学最大的困难是什么？

来华留学最大困难问题的结果统计见表 2-33。

表 2-33　来华留学最大的困难问题的结果统计

选项	人数	占比
留学申请途径少	12	22.22%
留学申请程序繁多复杂	12	22.22%
留学申请条件高	5	9.26%
留学费用高	6	11.11%

续表

选项	小计	比例
两国文化差异比较大	2	3.70%
汉语太难学	15	27.78%
其他	2	3.71%
本题有效填写人次	54	

由表 2-33 可以看出，27.78% 蒙古留学生认为在中国留学遇到的最大困难是语言问题。同时根据上一问题，在蒙古学生来华留学的主要原因中，想要学习中文是最主要的原因，可以看出学习汉语对蒙古留学生来说既有挑战，也有吸引力。在来华留学的困难中，选择“留学申请途径少”和“留学申请程序繁多复杂”的也较多，占 22.22%，这提醒我们可以适当精简相关程序，继续扩大教育的对外开放，拓宽留学的申请途径，吸引更多高质量的留学生来中国留学。

通过对蒙古学生的留学意愿和来华留学意愿的调查，了解到蒙古学生中有相当数量的人选择出国留学，且到其他国家留学时，学生更注重自己能力的提升。在留学目的国的选择上，经济和教育比较发达的美国是他们的首选目的地。另外，蒙古在资金政策上的支持还未达到蒙古留学生的期望，也许可以考虑适当加大对出国留学的资金支持力度。

在来华留学意愿调查中，蒙古学生有来华留学的意愿，他们来华留学的主要目的是学习汉语，但是留学中遇到的最大困难也是语言问题，这对中国的汉语言教育提出了更高的要求。希望日后中国能在精简相关留学程序后，吸引更多的高质量蒙古留学生来华留学。

参考文献

中文部分

著作类：

[1] 杜修平 . 2020 图解国别中高等教育制度 [M]. 北京：东方出版社，2020.

[2] 刘迪南，黄莹 . 蒙古国文化教育研究 [M]. 北京：外语教学与研究出版社，2021.

期刊类：

[1] 安娜尔，葛婧，达胡白乙拉 . 蒙古国大学汉语教学的现状、问题及建议 [J]. 常熟理工学院学报，2020，34（1）：107-111.

[2] 曾天山，于发友 . 加强教育援助 促进中蒙两国睦邻友好：赴蒙古国参观考察报告 [J]. 民族教育研究，2010，21（2）：112-117.

[3] 贾智莲，苗凤英 . 蒙古国财经类大学研究生教育模式的启示 [J]. 内蒙古财经大学学报，2017，15（4）：110-114.

[4] 朝格吉乐玛·歌幸福．蒙古国汉语教学现状 [C]. 世界汉语教学学会秘书处．世界汉语教学学会通讯 2009 年第 2 期．北京：世界汉语教学学会，2009：3.
[5] 朝格吉乐玛·歌幸福．蒙古国汉语师范专业建设调查研究：以蒙古国国立教育大学为例 [C]. 世界汉语教学学会．世界汉语教学学会通讯 2013 年第 2 期（总第 19 期）. 北京：世界汉语教学学会，2013：2.

学位论文类：

[1] 巴娅日玛．蒙古国基础教育课程改革现状及问题研究 [D]. 长春：东北师范大学，2010.
[2] 张菲菲．蒙古国公立中小学汉语教学现状研究 [D]. 长春：吉林大学，2020.
[3] 嘉欣．蒙古国高校汉语教学情况调查及相关对策研究 [D]. 合肥：安徽大学，2018.
[4] 李青．"孔子学院下设孔子课堂"办学模式研究 [D]. 济南：山东大学，2017.
[5] 隽娅玮．蒙古国汉语教学状况及相关对策的研究 [D]. 哈尔滨：黑龙江大学，2012.
[6] 琪琪格苏仁．蒙古国高校汉语教学现状与对策研究 [D]. 保定：河北大学，2014.
[7] 张鹏．初级汉语水平蒙古国留学生汉语学习动机与习得效果调查研究 [D]. 呼和浩特：内蒙古师范大学，2017.
[8] Soyolmaa. 蒙古国高等教育发展现状与对策研究 [D]. 长沙：湖南大学，2019.
[9] 奥运比乐格．京穗蒙古留学生专业选择及就业意愿调查分析 [D]. 广州：广东外语外贸大学，2016.
[10] 宝勒尔图雅．中蒙教育学硕士研究生课程比较研究 [D]. 哈尔滨：哈尔滨师范大学，2020.
[11] 德·钢期木格．蒙古国高等教育发展研究 [D]. 哈尔滨：哈尔滨师范大学，2012.
[12] Lkhamsuren Tumenbaatar. 蒙古、中国基础教育课程改革比较研究 [D]. 上海：华东师范大学，2007.
[13] 王静丽．蒙古国立科技大学汉语教学现状调研报告 [D]. 曲阜：曲阜师范大学，2016.
[14] 孟和．蒙古国大学汉语教学状况比较与分析 [D]. 苏州：苏州大学，2013.
[15] Bayanmunkh Pagamdulam. 蒙古国大学本科会计专业课程编制研究 [D]. 哈尔滨：哈尔滨师范大 学，2019.
[16] 陈泽．蒙古国立大学汉语教育现状与调查研究 [D]. 兰州：西北师范大学，2019.
[17] 恩和扎亚．蒙古高等教育结构调整的经济与社会因素分析 [D]. 济南：山东大学，2015.
[18] 乌日雅．蒙古国语言政策研究 [D]. 呼和浩特：内蒙古大学，2021.
[19] 冯福林．蒙古国教育发展史研究 [D]. 保定：河北大学，2009.
[20] 斯日其玛．蒙古国职业教育发展面临的问题及对策 [D]. 呼和浩特：内蒙古师范大学，2016.

第三章　韩国中高等教育研究

第一节　韩国国家概况

一、地理位置和行政区划

韩国全称大韩民国（Republic of Korea），地处东北亚。韩国的国土面积约为 10 万平方千米，约占朝鲜半岛总面积的 45%。韩国位于朝鲜半岛南部，北部与朝鲜民主主义人民共和国接壤，西部隔黄海与中华人民共和国相望，东部和东南部与日本隔海相望，是中国共建"一带一路"倡议中的重要节点国家，也是来华留学生的最大生源国。

韩国实行道（广域市）—郡（市、区）—面、邑、洞三级行政体制。全国划分为 1 个特别市——首尔特别市；2 个特别自治市（道）——世宗特别自治市、济州特别自治道；8 个道——京畿道、江源道、忠清北道、忠清南道、全罗北道、全罗南道、庆尚北道、庆尚南道；6 个广域市——釜山、大邱、仁川、光州、大田、蔚山。其中，首尔是韩国的特别市，也是朝鲜半岛最大的城市，是韩国的政治、经济、文化中心。同时，首尔也是韩国唯一人口达千万的城市。世宗特别自治市则是韩国的行政首都，是以教育、科学、经济为中心的特别自治市，与大田广域市接壤。济州特别自治道与中国的上海隔海相望，是韩国西南部岛屿地方行政区，也是韩国最小的道；作为特别自治道，其具有除外交、国防和司法权外的其他所有权限，具有较强的自治权。釜山市是韩国的第一大港口和第二大城市。釜山港是亚洲最为繁忙的港口之一。仁川市是韩国的第三大城市和第二大贸易港口。仁川机场是韩国最大的民用机场，也是亚洲规模较大的机场之一。蔚山市是韩国较为重要的工业城市，该地区人均生产总值连续多年位居韩国榜首。蔚山市的化学、机械、金属、钢铁、非金属、汽车和造船等行业齐全，是韩国经济的重要支撑。

二、人口、民族和语言

韩国是单一民族国家，人口为单一朝鲜人。李朝末期，朝鲜半岛的人口数量开始稳步增长。根据 1960 年《韩国统计图鉴》，1911 年底朝鲜半岛的人口数为 1 383.2 万，1935 年的人口数为 2 220.8 万。1949 年，韩国政府第一次进行全国人口普查，人口总数高达 2 000 万。然而由于朝鲜战争爆发，韩国的人口数量增长缓慢。朝鲜战争结束后，韩国的人口增长率经历了由快速增长到明显下降的发展过程。20 世纪 50—60 年代，韩国经历了人口快速增长的阶段。不过，随着 20 世纪 60 年代韩国实施计划生育政策，韩国的人口增长率开始明显下降。20 世纪 90 年代，韩国的人口出生率进一步下降，这也导致韩国步入老龄化社会。随着时间的推移，韩国的人口老龄化问题愈发严重，导致劳动年龄人口比例逐年降低。但由于地域面积较小，韩国仍是人口密度最高的国家之一。据调查，2021 年韩国的总人口约为 5 163 万，人口密度为 515.2 人 / 平方千米。韩国人口分布很不均匀，大多分布在城市，2021 年韩国城市化率为 91.8%。2021 年，包括首尔、仁川和京畿道在内的首都圈人口总计约为 2 602 万，约占总人口的 50.4%，首尔的人口密度高达 15 650.1 人 / 平方千米。

1992 年中国与韩国正式建立外交关系。自此，移居韩国的中国人的数量开始快速增长。中韩建交之前移居韩国的仅有 195 人（包括中国朝鲜族人），2004 年增至 20 万人，2006 年达到 30 万人，到 2011 年底有 677 954 人。根据韩国统计厅 2022 年的统计数据，韩国 2021 年的中国移民有 21.2 万人，其中入境移民 9.5 万人，占比约为 44.8%；离境移民 11.7 万人，占比约为 55.2%。无论是入境移民还是离境移民，中国公民都占较大比重。

在历史上，韩国深受中华文化的影响。中韩两国同属于汉字文化圈、儒家文化圈，韩语和汉语有紧密的联系。在朝鲜王朝第四代君主世宗大王创造韩文以前，韩国都是借用汉语及汉字的，之后韩文才有了较大的发展并受到本民族文化的影响而形成自身特色。韩语对汉字进行改造或借用，从而形成了以汉字为纽带的特殊语言文化关系，出现了复杂的语言变异与双语双文化现象。韩文是一种创制文字，虽起步较晚，但由于其系统简单，相比其他文字，更容易普及。

在语法方面，汉韩两种语言的句法成分大体相同，除补语外，韩语的句法成分也有主语、谓语、宾语、定语和状语；韩语的词组构成方式有联合结构、偏正结构、动宾结构、主谓结构、复指结构等五种，与汉语词组的主要构成方式十分相似；汉语虽是 SVO（主谓宾结构）型语言，SOV（主宾动语序）的句法结构却也不少，如“把”字句是典型的宾语提前的句式，还有诸如“我上海去，广州不去”这样的比较分句。在儒家思想的影响下，中韩两国都非常重视礼仪，复杂的人际称谓也由此产生。汉语和韩语中都存在表示尊称的词汇，并且在构词方式和语义上都可以对应。

15 世纪，朝鲜王朝世宗开始语言文字改革，创造了朝鲜语文字“训民正音”，实现了韩国语言和文字的协调统一。韩语发展到今天，虽然仍然与汉语存在一定联系，但也呈现出很多独特之处。

汉韩两种语言属于不同的语系，汉语属于汉藏语系，韩语属于阿尔泰语系。韩语是拼音文字，有 10 个元音和 14 个辅音，可组成不同的音节。从音韵上看，韩语在谓词的词干与部分词尾之间、在拟声拟态语和一些形容词的语根内部有元音和谐现象，即一个单词里的元音同化现象。从词汇上看，两者在吸收外来词的方式上有很大的不同，韩语词主要有汉字词、外来词和固有词三种形式，汉语外来词主要包括音译、音意兼译、音译前后加注汉语语素和借形四种方式。从语法上看，韩语属于黏着语，用大量的助词、词尾等附加成分来表达词在句中的地位和语法关系，动词的词干和形容词不能单独使用。而汉语属于孤立语，缺乏形态变化，主要靠语序和虚词表达语法意义，某一类词往往可以充当多种句子成分。

目前，韩语以中部方言——首尔话为标准语言，除此之外还有东南方言、东北方言、西南方言、济州方言等。由于济州岛远离朝鲜半岛，其语言与其他方言存在较为明显的差异。而其他方言相较之下则比较相似，不存在沟通障碍。

三、文化和教育

韩国有很多传统节日。调查研究显示，韩国节日主要有 11 个。春节，阴历正月初一，在韩国，春节也叫旧正，是农历新年，是仅次于中秋节的第二大节日，除了有祭祀祖先、吃年糕片汤、回家探亲等习俗外，还会举办具有代表性的放风筝、跷跷板等活动。独立运动（也称独立万岁运动）纪念日，3 月 1 日，是纪念朝鲜半岛爆发的一次大规模民族解放运动的日子。儿童节，5 月 5 日，是从男孩节演变而来的。佛诞日，阴历四月初八，是释迦牟尼佛诞生的日子，主要活动有诵经、游园赏灯、开展法会等。显忠日，6 月 6 日，缅怀殉国先烈和阵亡战士的日子，这一天，韩国重要人士都会到国立墓地等英灵聚集的地方献花。光复节，8 月 15 日，韩国国庆节，1948 年 8 月 15 日大韩民国宣告成立，民族解放，光复节是韩国的重要节日。中秋节，阴历八月十五，也称为感恩节、秋夕，是韩国一年中最为重要的节日之一，全国放假 5 日，需要祭祀祖先，与家人团聚。开天节，10 月 3 日，传说中的古朝鲜建国日，要举行隆重的庆典。除此之外，还有一些不是公休假的节日，如教师节、父亲节、母亲节、青年节、韩文节等。

韩国的饮食文化也有着比较久远的历史，即使过了 500 多年，朝鲜时期的饮食风格也一直延续到了今天。韩国人对于饮食极为重视，他们认为“食为五福之一”。韩国人食用的佳肴讲究“五味”和“五色”，就是甜、酸、苦、辣、咸这五种味道以及红、白、黑、绿、黄这五种颜色。在韩国，人们的饭桌上最常见的有饭、菜、汤等，其中饭是最重要的。韩国人的饮食还离不开酱与泡菜，酱是指用黄豆发酵制成的传统食物，可以用来调味以及增加香味；泡菜是指在蔬菜中拌入不同的调料后发酵制成的小菜，常见的原料有白菜和萝卜。有数据统计，一个韩国人一年大概可以吃 35 斤泡菜，甚至有的家庭会准备一个单独的小冰箱来存放泡菜。韩国人喜爱的菜肴多以炖、煮和烤的形式加工，他们几乎不做炒菜。在韩国凉拌菜很受欢迎，代表性的有生拌鱼肉、鱼虾酱等。韩国人的饮食讲究先后顺序，即把食物都准备好才可以进餐，并按照先汤后饭的顺序进食。

韩服按照用途可以分为礼服和日常服，按照性别年龄可以分为男女成人服和儿童服。“韩民族”（这里所称“韩民族”为“朝鲜族”，“韩民族”的称谓主要应用于韩国）自古以来崇尚白色，被称为“白衣民族”，因此白色是韩服的主色调，除了白色以外，也有绿衣、黄衣等很明艳的颜色。年轻女性或儿童常身着象征富贵吉祥的七彩韩服。在历史上，韩服的色彩还与社会阶层密切相关，“韩民族”认为红色象征至高无上的太阳，所以在朝鲜时期，国王的龙袍和宫中的朝服，以及贵族妇女的礼服大多采用红色绸缎，佛教界的高僧也穿红色袈裟，平民女性在结婚时也可以穿红色礼服，与优雅的色彩一起搭配。更加突出韩服的美的是纹样，韩服中经常使用的纹样主要有植物纹样、动物纹样、自然纹样和文字纹样等，每种类型的纹样都有特定的象征意义。例如：植物纹样中的牡丹象征着繁荣和富贵，梅花象征着高尚；动物纹样中的龙象征着权威，凤凰象征着太平盛世和喜庆；自然纹样中的云象征着神圣、富饶，波浪象征着权威；文字纹样中的“寿”“福”“喜”等字都象征着其本身带有的意思。

韩国的流行文化主要分为流行音乐文化与流行影视文化。韩国流行音乐在全球范围内非常受欢迎。K-pop 音乐以其多样化的音乐风格、精心制作的音乐视频而闻名。韩国电视剧在亚洲和其他地区非常受欢迎，有浪漫、悬疑、历史和家庭等题材。韩国电影在国际电影界也享有盛誉，以其独特的故事情节、深度的角色刻画和精良的制作而广受赞誉。

20 世纪下半叶，韩国经济的快速发展离不开韩国教育事业的大力支持。1949 年，韩国颁布了《大韩民国教育法》，这部法律成为之后韩国各项教育事业和教育决策的法律基础。随着韩国社会、政治、经济和教育等方面的发展，《大韩民国教育法》也经历过多次修订。不过，《大韩民国教育法》的核心精神和目标并未发生实质改变。《大韩民国教育法》规定了教育的基本方向和目标。教育的目的在于协助所有人完善其个人的品德、培养独立生活能力和取得参加建设民主国家和促进全人类繁荣活动的公民资格。由此可以看出，韩国教育尤其注重国民品格与社会应用能力的培养。

目前，韩国主要有普通教育和职业教育两种主要教育制度。经过多年的发展，韩国已基本形成“6-3-3-4 学制”，即小学 6 年、初中 3 年、高中 3 年、学院或附有旨在培养博士的研究生课程的大学 4 年。另外，还有 2 年制和 3 年制的专科大学及职业大学。普通教育作为韩国教育的主体，受到韩国政府的重视。韩国根据社会经济发展的需要，多次调整普通教育制度。与普通教育相对，韩国的职业教育起步也较早。面对朝鲜战争后萧条的经济状态，韩国政府着力培养职业技能型人才，以满足经济发展的需要。早在 1963 年，韩国政府便已发布《产业教育振兴法》。1977 年，韩国政府依据《技能大学法》设立了技能大学。1998 年，韩国又引入了学位制度，开始颁发产业学士学位。1992 年，韩国进行第六次教育课程改革。随后，韩国政府制定了《新教育体制改革方案》（1995 年），以适应信息化时代的发展。21 世纪后，韩国在“教育改革和知识文化立国”的教育目标下，设立了教育改革委员会。2008 年，韩国政府将教育政策概括为“自由、多样、竞争、评价”八字方针，旨在从根本上提高韩国各级教育的水准和国际教育竞争力。如今,韩国的教育事业欣欣向荣,教育在国内愈加受到重视。

在普通教育方面,韩国为挖掘人才,尽早发掘人才的潜力,使其为国家和社会发展做贡献,分别于2000年和2002年颁布了《英才教育振兴法》和《英才教育振兴实施令》,旨在提高学生的探究能力和创造力,培养优秀人才。2006年,韩国教育部实施"放学后教育"计划。"放学后教育"计划涵盖了韩国现有的学校艺能兴趣教育、小学的课后课堂、中学的补充辅导等项目,通过实施教育福利、缩减课外教育费用、实现学校的地区社会化过程,最终实现任何人都能在学校接受高质量、多样化教育的理想目标。大力加强英语教育是韩国近代教育的一大特点。目前,韩国的英语教育已经进入第七阶段,该阶段的英语教育以"沟通式教育"为主线。近年来,韩国十分注重学生的高质量发展,强调人性教育和素质教育,减轻学生负担。从2013年开始,韩国推行"自由学期制"(Free Semester Program),让学生摆脱被动式学习的束缚,减轻考试压力,提升教育幸福感。韩国政府还颁布了《公共教育正常化法》(2014年9月)、《人性教育振兴法》(2015年1月)等一系列法律,为进一步提升学生的素质,培养学生的才能打下基础。随着数字化时代的到来,韩国愈发重视教育的数字化转型和数字化人才的培养,分别于2022年和2023年发布《数字人才综合培养方案》和《数字化教育创新方案》,推出"一百万数字人才培养计划""数字萌芽训练营"等,成立"数字人才联盟",培养人工智能、大数据、虚拟现实、物联网等多个领域的数字人才。这些举措的培养对象不仅包括学生(职业高中学生、大学生、研究生等),还包括求职者、在职者。

在职业教育方面,韩国为支持产学合作而制定的法律法规有《关于产业教育振兴及促进产学协力的法律》(2003年由其他法律修订更名而来)、《国家均衡发展特别法》(2004年1月)、《职业教育培训促进法》、《中小企业人力支援特别法》。2008年,韩国在修订的《终身教育法》第十五条中规定了终身学习型城市的选拔和资助标准,截至2015年韩国已建成136个终身学习型城市。韩国教育部于2015年公布《地方终身教育发展促进计划2016年工作方案》。该方案将由中央政府提供支援,构建地方终身学习体系,旨在提升个人的整体生活质量和幸福指数。

近年来,韩国也日益重视留学生教育。为稳步提升外国留学生数量、质量,韩国政府在2015年7月召开的国务会议上出台《扩大吸引留学生方案》,将2012年颁布的《留学韩国2020计划》(*Study Korea* 2020 *Project*)中2020年完成招收20万名外国留学生目标的期限调整至2023年。在《扩大吸引留学生方案》中,韩国制定了加大奖学金支持力度、放宽就业和创新创业签证政策、简化优秀大学的签证手续等政策,以进一步增强对留学生的吸引力。

四、经济

20世纪50年代中后期,韩国逐步从战争的阴霾中走出来,其经济开始复苏。20世纪

60年代，韩国的产业重心为轻纺工业，向海外出口纺织品、服饰等多种产品。至20世纪70年代，韩国开展了产业转型，将工业发展的重心由轻工业转向重工业，重点发展钢铁、有色金属、机械、造船、汽车、电子、石油化工、水泥等工业。在以上工业中，韩国较具有优势的产业是造船业和汽车制造业。实际上，20世纪80年代，韩国的经济发展已令世界瞩目，成为高收入的发展中国家。1995年，韩国的经济规模跃居世界第11位，国民生产总值（GNP）从1962年的23亿美元增长到1995年的4 560亿美元，人均国民生产总值从1962年的87美元增长到1995年的10 163美元，突破1万美元大关。根据世界银行2005年公布的数据，韩国2004年的国内生产总值（GDP）为6 797亿美元，首次居于世界第11位。21世纪初期，韩国的造船业已经超过日本，居世界首位。韩国是当今世界上的汽车生产大国，涌现出现代汽车、大宇汽车、双龙汽车等数家大型汽车制造企业，成功地实现了规模化生产，国际竞争力逐步提高。韩国统计厅数据显示，2022年韩国国内生产总值为1.664 3万亿美元，同比增长2.6%；人均国民总收入（GNI）为32 236.8美元。

第二节　韩国中等教育制度

一、中等教育类型

（一）中等教育行政管理机构

韩国教育行政管理机构由中央和地方机构共同管理。韩国现行教育行政体系分3级，分别为中央教育行政部门、地方教育厅（9道8市，共17个省级教育厅）以及下属各学区教育室。

中央教育行政部门由总统、总理、教育部及其附属机构管理，教育部部长兼任副总理。教育部是管理全国教育事务的中央行政机关，包括制定人力资源开发、学校教育、终身学习和学术事务政策。教育部下设国史编纂委员会、国立特殊教育院、中央教育研修院、教师诉请审查委员会、国立国际教育院、韩国学术院等六大机构。

国史编纂委员会研究韩国史，对建立韩国史体系所需的各种史料进行调查、收集、保存、编纂，并以此为基础开展韩国史的研究、编纂、研修、普及工作，为韩国史研究的深化和系统发展及提高国民的历史认识做出贡献。国立特殊教育院是教育部所属国家机关，其职责是制定有关特殊教育的政策、开发教育课程和教科书、培养特殊教育的教师、开展特殊教育信息化事业，促进特殊教育的发展和提高残疾人的生活质量。中央教育研修院的主要业务有教育培训、教育部主要政策研修、教育课程开发研究、研修资料发行等。教师诉请审查委员会主要对教师的惩戒处分进行复审。国立国际教育院是负责留学生引进及派遣、韩语能力考试、公费留学选拔及管理等业务的韩国教育部所属责任运营机构。韩国学术院主要负责奖励对学术发展有显著贡献的学者,提供学术研究和学术振兴相关政策咨询,推动学术交流,促进学术发展。

自1991年《地方教育自治法》颁布以来,韩国将教育部的大部分行政决策权和地方教育预算权都交给了地方教育厅。地方议会下属的教育委员会是省教育厅的审议和决策机构,与省教育厅共同在地方教育治理中发挥核心作用。各道教育主管由当地居民直接选举产生。教育主管的任期为4年,主要负责教育、文理、教育行政事务。截至2021年,韩国共有17个省级教育厅和176个区教育室。

各市、道教育厅下设不同的业务部门。以釜山市教育厅为例,其下设教育局、行政局、规划局三个部门。教育局下设教育政策科、小学教育系、中等教育系等;行政局具体分为教育支援局、直属机构和图书馆;规划局下设规划协调科、预算规划科、学校安全总科三个部门。除此之外,釜山市教育厅还设立了教育政策研究所、宣传部等相对独立的部门。其中,教育政策研究所主要负责研究教育政策、制定未来的教育战略、整理教育数据等工作;宣传部主要负责媒体宣传、新闻采访、数据和政策发布等,加强与市民的沟通交流。

(二)中等教育类型介绍

韩国的初中主要包括一般中学、特殊中学、替代学校三种类型。

2022年,韩国共有3 258所一般中学,初中生总计约135万人。一般中学包括国立中学、公立中学和私立中学,其伙食费、学费、注册费均免费。全国共有9所国立中学,2 616所公立中学,633所私立中学。公立中学由地方自治团体设立并管理运营,私立中学由个人或公司法人设立并管理运营。

特殊中学包括13所艺术中学、5所国际中学、10所体育中学。艺术中学专攻艺术教学,设置美术、音乐、表演、舞蹈等专业。国际中学是为了从国外回国的学生适应国内学校而建立的中学,学费昂贵,竞争激烈。体育中学集中进行体育教学,培养体育人才。

替代学校包括自由型、宗教型、再适应型、自然型四种类型。自由型学校追求自由和自治,大部分维持着"人性教育 + 自主学习"的体制。宗教型学校是宗教团体建立的学校,同时开展教育和宗教活动。再适应型学校是针对不适应一般学校的学生设立的替代学校。自然型学校重视培养学生的环保思维,也有很多学校进行农业教育。

(三)高等教育类型介绍

韩国的高中可分为普通高中、职业高中、特殊目的高中、特色化高中及自律型高中。

普通高中是实施普通教育的学校。普通高中又分为一般普通高中和综合高中。其中,综合高中是指同时教授人文课程和实业课程的高中。毕业后,学生既可以选择升学也可以选择直接就业。综合高中作为同时满足学生升学和就业需求的教育机构,运营时注重满足学生的个性需求。

职业高中是以培养学生职业技能和专业知识为目的的学校。这些学校紧跟市场需求，提供的专业课程覆盖农业、技术、商业和经济各个领域。职业高中教育不仅注重学生技能的培养，还强调创新精神和职业素养的培养。职业高中的教育形式多样，包括技工学校、高等职业学校等，覆盖从初级到高级的职业技能教育。

特殊目的高中是以实施特殊领域的专业性教育为目的的学校。特殊目的高中是以培养特定领域的专业人才为目的而设立的，所谓特定领域，依据《初、中等教育法实施令》的规定，包括科学、外国语、国际关系、艺术、体育、工业、农业、水产、海洋等领域。特殊目的高中在组织形式上主要采取小班化教学，其外语课教学工作由所教语言所属国家的“原住民”承担，不仅具有较好的师资，还会根据学生特性提供高水准的教学设施。

特色化高中是以培养特定领域人才为目的，或以专门实施自然现场学习等为主的学校。特色化高中分为职业特色化高中和选择性特色化高中。

自律型高中是依据经营上的特例规定，可以自主确定教育课程的学校。自律型高中分为自律型公立高中和自律型私立高中。

除以上分类外，根据办学主体的不同，韩国的高中还可分为国立高中、公立高中和私立高中三种类型；另外，今天的韩国高中仍有根据性别划分的男校和女校。

（四）重点中学介绍

1. 重点中学简介

（1）大元外国语高中

大元外国语高中始建于 1984 年，由韩国大元财团出资建立。大元外国语高中采取精英集中式教育模式，学生数控制在 600 余名，但每年有 100 多名学生考入哈佛、普林斯顿等美国常春藤联盟高校，其名校升学率为韩国所有高中之冠。大元外国语高中以语言教育为主，培养真正意义上的国际化人才，开设包括汉语、德语、法语、西班牙语、日语、英语在内的各种特色语言班。自 1998 年韩国开展海外留学计划以来，大元外国语高中使许多学生的常春藤联盟高校梦想得以实现，即使没能进入常春藤联盟高校的学生，也能进入首尔国立大学、高丽大学等韩国顶尖大学。

（2）釜山国际高中

釜山国际高中是韩国首创的国际公立学校，位于韩国第二大城市——釜山市。釜山国际高中的办学宗旨是培养面向 21 世纪的国际复合型人才。釜山国际高中拥有高端的设施和舒适的校园环境，是韩国近百所高等学校中排名前 10 的知名学校。釜山国际高中要求严格，专门选拔优秀学生，截至 2021 年校内有 30 名中国学生。

釜山国际高中的课程虽与平常高等学校的课程无差别，但其要求严格，师资力量雄厚，以英语、数学为主，以科学、地理、历史、音乐、舞蹈等课程为辅。釜山国际高中采取半开放式管理模式，学生必须住校，平日不得离校，学校提供三餐。周末学生可外出，学校提供早晚两餐。申请入学须具备韩国语基础（TOPIK，即韩国语能力考试，成绩达到 2~3 级），英语、数学成绩优秀（达到初三水平）。

（3）汉城华侨中学

汉城华侨中学是韩国华侨学校中规模最大、设备良好的完全中学，校址在首尔，1948 年，该校由中国政府驻朝鲜总领事刘驭万及首尔侨商发起，在光华中学旧址改办，宿梦公领事兼任代校长。1970 年，汉城华侨中学有 24 个初中班，38 个高中班，2 600 多学生，100 多教员。20 世纪 80 年代以来，该校在校学生维持在 1 400 人左右。学校注重培养学生的民族精神，并进行中国历史与文化教育。教师具有高等教育的学历，用普通话授课。

2. 部分高中排名

韩国部分高中排名见表 3-1。

表 3-1　韩国部分高中排名 [1]

排名	名称	地理位置	学校类型
1	首尔艺术高中	首尔钟路区	特殊目的高中
2	龙仁韩国外国语大学附属高中	京畿道龙仁市天仁区	私立高中（国立）
3	大元外国语高中	首尔广津区	特殊目的高中
4	首尔科学高中	首尔钟路区	特殊目的高中
5	韩亚高中	首尔恩平区	私立高中（国立）
6	京畿理科高中	京畿道水原市长安区	特殊目的高中
7	全州高中	全罗北道全州市完山区	私立高中（国立）
8	民族史观高中	江原道横城郡	私立高中（国立）
9	韩英外国语高中	首尔江东区	特殊目的高中
10	大邱理科高中	大邱寿城区	特殊目的高中
11	对日外国语高中	首尔城北区	特殊目的高中
12	善花艺术高中	首尔广津区	特殊目的高中
13	大田科学高中	大田儒城区	特殊目的高中
14	韩日高中	忠清南道公州市	普通高中
15	世宗理科高中	首尔九老区	特殊目的高中

[1] 该排名由毕业率（4 年制）排名与首尔大学成功申请者人数之和计算得出。（如果首尔大学没有统计信息，则仅按录取率排名计算，有统计信息的学校优先考虑。）

资料来源：2023 年全国高中排名（전국중학교순위）[EB/OL].（2023-03-06）[2023-04-28].https://academy.prompie.com/schools/high-school/list/.

二、初级中等教育制度

韩国的教育普及率较高，其实行“6-3-3-4 学制”，其中初中的学制为 3 年。朝鲜战争后初期，韩国初中的入学考试由各中学自行组织，先由小学校长向初中校长递交有关本校学生品行及学习成绩的“小学内申书”，学生再参加初中入学考试。1951—1953 年，韩国首次实行国家联合考试制度。1954—1957 年，较多学校实行免试推荐制，但后由于其存在可信度问题而被废除，采用考试与免试并行制。20 世纪 60 年代，韩国实行的是国家考试入学制度。这种制度在当时引起了公众的质疑，一方面公众认为考试成绩不一定能够全面反映学生的素质，另一方面国家考试入学制度加剧了学生的初中择校竞争。在这一背景下，20 世纪 60 年代末，韩国文教部门开始实施初中免试入学制度。1969 年首尔（当时称为“汉城”）率先实行免试入学制度，1970 年釜山、大邱、光州、仁川、全州、大田 6 个大城市也开始实行这种制度。1971 年，这种制度推广到全国，初中入学考试制度被废除。随着初中入学考试制度的废除，抽签制被引入。1969 年使用抽签蛋，从 20 世纪 70 年代开始使用自动抽签机器。目前，初级中等教育的入学制度主要包括以下三种。

1. 先报名后抽签分配

学生先申请想去的学校。如果申请人数超过了该学校的容纳人数，学校将通过计算机抽签的形式进行分配。如果申请人数少于容纳人数，学校将接收所有报名的学生。

2. 近距离优先分配

根据学校和家之间的距离，进行近距离优先分配。

3. 随机分配

在没有事先申请的情况下，通过计算机系统强制分配。针对近距离优先分配方式和先报名后抽签分配方式可能出现的问题，有时会强制随机分配。在这种模式下，存在被分配到（抽到）离家很远的学校的情况。

在课程方面，2015 年，韩国进行了新一轮的基础教育课程改革，提出“提升学生核心素养，培养创新融合型人才”的课程改革方向，实现基础教育在课程结构、课程内容及教学模式等方面的变革。改革后的初中课程与课时变动情况见表 3-2。

表 3-2　改革后的初中课程与课时变动情况

科目	课时（1 课时 = 45 分钟）
国语	442
社会（包括历史）/ 道德	510
数学	374
科学 / 信息技术与家政	646 → 680
体育	272

续表

科目	课时（1 课时 =45 分钟）
艺术	272
英语	340
选择科目	204 → 170
创意性体验活动	306

资料来源：吕君，韩大东．“核心素养”理念下的韩国新一轮基础教育课程改革述评 [J]. 基础教育，2019，16（1）：93-100.

由表 3-2 可知，韩国初中的课程设置体系有以下几个特点：其一，国语课程处于重要位置，其课时占课程总课时的 10% 以上；其二，尤其注重科学 / 信息技术与家政相关课程的教学，其总课时从原来的 646 课时增到 680 课时，这是受韩国注重产业发展的影响；其三，英语课程处于重要地位，其课时约占总课时的 10%，这与韩国大力强化英语教育有关；其四，创意性体验活动课时的占比达到 9.1%，说明韩国的初中教育较为注重学生创新能力的培养。

2013 年 5 月，韩国教育部发布了《初中“自由学期制”试行计划》，选择多所学校作为自由学期制试点，以解决学生学业压力较大的问题。2016 年，《初中“自由学期制”试行计划》在所有初中全面实施。2017 年，韩国教育部发布了《初中“自由学期制”扩大发展计划》，将普通中等教育推进为一年的“自由学年制”。截至 2019 年 7 月，全韩国的 3 214 所初中都在进行“自由学期制”改革。

吕君、韩大东曾介绍过韩国的“自由学期制”，他们指出“‘自由学期制’主要是以解决韩国教育目前存在的问题及弊端，缓解青少年的学业压力，提高青少年学校生活幸福指数，指导青少年正确认识自我及明确未来职业方向为出发点而进行的教育改革”。“自由学期制”指学生在初中教育阶段选定一个学期为“自由学期”，在该学期内学生无须参加书面考试，其课程设置情况为：上午主要以学习国语、数学、英语等主要课程为主，并采用以学生参与为主的教学方式，该类课程被称为共同课程；下午的课程主要由职业规划活动、社团活动、艺体活动、可选择主题活动四种“自由学期活动”组成，该类课程被称为自由课程。2017 年，“自由学期制”被改为“自由学年制”，时间从一学期延长至两学期（一学年）。

三、高级中等教育制度

（一）韩国高级中等教育的招生入学制度

20 世纪 60 年代，韩国中学入学考试竞争异常激烈，因此韩国于 1969 年实施了初中免试入学制度。随着这一制度的实施，小学升入初中的压力消失了，但升入高中的入学考试竞争变得更加激烈。当时韩国的高中被划分为三类，不同类别的高中在师资力量等方面存在较大差异。1974 年，韩国为了缓解日益严峻的择校问题，开始实施“高中平准化”政策。其具体措施是实施统一的高中入学考试，并通过学区内随机派位的方法确定入学方式，具体做法如下。其一，初中毕业生在普通高中的学区内分派入学：将全国的公、私立高中都划归至各大“学群”（大学区），通过统一考试筛选学生后在学群内随机分配。其二，职业及半日制高中的考试入学：职业高中经考试提前录取学生，考上的学生不得再报考普通高中，而且学生只能填报所在市区的职业学校，不得跨区填报。其三，特长生的特招入学：在招生名额3%的范围内提前招收体育特长生，统一考试，如申请升入普通高中就在学群内进行分配，申请职业高中则由各校自行筛选。其四，特殊目的高中的考试入学：为避免全国高中的过分单一，韩国在普通高中外设立了一些特殊领域的职业类高中，通过提前考试招收具有相应能力的学生。

2010年，韩国政府推行高中多样化政策，该政策主要做了以下改革：其一，农村设50所寄宿制精品高中，通过考试的形式选拔当地优秀学生入学；其二，发展精英型职业高中，即“达人高中”，该类型学校将大力保证学生毕业即就业，这些学生在入学时须参加严格的考试，入学后可享受学费减免、住宿费减免、留学费减免等福利政策。

“高中多样化”在2015年的入学政策中体现得更加明显。韩国的高中实行分批（第一批和第二批）录取，第一批录取的高中为特殊目的高中、特色化高中（职业和体验型、部分自律型私立高中），录取时间为每年8月至12月初。在该阶段，学生可根据这些学校颁布的招生简章自行报名参加考试（只能报1所，不得重复报名）。考试一般分为初试和复试，初试要求学生提供各种书面申请材料，复试则包括考查和面试等。

在取消初中考试入学制度以后，原来存在于小学阶段的压力和负面效应转到了初中阶段，加剧了从初中升入高中的考试竞争，制约了初中教育的正常发展。为解决这一难题，韩国政府从1974年开始实施“高中平准化”政策，以消除学校间、区域间教育和设施的差异，提高高中教育质量。在推进“高中平准化”政策过程中，韩国政府对高中升学制度进行了改革，希望通过新的入学选拔制度来缓解课外辅导热、补习热问题，减轻升学对学生、家长和学校的压力。这一改革方案的目的在于：促进教育的正常化；实现高中均衡化；振兴实业、科学、技术教育；推动地方学校的发展；降低国民教育费用；缓解学生向城市集中的现象。

改革方案提出，高中通过接受推荐、书面材料、区域配置等方式招收学生。普通高中、职业高中、特殊目的高中三类学校采取不同的招生模式。

1）普通高中：设置包括公立和私立学校的高中学区，在学生通过选拔考试具备入学资格之后，按学区通过随机派位的形式为学生分配学校，并在后期实施考试。

2）职业高中：以市为单位，初中毕业生可任选自己希望就读的学校，根据选拔考试成绩按学校进行选拔。职业高中在前期实施考试，考试合格者不得申报普通高中。普通高中遵循学区内先分配的原则，而职业高中按学校进行选拔。

3）特殊目的高中：选拔考试合格者可任意申报全国的特殊目的高中，按学校进行选拔，为第一批录取的高中。申报特殊目的高中的不合格者，可以在参加后期考试后按所在市、道被推荐分配到普通高中。

由于教育财政不足，“高中平准化”政策的实施带来了不少问题。在观念上，均衡化与追求优化矛盾，限制了私立学校的发展，也给教育指导带来很多问题。对此，韩国一直到现在仍然争论不休。而实际上“高中平准化”政策并没有在全国完全实施，出现了高中升学考试与均衡化的随机分配制相结合的二元化现象。

（二）韩国高级中等教育的课程设置

2015 年，韩国政府出台了《2015 教育课程改革方案》，其目的主要有四：其一，强调快乐学习，改变既往死记硬背式的教育方式；其二，与以学生为中心的教育理念对接，改变教学模式；其三，在整体上调整文理分科结构，进一步满足社会对人才的需求；其四，构建培养职业技能为重心的职业教育体系。在这一方案的指导下，韩国高中的课程设置发生了新的变化。改革后的高中课程与课时变动情况见表 3-3。

表 3-3　改革后的高中课程与课时变动情况

学科领域	共同课程（最低课时数）	自由课程（最低课时数）
基础	国语（136）	国语（170）
	数学（136）	数学（170）
	英语（136）	英语（170）
	韩国史（102）	韩国语（102）
探索	统合社会（136）	社会（170）
	统合科学（136） 科学探究实验（34）	科学（204）
体育与艺术		体育（170）
		艺术（170）
生活与文化		技术与家政、第二外语、汉语和教养（272）
创意性体验活动	408 课时	

资料来源：吕君，韩大东 .“核心素养”理念下的韩国新一轮基础教育课程改革述评 [J]. 基础教育，2019，16（1）：93-100.

在新的课程体系下，韩国高中的课程内容显示出一些新的特点。其一，韩国史成为必修科目，这体现出韩国政府对高中学生国家认同和文化认同教育的重视。其二，注重授课内容的应用性，自由课程有明显的应用取向，这体现出韩国教育与社会发展紧密衔接的特点。改革后的高中阶段主要课程见表 3-4。

表 3-4 改革后的高中阶段主要课程

<table>
<tr><th rowspan="2">学科分类</th><th rowspan="2">学科</th><th rowspan="2">必考科目</th><th colspan="4">选修科目</th></tr>
<tr><th colspan="2">一般选修</th><th colspan="2">职业规划选修</th></tr>
<tr><td rowspan="4">基础类</td><td>国语</td><td>国语</td><td colspan="2">演讲与写作、读书、语言和媒体、文学</td><td colspan="2">实用国语、高级韩语、古典书籍阅读</td></tr>
<tr><td>数学</td><td>数学</td><td colspan="2">数学Ⅰ、数学Ⅱ、微积分、概率和统计</td><td colspan="2">实用数学、几何、经济数学、数学课题探究</td></tr>
<tr><td>英语</td><td>英语</td><td colspan="2">英语会话、英语Ⅰ、英语阅读与写作、英语Ⅱ</td><td colspan="2">实用英语、英语与文化、职业英语、英语文学阅读</td></tr>
<tr><td>韩国史</td><td>韩国史</td><td colspan="2"></td><td colspan="2"></td></tr>
<tr><td rowspan="2">探索类</td><td>社会探索（包括历史 / 道德）</td><td>社会大综合</td><td colspan="2">韩国地理、世界地理、世界史、东亚史、经济、政治与法律、社会与文化、生活与伦理、伦理与意识形态</td><td colspan="2">旅行地理学、社会问题研究、古典与伦理道德</td></tr>
<tr><td>科学探索</td><td>科学大综合、科学探索实验</td><td colspan="2">物理Ⅰ、化学Ⅰ、生命科学Ⅰ、地球科学Ⅰ</td><td colspan="2">物理学Ⅱ、化学Ⅱ、生命科学Ⅱ、地球科学Ⅱ、科学史、生命科学、融合科学</td></tr>
<tr><td rowspan="2">体育与艺术</td><td>体育</td><td></td><td colspan="2">体育、运动和健康</td><td colspan="2">运动生活、体育</td></tr>
<tr><td>艺术</td><td></td><td colspan="2">音乐、艺术、戏剧</td><td colspan="2">音乐表演、音乐鉴赏与批评、艺术创作、艺术鉴赏与批评</td></tr>
<tr><td rowspan="4">生活与文化</td><td>技术</td><td></td><td colspan="2">技术、信息</td><td colspan="2">农业生命科学、工程综合、创意管理、海洋文化与技术、家庭科学、知识产权综合</td></tr>
<tr><td>第二外语</td><td></td><td>德语Ⅰ、法语Ⅰ、西班牙语Ⅰ、中文Ⅰ</td><td>日语Ⅰ、俄语Ⅰ、阿拉伯语Ⅰ、越南语Ⅰ</td><td>德语Ⅱ、法语Ⅱ、西班牙语Ⅱ、中文Ⅱ</td><td>日语Ⅱ、俄语Ⅱ、阿拉伯语Ⅱ、越南语Ⅱ</td></tr>
<tr><td>汉语</td><td></td><td colspan="2">汉语Ⅰ</td><td colspan="2">汉语Ⅱ</td></tr>
<tr><td>文化</td><td></td><td colspan="2">哲学、逻辑、心理学、教育、宗教、职业与工作、健康、环境、实用经济学、论文</td><td colspan="2"></td></tr>
</table>

资料来源：韩国教育部高中入学信息网站（http://www.hischool.go.kr/entrance/typeIlbango.jsp）。

目前，韩国特殊目的高中和职业高中的课程设置均以2015年改革后的教育课程为基准，特殊目的高中的课程设置详见表3-5。

表 3-5 特殊目的高中的课程设置

<table>
<tr><th>课程类型</th><th>课程设置</th></tr>
<tr><td rowspan="2">科学</td><td>深化数学Ⅰ、深化数学Ⅱ、高级数学Ⅰ、高级数学Ⅱ</td></tr>
<tr><td>高级物理、高级化学、高级生命科学、高级地球科学、物理实验、化学实验、生命科学实验、地球科学实验、信息科学、探索融合科学、科学课题研究、生态与环境</td></tr>
<tr><td>体育</td><td>体育概论、体育和职业探索、体育指导法、田径运动、体操运动、水上运动、个人和人际运动、团体运动、体育专业实践基础知识、深化体育专业实践、体育专业实践应用、体育比赛耐力、体育比赛实践、体育赛事分析</td></tr>
</table>

续表

课程类型	课程设置
艺术	音乐理论、音乐史、诗唱及听音、音乐专业实践、合唱、合奏、表演实践
	艺术理论、艺术史、绘图、平面造型、立体造型、媒介艺术、艺术专业实践
	了解舞蹈、舞蹈和身体、舞蹈基础实践、舞蹈专业实践、舞蹈音乐实践、舞蹈、舞蹈和媒介、舞蹈欣赏与批评
	文艺创作入门、文学概论、句子论、文学与媒介、古典文学欣赏、现代文学鉴赏、诗歌创作、小说创作、剧作
	了解戏剧、烟雾、舞台技术、戏剧制作实践、戏剧欣赏与批评、了解电影、电影技术、方案、电影制作实践、电影欣赏和批评
	了解照片、基础拍摄、暗室实机、中级拍摄、照片表现手法、了解视频制作、编辑照片视频、欣赏照片和评论
外国语	深化英语会话Ⅰ、加深英语会话Ⅱ、加深英语Ⅰ、加深英语Ⅱ、加深英语阅读理解Ⅰ、加深英语阅读理解Ⅱ、深化英语写作Ⅰ、深化英语写作Ⅱ
	德语专业基础、德语会话Ⅰ、德语会话Ⅱ、德语阅读理解和写作Ⅰ、德语阅读理解和写作Ⅱ、德语文化
	法语专业基础、法语会话Ⅰ、法语会话Ⅱ、法语阅读理解和写作Ⅰ、法语阅读理解和写作Ⅱ、法语文化
	西班牙语专业基础、西班牙语会话Ⅰ、西班牙语会话Ⅱ、西班牙语阅读理解和写作Ⅰ、西班牙语阅读理解和写作Ⅱ、西班牙语文化
	汉语专业基础、汉语会话Ⅰ、汉语会话Ⅱ、汉语阅读理解和写作Ⅰ、汉语阅读理解和写作Ⅱ、中国文化
	日语专业基础、日语会话Ⅰ、日语会话Ⅱ、日语阅读理解和写作Ⅰ、日语阅读理解和写作Ⅱ、日本文化
	俄语专业基础、俄语会话Ⅰ、俄语会话Ⅱ、俄语阅读理解和写作Ⅰ、俄语阅读理解和写作Ⅱ、俄罗斯文化
	阿拉伯语专业基础、阿拉伯语会话Ⅰ、阿拉伯语会话Ⅱ、阿拉伯语阅读理解和写作Ⅰ、阿拉伯语阅读理解和写作Ⅱ、阿拉伯文化
	越南语专业基础、越南语会话Ⅰ、越南语会话Ⅱ、越南语阅读理解和写作Ⅰ、越南语阅读理解和写作Ⅱ、越南文化
国际	国际政治、国际经济、国际法、了解当地、韩国社会的理解、比较文化、世界问题与未来社会、国际关系与国际组织、现代世界的变化、如何探索社会、社会课题研究

资料来源:韩国教育部高中入学信息网站(https://www.hischool.go.kr/entrance/typeIlbango.jsp)。

在教育部课程标准的基础上,各学校结合自身情况规划相应的课程。以首尔艺术高中为例,其课程分为普通课程和专业课程两部分,普通课程包括基础知识、探索等(表3-6),专业课程则根据艺术系、舞蹈系、音乐系各自的培养需求设置课程(表3-7)。

表3-6 首尔艺术高中普通课程

教育领域	课程类别	详细课程
基础知识	国语	国语Ⅰ、国语Ⅱ、文学、阅读和语法、画法和写作
	数学	数学Ⅰ、数学Ⅱ、微积分Ⅰ、概率和统计
	英语	英语Ⅰ、英语阅读和写作、英语Ⅱ
探索	社会	韩国历史、社会文化、伦理与思想、生活与伦理
	科学	科学、生命科学、化学Ⅰ

续表

教育领域	课程类别	详细课程
体育和艺术	体育	运动与健康生活、体育科学、体育文化
	艺术	音乐与生活、艺术创作
生活和修养	技术	信息
	第二语言	法语Ⅰ、法语Ⅱ、德语Ⅰ、德语Ⅱ
	汉语 / 文科	宗教学

表 3-7　首尔艺术高中专业课程（以艺术系为例）

年级	课程
一年级	绘图、媒介艺术、艺术史、艺术专业实践
二年级	平面造型、绘图、艺术理论、艺术专业实践
三年级	绘图、艺术专业实践、艺术理论

注：除以上专业课程外，学校还安排了一些特色活动，如作业展、毕业实习等。

职业高中课程共涉及经营及金融、健康和福利、设计和文化、美容及观光休闲、烹饪、建筑、机械、材料、化工、纺织服装、电子电气、信息通信、食品加工、印刷出版及工艺、环境与安全、农林和海洋渔业、船舶运营等17个职业大类。下面以食品加工和化工为例，简单介绍其课程设置情况，见表3-8。

表 3-8　职业高中的课程设置（以食品加工和化工专业为例）

专业	基础课	实践课	基准学科
食品加工	食品科学、食品卫生、食品加工技术、食品分析	谷物加工、年糕制造、食品质量控制、渔业食品加工、面条食品加工、豆类食品加工、畜牧食品加工、保健食品加工、乳制品加工、泡菜及配菜加工、饮料酒类加工、农产品储存、农产品流通、糖果、烘焙	食品加工科
化工	工业化学、制造化学、单位操作	化学分析、化学品管理、化学过程维护操作、石化产品、聚合物产品制造、无机工业化学、功能性精细化学品制造、生物化学制品制造、塑料制品制造	化学工业系

资料来源：韩国教育部高中入学信息网站（https://www.hischool.go.kr/entrance/typeIlbango.jsp）。

随着时代的发展，高级中等教育的国际课程得到了发展。2009年，韩国开始初中和高中教育课程改革，修改了《初、中等教育课程总论》。这次改革的重要内容是，放开对高中开设国际教育课程的限制。修改后的《初、中等教育课程总论》规定，学校可根据需要开设大学预科课程，国际公认教育课程或科目作为选修课获得认可。在修改后的《初、中等教育课程总论》的指导下，道级教育厅获得了设立和运营国际教育课程的权限，由此韩国开设国际教育课程的新阶段开启。以下是部分高中开设国际教育课程的例子。

1. 首尔国际高中

2009 年，首尔市教育厅针对开设国际化课程，指定公立学校中的首尔国际高中为试点学校。试验课程是 IBDP 课程（国际预科证书课程），自 2012 学年起正式开设，同时仍继续开设 AP 课程（美国大学先修课程）。该校计划在正式引入 IBDP 课程后，推动本校课程与 IBDP 课程相结合申请 WASC（西部学校与学院教育联盟）国际认证，目前已获得 WASC 认证。同时，该校仍继续开设 AP 课程，主要科目有 AP 微观经济、AP 宏观经济、AP 世界史、AP 微积分、AP 统计学、AP 人文地理学。该校还加入了 NACAC（美国大学招生咨询协会）和 OACAC（海外升学指导协会），以帮助学生顺利赴海外留学。

2. 韩国外国语大学附属龙仁外国语高中

韩国外国语大学附属龙仁外国语高中是自主型私立高中，在课程设置、教师任用等方面有很大的自由空间。在完成国家规定的正规课程以外，学校有意为赴海外留学的学生安排国际高中课程，主要科目如下：基础科目主要有 AP 微积分；社会 / 科学方面主要有 AP 微观经济、AP 宏观经济、AP 世界史、AP 美国政治、AP 心理学、AP 计算机科学、AP 生物学、AP 化学、AP 物理学、AP 世界政治；第二外语方面主要有 AP 汉语言文化、AP 法语言文化、AP 日语言文化等。

3. 京畿外国语高中

近年来，IBDP 课程是韩国教育界比较推崇的国际公认课程。京畿外国语高中于 2011 年引入该课程，是最早在韩国开设 IBDP 课程并获得认证的学校。

该校 IBDP 课程共 45 学分，要求学生至少获得 24 学分。课程分为国语 / 外语、第二外语、社会、数学与计算机科学、实验科学（化学及生物学）及选修科目（艺术体育）六大类。该校规定的重点必修项目有三个 。其一，知识理论类，要求 2 年内至少修满 100 课时。其二，创新、体验、公益活动类，要求 2 年内每周至少学习 3~4 课时。其三，写作类，用 4 000 个英语单词对自己感兴趣的领域进行论述或说明，预先培养学生在大学阶段所需的研究和写作能力。

四、中等教育政策改革

（一）注重“英才教育”，强调特色化办学

1996 年，韩国教育开发院设置英才教育研究组，并成立英才教育研究中心。2000 年初，韩国颁布《英才教育振兴法》，正式确立了英才教育的国家法律体系和教育体系。随后，韩国在全国范围内推行英才教育。

韩国的专家学者一致认为，英才是国家最宝贵的人力资源，英才教育的本质是具有创意的启发性教育。

韩国的英才教育机构主要包括三类，即英才学校、英才班和英才教育院。英才教育院主

要负责教学研发，提供教育支持。英才学校作为国立和公立研究所、政府机构、市道级地方教育厅和大学的附属机构，为初中生和高中生提供英才教育。英才班主要为小学高年级和初中学生提供教育。

在教育内容方面，英才教育侧重数学和自然科学领域，以后还将逐步扩展到人文社会科学等领域。英才教育的一大特点是不以学习成绩为判断学生的标准，而以学生在特定领域内的素质提高为中心。一方面，学生需要通过英才教育的相关考试，获得进入英才教育机构学习的资格，而相关考试考查的是学生是否在特定领域内具备特殊才能和潜力。另一方面，英才教育机构的课程评价也是以学生在特定领域内具备的才能和素质为依据的。

除此之外，韩国还设立了一批特殊目的高中。这种高中是以特殊科目教育为主的高级中学，注重特色化办学，强调对特殊领域人才的培养。特殊目的高中往往实行小班化教学，根据学生特点设计高水准的教学内容，学制要求也较为宽松，低年级学生如提前完成高中课程，则可以申请提前毕业，升入研究型高校。

（二）取消文理分科，综合评价

韩国教育部 2023 年 10 月 10 日公布的《关于 2028 年高考制度改革方案》（以下简称新改革方案）规定，2028 年起韩国大学修学能力考试（CSAT，简称韩国高考）将取消文理分科，这意味着届时所有学生将参加科目设置相同的高考。

韩国《中央日报》2023 年 10 月 11 日报道称，根据新改革方案，语文和数学将变成所有韩国高考考生的统考科目。同时，韩国高考将取消自选科目考试，每个学生都要参加“综合社会”和“综合科学”考试。新改革方案还规定，从 2025 年起，韩国高考成绩的 9 等级制缩减为 5 等级制，即 A~E 级。

韩国教育部希望通过此举“减轻学生负担”。韩国教育部计划举行公开听证会，并在征集国家教育委员会的意见后，敲定最终版改革方案。

韩国《东亚日报》称，韩国教育部公布的韩国高考改革方案的精髓是以统考科目为核心简化高考内容。此前韩国高考设立了 17 个与社会和科学探究有关的选修科目，而未来这些科目将整合成两科，即“综合社会”和“综合科学”，比如物理、化学、生物、地理都属于“综合科学”科目。这项改革要求学生不能仅专注于自己擅长的科目，而应培养自身的综合学习能力。

（三）引入高中学分制

目前，韩国的高中正在引入学分制，为学生提供与其能力和未来职业相匹配的各种课程。高中学分制旨在打造以学生为中心的课程，允许学生选择适合自己的职业导向型课程，帮助学生认识自己的才能，明确职业规划，以适应未来的职业生涯。对于一所学校难以开设的课程，可通过相邻学校合作的形式提供联合课程，以确保有更多的科目供学生选择。特别是针对生活在交通不便地区的学生,还建立了互动式在线课程平台。位于海岛、农村、山区、渔村的学生,可以通过网络学习相关课程。在高中学分制下,学生可以选择与自己的能力和未来职业相匹配的课程,当他们完成这些课程后,可以获得学分,并顺利毕业。

高中学分制于 2020 年在所有迈斯特高中(51 所学校)实行,并于 2022 年在所有职业高中实行。普通高中也从 2022 年开始分阶段实行。截至 2021 年,韩国 60% 的高中试点实施学分制。学校也为此做了许多探索,如设立与学生未来职业相关的多样化科目、针对个别学生实施定制化教育、打造适合学分制的教室等。预计到 2025 年,韩国所有高中都将引入学分制。

五、改革现行高中制度,促进教育公平

韩国教育部于 2019 年 11 月发布了"取消高中等级化"和"强化普通高中能力教育"的方案,具体内容包括改革现行高中制度,将私立高中、外国语高中、国际高中改为普通高中,促进教育公平,提高普通高中的教育能力。

一直以来,外国语高中、国际高中的体制与普通高中都存在较大差异。外国语高中、国际高中的学费是普通高中的 1.7 倍,自律型高中的学费是普通高中的 1.4 倍,私立高中的学费是普通高中的 3 倍以上。因此,韩国教育部预计在 5 年内投入约 2.2 万亿韩元,恢复以普通高中为中心的高中生态系统,2025 年全面推行高中学分制、改革课程(2022 年)和大学入学制度。韩国教育部还为此修订了《中小学教育法实施令》,预计从 2025 年 3 月实行高中学分制开始,将私立高中、外国语高中、国际高中改为普通高中,并强化普通高中的教育能力,如设置多样化的课程等,为高中学分制的全面实施和未来教育的发展奠定基础。目前,修订后的《中小学教育法实施令》从小学四年级开始生效,在过渡期之前入学的学生将保留其私立高中、外国语高中和国际高中的学生身份,直至毕业。私立高中、外国语高中、国际高中改为普通高中后,学生的选拔和分配制度与普通高中相同,学校名称和特色课程也保持不变。

此外,韩国还计划取消在全国范围内招收学生的普通高中的招生特例,并改变科学高中、英才学校的选拔方式等,逐步消除入学阶段课外教育因素的影响。

第三节 韩国高等教育制度

一、本科教育制度

(一)韩国本科教育发展概述

第二次世界大战结束时,韩国的高等教育处于十分落后的状态。关于韩国高等教育的

发展，早在2006年张玉荣、杨国华就对其做了简要概述，“1980年韩国高等教育毛入学率达14.7%，进入大众化教育阶段；1995年高等教育毛入学率达52%，1996年达60.3%，进入了高等教育普及阶段。仅分别用了20年和15年时间就实现了高等教育的大众化和普及化，成为世界上第一个进入高等教育普及化阶段的发展中国家，也是世界上高等教育发达的国家之一”。根据上海大学社会科学院郁丽洁的研究，可将韩国本科教育分为四个发展阶段。

1. 起步阶段（20世纪50—60年代）

随着第二次世界大战的结束，技能型人才短缺的问题凸显出来，然而韩国政府的教育财政支出不足以满足韩国高等教育发展的需求，这使得一系列的民间教育机构蓬勃发展。20世纪50年代初，韩国的高校数量近半百，其中私立院校占75.5%。直至今日，韩国的私立高等教育机构在高等教育体系中仍占据重要地位。

2. 调整阶段（20世纪60—70年代）

韩国的高等教育在快速发展的同时，也存在一些负面的社会问题，如就业率低、就业较为单一等。因此，20世纪60年代，韩国的高等教育发展逐渐进入了调整阶段。在此阶段，韩国政府采取控制与宏观措施，大规模地调整学校的类别、整合学校的学科结构和控制学生的数量，从而实现对高等教育的管理。

3. 发展阶段（20世纪70—90年代）

1970年，韩国高等教育的入学率达26.9%。20世纪70年代，韩国的经济进入高速发展阶段，与此同时重化工业逐渐扩张，高等教育从而被提高到较高地位，得以迅速发展。

4. 成熟阶段（20世纪90年代至今）

20世纪90年代，韩国的国家教育委员会制订和实施了长期全面的教育改革计划，极大地提高了韩国高等教育质量。进入21世纪，韩国政府特别重视高等教育质量的提高，制定了从高等教育由量到质过渡时期的发展规划，此外还出台了很多稳步推进大学改革的政策，提倡学校运行模式的多样化、自主化和特色化，以促进高等教育质量的快速提升。

（二）韩国高校本科招生制度及基本程序

为了满足不同层次、不同需求的学生及帮助社会在职人员接受高等教育，韩国高校招生计划也呈现出多元化、多层次的特点。对于不同阶段的招生计划，其学生录取评价的依据也有所不同。因此，韩国高校招生计划比较复杂。韩国高校招生从时间上可划分为随时招生和定时招生，从考生类别上可划分为普通招生和特殊招生。这四种招生方式有相互交叉的部分，即随时招生计划中可能会有普通招生计划和特殊招生计划，定时招生计划可能也会包含普通招生计划和特殊招生计划。

1. 随时招生计划与定时招生计划

定时招生计划是指以韩国高考成绩即大学修学能力考试成绩为主要参考依据，并参照学生生活记录簿等级、论述考试成绩等实施的招生计划（方式）。随时招生计划则是根据学校办学特点和人才培养特色，可以不参考大学修学能力考试成绩，而主要考查学生生活记录簿等级和申请材料等实施的招生计划（方式）。各大学根据实际情况单独组织面试、论述考试、技能测试等，并依据上述考查项目的成绩对学生进行综合评定，确定录取名单。定时招生计划与随时招生计划的主要区别是录取标准，即是以韩国高考成绩为主要录取依据还是以学生生活记录簿等级、论述考试成绩或技能测试成绩为主要录取依据。

从韩国大学教育协议会公布的《2017 学年度大学招生计划基本事项》中可以看出，招生计划中的评价标准涉及三个方面，分别是学生生活记录簿、论述考试和技能测试。其中，学生生活记录簿评价方式分为两种：一种只以学生生活记录簿中记载的平时课业成绩为评价依据，另一种是综合学生生活记录簿中记载的平时课业成绩、参加课外活动情况、面试表现、申请材料中的自我介绍书、推荐信等信息。学生生活记录簿由韩国教育学术信息院在教育行政信息系统中通过在线方式提供给各高校招生部门，并且只能提供 5 年以内的学生生活记录簿。例如，申请 2018 年入学的学生，除了应届高中毕业生，往届毕业生最早只能提供 2013 年的学生生活记录簿。虽然韩国大学在招生方面有一定的自主权，但是各高校在使用学生生活记录簿时还是恪守着一些原则的，例如学生生活记录簿的使用要符合学校的人才培养目标，符合以学生生活记录簿为主要评价标准的招生计划的目的和宗旨，尽量在全面呈现学生学习、生活、技能的同时，让其提交最少、最简洁的证明材料。这样做的目的是不给学生及家长过多备考负担，也向社会传递一种信号，即申请材料不是越多越好、参加活动不是越多越好，要注重学习和活动的质量而不是数量。

定时招生计划则主要参考韩国高考成绩。另外，一些国家运动选手、特色化职业高中毕业生等可参加技能测试获得入学资格，无须提交韩国高考成绩。考生的韩国高考成绩由韩国教育课程评价院在线提供给各高校，包括国语、数学、英语、韩国史、社会探究领域、科学探究英语、职业探究领域以及第二外国语等科目的成绩。其中，韩国史和英语两个科目只提供等级分数，不提供原始分数、标准分数等，并明确给出了韩国史和英语两科目等级划分方法及比率。

2. 普通招生计划与特殊招生计划

普通招生计划指针对一般应届或往届毕业生实行的招生计划。特殊招生计划指针对社会特殊阶层、特殊人群实行的招生计划。有些特殊招生计划占用法定年度招生计划名额，另外一些特殊招生计划可在法定招生名额以外追加招生计划名额。

占用法定年度招生计划名额的特别招生计划有四个，分别是国家有功者特别招生计划、特别技能者招生计划、机会均等特别招生计划以及产业大学优先选拔计划。国家有功者特别招生计划是根据韩国《国家表彰基本法》第三款第二条规定，被认定为“国家表彰对象”（包括本人及其家属）的考生，可以申请该项招生计划。“国家表彰对象”主要包括日本殖民时期开展爱国独立运动者、守护及保卫国家安全者、为韩国自由民主主义做出贡献者、保护国民生命财产安全者。特别技能招生计划指的是针对体育特长生等有特殊才能者的招生计划，例如一些高校招收的亚运会冠军、奥运会冠军等。机会均等特别招生计划则是招收城市贫困阶层、农村、渔村考生以及身体残疾考生的招生计划。

不占用法定招生名额的特别招生计划主要有八个，招生对象包括企业委托培养考生，在外同胞，身体残疾者，外国人，部分农村、渔村考生，职业高中毕业生等。

（三）韩国本科教育的特点

1. 招生形式多样化

韩国的招生选拔方式多种多样，包括定时招生、随时招生、特别考核选拔以及推荐入学等方式。

定时招生是指在特定时间里进行招生录取工作。韩国大学修学能力考试由五个区域举办，并由韩国大学教育协会负责实施。随后各大学自行组织单独考试，并根据各自录取标准完成招生录取工作。随时招生是指在一学年内能够随时或者追加选拔学生，其对象主要以应届毕业生和已取得高中毕业证的社会人员为主，一般在每年 11 月 1 日到 12 月 10 日实施招生考试，通过考试者在次年的 3 月入学。特别考核选拔是指允许大学通过一般考查选拔招收对父母特别孝顺者和单科成绩特别优秀者。推荐入学是指韩国教员大学等国立师范院校可以招收部分有志从事教师职业的考生，但需要有学生户籍所在地教育厅厅长的推荐信，且每位教育厅厅长只可推荐一人。当录取分数线内有两名以上学生获得相同分数时，允许全部录取，但超出招生计划的人数必须在下一年度的招生计划中予以等额扣除。

值得注意的是，随着韩国生育率逐年下降，学龄人口急剧减少，韩国正面临一场招生危机。面对这一危机，韩国采取了一系列措施加以应对，例如提供入学优惠政策、减免部分学费、放宽对报名考生的限制、缩减招生名额、扩大继续教育招生规模等。

2. 录取标准多元化

韩国高校在录取新生时，不仅参考学生的韩国高考成绩，而且通过学生生活记录簿、大学自备考试、面试、非教学科目资料、微机科目等全面评价学生，这些可以最大限度地反映每位学生的实际能力。学生生活记录簿旨在帮助学生通过各项活动自我开发、自我启迪，实现知性、理性和人性的均衡发展。学生生活记录簿中主要记载学生在校期间各科目的成绩、名次、学习能力、思想品德、兴趣爱好、出勤率、课外活动情况、奉献服务情况以及考试或竞赛所取得的各种证书等。

3. 招生自主化

韩国高校在录取时独立行使录取新生的权利，充分享有录取新生的自主权，这样可使招生录取工作更具有活力、更富有朝气，也能促进高校之间的良性竞争，调动高校办学的积极性，同时也便于加强高校同中学的紧密联系。从 2008 年起，韩国撤销政府对大学选拔学生的相关介入事项，大学可以自主决定大学修学能力考试及学生生活记录簿的反映比率，从

2012年开始，缩减大学修学能力考试的科目，大学招生逐渐实现完全自主化。

4. 专业选择自由化

韩国教育部根据大学提出的“为培养第四次产业革命时代所要求的创新人才，在办学中需要更多的自主性”的要求，于2017年12月制定了弹性学期制、集中进修制、融合专业制、专业选择制、学习经验认证制、移动式授课、远程授课等多种本科教育改革方案。在专业选择方面，近年来韩国推出的多专业制度和专业开放制度使得学生拥有更大的自主权。

多专业制度指让学生除了学习第一专业外，还要修读适合自己的其他专业的制度，不仅包括最早开始的双学位专业，还包括新出来的联合•融合专业、学生设计专业等。联合•融合专业指两个以上专业、两个以上院系或专业与院系之间联结或融合从而提供的专业。2017年韩国修订《高等教育法施行令》，学生可以不按校规修读本人所读专业，仅修读联合·融合专业即可毕业。实际上，部分大学已认可联合·融合专业作为第一专业。韩国在首尔大学、高丽大学等许多大学引进了学生设计专业制度。学生设计专业制度从学生自身出发，探索兴趣和激发潜能，并以此为基础和多门学科融合起来，使学生能够自主设计自己的专业及教育课程，并获得学位。

专业开放制度包括自由专业学部制和无专业制。自由专业学部制是指学生在没有确定修读特定专业的情况下入学，修完一定的课程后，根据个人的兴趣选择专业，完成学业的制度。无专业制是指入学时不区分学院或文理科，甚至在完全没有专业区分的情况下选拔新生，之后由学生自愿选择专业的制度。为了增加学生选择专业的机会并为融合学习提供更多的机会，以自由专业形式选拔新生的无专业制录取制度正逐步被韩国的很多大学实行。韩国在2017年12月发表的《〈高等教育法施行令〉部分修正案》中，公布了“无专业制度实行计划”，要求所有进入大学的新生不选择专业。为此，韩国多个重点大学纷纷实行了无专业制度。

二、研究生教育制度

(一)韩国研究生教育发展概述

1. 起步阶段

第二次世界大战后，韩国政府积极发展研究生教育，1959成立了特殊研究生院。1961年，韩国颁布了《大学整备方案》，指出专业学位和学术学位的设立需按照宪法规定将相关文件交给教育部部长批准，两类硕士并行发展。总体来说，研究生教育在该阶段发展缓慢。

2. 发展阶段

韩国经济在实施“一五”计划和加入OECD(经济合作与发展)组织后快速发展，基本完成了经济的现代化进程。韩国的研究生教育正是在这一背景下得到发展的。教育改革委员会于1995年发布《建立主导全球化、信息化时代的教育体制的教育改革方案》，对高等教育提出了专业化发展的要求，为此着重发展以培养律师、医生、牧师三个行业的人才为主的研究生院，并在1996年发布的教育改革方案第二次报告中再次提出继续设立其他类型的研究生院。1997年颁布的《研究生院条例》，规定自1998年起设立专业研究生院，区别正式和特殊研究生，后者为专业人员或成人提供继续教育。在该阶段，韩国的研究生教育得到了迅速发展，医学、牙科、东方医学、法学、商学等专业研究生院逐步设立。

3. 成熟阶段

2000年后，韩国出现了大量专业研究生院。2000年11月，韩国对《高等教育法》进行了部分修订，正式明确专业研究生院“通过理论和实践教育相结合，旨在为国家经济文化发展需要培养具有专业学术理论和专门技能的高素质专业人才”。2000年，韩国政府启动了“面向21世纪的智力韩国”战略计划，特别重视新兴产业领域专业人才的培养，大力支持新兴产业领域专业研究生院的设立和发展。

（二）韩国研究生院分类

韩国的研究生培养模式为“三院制”。“三院制”的研究生发展结构决定了韩国的研究生招生方式具有特殊性和内在的多样性。普通研究生院以培养学术型人才（和中国的学术型硕士类似）为核心，其培养的人才主要从事基础科学研究和学习；专门研究生院则注重培养研究生的专业实践能力和实践操作能力，培养的人才和中国专业型硕士类似，课程设置具有较大的实践性，主要培养实践能力较强的综合型人才；第三类为特殊研究生院，主要招生对象为在职人士，为其提供深造平台，注重课程的灵活性与实用性。特殊研究生院，非常具有韩国特色，它为很多人提供了进一步深造和提高的机会，也体现了终身学习的理念。所以，在韩国研究生院中经常能见到一些白发苍苍的学生。韩国的“三院制”充分体现了韩国研究生培养目标的广泛性和终身教育的理念。

（三）韩国研究生教育的特点

1. 研究生院建设的多样化

韩国的研究生教育最为重要的特色便是“三院制”。如前文所述，“三院”包括普通研究生院、专门研究生院和特殊研究生院，每一种研究生院都有各自的培养方向、培养方式。普通研究生院着力培养研究者，开设的课程较为尊重学生的个性特点，围绕各学科专业采用专门的培养方式。专门研究生院重在培养应用型人才，开设的课程较为注重知识的实用价值，毕业生广泛分布于政府和各重要产业领域，为行业发展提供重要的人才支持。特殊研究生院面向在职社会人员和家庭主妇等群体，重在为他们提供工作后继续接受教育的机会，学制设置更加灵活。这三种研究生院一方面满足了不同群体接受教育的需求，针对他们的需求制定了有针对性的培养方案，另一方面为国家培养了多种层次的人才，为韩国社会经济的发展提供了重要的人才支撑。

2. 私有研究生院比例比较高

韩国在研究生教育起步阶段便确立了国立、公立和私立并行的高等教育制度。国立和公立学校在为国家培育符合整体战略目标的人才方面发挥着重要的作用。私立研究生院的发展也较为迅速,发挥的作用同样不可忽视。韩国教育与人力资源开发部的统计资料显示,2001 年,韩国有 905 个研究生院（887 个为大学附设研究生院）,在读研究生合计 24.32 万人;在这些研究生院中私立研究生院有 754 个（含 18 个独立研究生院）,占总数的 83.31%,在校生 16.85 万人,占总数的 69.28%。韩国的三星、LG、现代等大型公司均有多所自己的私立研究生院;同时,它们也与高校合作,进行研究生的联合培养。私立研究生院已成为韩国研究生教育的重要组成部分。根据韩国教育部提供的数据,2021 年,私立研究生院学生人数达 221 543 人,约占研究生院学生总数的 67.7%。其中,私立一般研究生院学生人数为 100 864 人,约占研究生院学生总数的 30.8%;私立专门研究生院学生人数为 27 396 人,约占研究生院学生总数的 8.4%;私立特殊研究生院人数为 93 283 人,约占研究生院学生总数的 28.5%。

三、高等教育机构

(一)高等教育机构类型

20 世纪 80 年代以来,韩国的高等教育机构数量快速增长。在大学成立的准则主义的推动下,1980—2009 年,韩国新建了 19 所专科大学,大学共增加了 101 所。在此之后,韩国的高等教育机构数量继续增长。根据韩国教育部提供的数据,2021 年,韩国共有各类高校 426 所,学生人数达 3 201 561 人。其中,各类 4 年制大学有 227 所,在校学生 1 938 254 人;专门类大学有 154 所,在校学生 935 892 人;研究生院有 45 所,在校学生 327 415 人。

(二)2022 年韩国大学排名(前 20 名)

韩国《中央日报》大学排名具有较强的权威性,根据《中央日报》中文网的报道,2022 年韩国大学排名(前 20 名)情况见表 3-9。

表 3-9　2022 年韩国大学排名(前 20 名)

编号	学校名称	2022 年排名	2021 年排名
1	首尔大学	1	1
2	延世大学(首尔)	2	2
3	成均馆大学	3	4
4	汉阳大学(首尔)	4	3
5	高丽大学(首尔)	5	5

续表

编号	学校名称	2022 年排名	2021 年排名
6	梨花女子大学	6	6
7	建国大学(首尔)	7	11
8	庆熙大学	8	7
9	东国大学(首尔)	8	9
10	中央大学	10	8
11	首尔市立大学	11	11
12	西江大学	12	14
13	亚洲大学	13	11
14	韩国外国语大学	14	18
15	汉阳大学(ERICA)	14	10
16	首尔科学技术大学	16	17
17	仁荷大学	17	15
18	国民大学	18	23
19	世宗大学	18	21
20	釜山大学	20	15

注:排名相同为并列。

(三)部分重点大学介绍

1. 首尔大学(Seoul National University)

首尔大学又称国立首尔大学,于 1946 年建校,是韩国的第一所综合性大学。首尔大学共有冠岳、水原、平昌等 5 个校区,洪川、东海、春川 3 个研究所,占地面积为 8 681 平方千米。目前,首尔大学下设法学院、理学院、工学院、药学院等 27 个学院,有教师 5 802 人、学生 30 273 人、外国大学交换生 422 人,馆藏图书 5 192 146 册。

首尔大学实力雄厚,自建校以来为韩国培养了各种类型的人才,而且在所有领域都起到了导向作用,是韩国最高的知识殿堂。根据韩国《中央日报》的大学评估结果,首尔大学连续 7 年在韩国大学中排名第 1。根据 QS 世界大学排名的最新评估结果,首尔大学在亚洲排名第 17,世界排名第 29。

首尔大学十分注重国际化发展,积极推进与外国高校的合作,开展多种形式的交流项目。例如,首尔大学与北京大学、清华大学等中国高校建立了友好关系,师生每年互相访问和交流。同时,首尔大学与日本、美国等国家的学校也开展了多项合作项目,包括合作研究、师生交流、文化交流等。

2. 延世大学(Yonsei University)

延世大学成立于1885年，是韩国历史最悠久的高校之一。1957年1月，延禧大学（Yonhi University）和世博兰斯医科大学（Severance Medical College）正式合并，从原名中取首字，组成了延世大学。延世大学与首尔大学、高丽大学并称韩国三大超一流大学（SKY）。根据2014年THE世界大学排行榜，延世大学排第81~90位，亚洲高校排名第16位。延世大学以医科、工科见长，历年韩国高考录取分数线稳居全国前两位。该校是韩国第一所进行留学生交换的学校，迄今为止已与包括中国清华大学、美国加州伯克利大学等在内的世界400多所大学签订了留学生交换协议，105个国家的留学生在韩国就读。

延世大学是一所拥有17个学院、83个学科、11个专业文凭教育机构的综合性大学。该校的83个学科全部提供学士学位课程，53个学科开设硕士学位课程，49个学科可授博士学位，现有在校生40 000多人。延世大学分为新村校区（首尔市内）、原州校区（江原道原州市）以及松岛国际校区（松岛）。

3. 成均馆大学（Sungkyunkwan University）

成均馆大学始建于1398年朝鲜王朝初期，是朝鲜王朝初期最高的国立教育机构，旨在促进儒家教育的学术研究。作为东亚最古老的大学之一，成均馆大学迄今已有600多年历史。其办学理念是“수기치인”，其发音为“Su-Gi-Chi-In”，即“修己治人”，意思是“仁、义、礼、智”，教导学生努力提高自己的能力并为社会做出贡献。成均馆大学不断将其办学理念与现代社会相结合，以培养引领21世纪的人才。

长期以来，成均馆大学坚持自然科学与人文科学并重，分为人文社会科学校区（首尔）和自然科学校区（水原）两个校区，设有大学学院、儒家与东方学院、社会科学学院、教育学院等17个学院。

成均馆大学与韩国最大的企业——三星集团合作十分紧密。三星集团为了使成均馆大学早日进入世界名校之列，加大教育投资力度，特别是对手机设计、半导体等三星集团主要涉及的技术学科进行重点投资，同时这些学科的毕业生在应聘三星集团时也享有优先权。

成均馆大学正在加强与海外大学之间的联系，以实现其在国际化时代培养具有创造力的全球领导者的目标。截至2024年4月，成均馆大学已与全球71个国家的约700所国际大学签订合作协议，与海外机构开展学术和研究合作以及学生交流项目。此外，成均馆大学还与世界各地的许多著名大学合作开设了双学位课程。

4. 汉阳大学(Hanyang University)

汉阳大学创建于1939年，迄今已有80多年的悠久历史。该校设有20个学院，下设14个学科的研究生院，52个附属机关和研究所，以及2个附属医院。截至2024年1月，汉阳大学有博士学位授权点12个、硕士学位授权点95个、博士后流动站35个，有职工5 994人、学生36 885人。汉阳大学积极开展对华交流，先后成立了汉阳大学上海教育文化中心和韩国汉阳大学武汉中心。

汉阳大学在韩国各大学中的综合实力始终名列前茅，其理工科连续数年位居全韩各高校榜首，被誉为韩国的麻省理工学院。艺术与传媒类专业也为韩国演艺界、娱乐传媒业输送了大批优秀人才，受到社会各界人士的高度评价。汉阳大学是韩国最著名的私立综合性大学之一。

汉阳大学向在校学生提供多种多样的海外教育课程项目，使学生具备国际化视野和语言能力，并将这种海外教育课程项目当作最优先政策目标。汉阳大学向海外大学选派交换学生、IT 领域的研修生，支援海外实习项目，认定语言研修生的学分，利用学校的经费选派优秀毕业生到海外教育机构学习深造等，不遗余力地为社会培养所需的人才。

5. 庆熙大学(KyungHee University)

庆熙大学，是 1949 年创办的综合性大学。庆熙大学是韩国的著名高等学府，现有 3 个校区及 20 多个系科，分布在韩国的首尔、水原和光陵。庆熙大学现已是韩国的最佳私立大学之一。该校有人文、社会、理工、医学、艺术、体育等 100 多个专业，其中经营学、经济学、医学、新闻信息学方面的研究业绩尤为突出，而且正积极引入酒店观光经营学等新学部制度。

庆熙大学在 1997 年度的大学综合评价中被授予最佳大学殊荣。1996 年至今，该校在学科综合评价中居韩国第六位，2000 年在大学国际化部门中获韩国第一名。

四、高等教育发展政策

（一）大学终身教育体制

传统的教育管理方式和政策已经难以适应新时期的发展，针对此种状况，韩国教育部出台《韩国终身教育振兴基本计划方案（2018—2022）》（以下简称《韩国终身教育振兴计划》），从学习者、参与度、共同繁荣及合作关系四个方面构建新时代的终身教育发展体系。

1）《韩国终身教育振兴计划》针对学习者采取了两项举措。一是保障全体国民享有接受终身教育的权利，扩大终身教育学习者的范围，支持特殊群体的“定制学习”。二是完善弱势群体参与终身教育的机制，增加弱势群体参与终身学习的机会，提高教育水平。

2）参与度是韩国终身教育发展体系的衡量标准之一。过去韩国的终身教育参与度不足，为此，提升国民的参与度是《韩国终身教育振兴计划》的任务之一。在构建在线终身教育服务体系方面，韩国将新兴技术与“韩国慕课”深度结合，开发大量在线课程；在加强终身教育与产业融合方面，开办与信息技术、人工智能、大数据技术等相关的慕课讲座；在强化大学终身教育职能方面，鼓励大学结合实际情况，完善学位授予制度，开发终身教育课程。

3）构建从中央到地方协同发展的终身教育体系，实现中央和地方的共同繁荣。韩国有近 50% 的国民生活在首都圈，中老年群体主要居住在非首都圈。为实现共同繁荣的目标，《韩国终身教育振兴计划》提出构建从中央到地方的高质量终身教育体系。主要政策举措包括两个：一是强化以地区为单位的“草根终身学习计划”，二是支持实施以终身学习为基础的“创造地区社会未来价值计划”。

4）通过合作共赢，韩国开拓了高品质的终身教育发展之路。时代发展对终身教育提出了更高的要求，除了基本的扫盲、学历教育外，还需要提供多样化的终身教育服务，如非学历教育、就业指导、创业培训等。实时跟踪终身教育的发展，定期进行科学、周密的评估，提高终身教育的国际化水平等是韩国提高终身教育品质的重要手段。此外，终身教育的可持续发展需要相关部门、机构的密切合作，从立法、政策、财政等多个方面保障《韩国终身教育振兴计划》顺利实施。

（二）重组高等教育机构

近年来，韩国学龄人口急剧下降，如果没有政府的干预，不同城市和省份之间的人口数量的不平衡性将会加剧。因此，韩国教育部重组了高等教育机构，以避免高等教育质量下降。2021 年 5 月 20 日，韩国教育部推进新技术创新共享大学支持项目：积极支持高校自愿调整到最佳规模，追求自给自足的创新；促使财政和教育不稳定的大学进行转型，而那些没有明显改善的大学将面临关闭；在不同城市的大学和学院以及同一地区的不同学院之间创建一个更具协作性的高等教育生态系统。

高等教育机构包括 4 年制大学和学院、2 年制或 3 年制初级技术学院以及研究生院。除了正规的 4 年制综合性大学外，还有根据其设立的特殊类型的大学，例如培养小学教师的教育大学，提供终身教育的工业大学，基于公司内部大学而建立的满足员工需求的网络大学，以及培养与工作相关的技能的理工大学。大多数大学都有研究生院，提供硕士和博士学位课程，包括法律、药学和医学领域的专业研究生院，以及公共管理、教育和工商管理领域的专业研究生院。

（三）提高高等教育机构的教育和研究能力

第四次工业革命时代随着 ICT（信息与通信技术）融入现代生活而到来。在虚拟世界和现实世界通过 IoT（物联网）和 AI（人工智能）连接起来的今天，社会也逐步向知识和智能密集型方向发展。兼具理论知识与实践能力的人才是社会发展的关键，大学应通过提高自身的教育和研究能力，培养知识渊博的学习者。在此背景下，韩国推出了如下措施：第一，建立了 K-MOOC（韩国大规模开放在线课程），让每个人在每个地方都可以免费学习在线高等教育课程；第二，全面支持大学的基础教育、文科教育、非学术课程，提升教学质量，以打造和推广本科学习的典范案例；第三，支持大学开发硕士和博士学位项目，以创造新的知识和技能，并实现基于创造力的创新。

（四）高等教育机构入学改革

高等教育机构的申请者必须具有高中文凭或高中同等学力。大学和学院根据本校的学生选择标准，结合学生高中生活记录簿和大学修学能力考试（CSAT）分数来选择学生。为了方便学生和家长更加明确了解入学政策，韩国教育部简化了录取过程，更加强调CSAT分数和高中生活记录，而不是论文写作或其他技能，因为这些受外部因素影响较大，如高中师资水平和私人辅导等。教育部门还提前向公众公布招生政策和指导方针，以确保学生有充足的时间做准备。学生还可以通过访问大学招生信息门户网站和咨询学术咨询中心等，找到与其预期的职业道路相匹配的最佳学校。韩国大学的入学资格及要求见表3-10。

表3-10 韩国大学的入学资格及要求

CSAT	CSAT是一项标准化考试，旨在检查个人进入大学的能力。CSAT的内容包括韩语、数学、英语、韩国历史、探索性（社会研究、科学、职业教育）、外语和汉字
高中生活记录簿	高中生活记录簿包括“学术”部分的学生高中学业和生活数据，以及“非学术”部分的学生志愿者活动、证书和获奖历史
大学考试	作为申请人筛选程序的一部分，大学组织各种考试，如面试（口头陈述）、专业能力倾向考试、成绩测试等

（五）加强大学与当地政府的联系与合作

目前，韩国通过加强当地政府和高等教育机构之间的沟通与合作，为培养本地人才和推动区域发展创造有利环境，同时进一步促进终身教育和职业教育发展，使每个公民都有继续提高自己能力的机会。具体措施如下。

1. 赋予地方政府更大的权力

地方政府在地方高校的运营方面将有更多的自主权和责任。地方高校的行政和财政权力将从中央政府转移到地方政府，并成立地方高等教育委员会（TBC），地方政府、地方学院和地方产业将参与其中。

2. 建立本地人才培养投资合同制度

中央政府与地方政府签署培养当地人才的投资合同，根据该合同，从2023年开始，当地企业、学院和省级教育办公室将合作开发当地人力资源。在地方政府与地方高校合作的基础上，在全国范围内打造更多区域创新平台，同时创建“高等教育创新专业区”，特别是在非都市圈。

3. 打造需求响应型教育

建立一站式服务模式（WE-Meet），包括职业探索、教育和培训以及求职活动，为本地工业发展提供支持；设立“职业教育创新区”（到2026年将达17个区），将本地高中毕业生培养成高技能劳动力。

4. 促进地方枢纽大学（和研究生院）培养研究人员

鼓励本地大学和学院作为研究中心，培养优秀的研究人员；充分发挥国立大学医院作为当地领先的公共医疗服务提供者的作用。

5. 促进产学研合作与终身教育发展

增设合同雇佣课程，以刺激早期就业；本地大学循序渐进地提供以社区为基础的终身教育和职业教育。

6. 两年制学院作为终身教育机构发挥更大作用

两年制学院将被指定为职业教育机构，负责培养高技能劳动力。初级学院合作社将扩大规模和进行相关改革，以便更有效地开展学术课程和组织实地培训；职业高中和初级学院的综合课程为学生在新兴技术领域工作打好基础。

第四节　韩国职业教育情况

一、韩国职业教育的演变过程与发展现状

（一）韩国职业教育的演变过程

综合不同时期学者的研究以及中国驻韩国大使馆教育处的调研报告，将韩国职业教育的发展阶段划分为五个阶段，即初步发展阶段（1945—1959 年）、大力发展阶段（1960—1976 年）、调整改革阶段（1977—1990 年）、加速发展阶段（1991—2000 年）、深化发展阶段（2000 年至今）。韩国职业教育在每一发展阶段均呈现出不同的特点。

1. 初步发展阶段（1945—1959 年）

1910—1945 年，朝鲜半岛长期被日本殖民统治，教育发展被迫中断。1945 年，日本战败投降，韩国教育开始恢复。在此期间，国民经济处于恢复阶段，韩国政府意识到职业教育对于国民社会经济发展的重要性。韩国职业教育不仅自身得到长足发展，而且有效推动了经济复苏。1949 年，韩国颁布了《大韩民国教育法》，提出优先发展职业技术教育。为了振兴经济，政府把职业教育作为当时教育工作的重点，制定了振兴职业教育的《职业技术教育 5 年计划》，培养了大批实用职业技术应用人才。不过，总体而言，在这一阶段韩国职业教育并未真正地发展起来，职业教育院校也较少。

2. 大力发展阶段（1960—1976 年）

20 世纪 60 年代，韩国经历了朝鲜战争后的短暂恢复，确立了以轻工业为主的产业发展结构，国家对技术工人的需求量大增。这直接催生了韩国对职业教育发展的强烈诉求，韩国的职业教育从 20 世纪 60 年代开始得到了快速发展。

这一阶段，有几个重要的法律对职业教育的发展产生了重大影响。1963 年，韩国颁布了《产业教育振兴法》，为韩国的职业教育发展奠定了法律基础。1967 年，韩国制定了《职业训练法》，支持企业和私人团体设立职业教育培训机构。1973 年，韩国又制定了《国家技

术资格法》，要求产业界各种技术人员和技能人员达到国家统一技术技能标准。在诸多法律的推动下，韩国的职业教育快速发展。1963 年，韩国新设立了一种“实业高等专门学校”，其以培养中级技术人员为目的，招收初中毕业生，开设高中 3 年和大学 2 年共 5 年的教育课程。“实业高等专门学校”的大学部在 1970 年分离出来改为 2 年制专门大学，1979 年，整个学校改为专门大学，成为高等职业教育机构，一直发展至今。在整个改革过程中，最为重要的是改变了职业教育的课程设置。此外，这一阶段韩国也较为注重职业教育的课程设置改革。从 1964 年起，职业高中的职业技术学科在全部学科中的占比在一半以上，而且职业技术学科的理论课程占 40%、实习课程占 60%，以便实现职业学校的培养目标。1966 年，韩国再次修改职业高中课程，规定职业高中的专门科目课时应占总课时的 55% 以上，各科目中的实验实习课时要占 60% 以上，从而提高职业教育专业化程度。

3. 调整改革阶段（1977—1990 年）

20 世纪 70 年代末至 80 年代初，韩国经济发展低迷，于是韩国改变发展思路，重点发展高科技产业，追赶经济全球化的潮流。与此同时，韩国越来越重视提高教育质量，以素质教育和国民精神教育两大理念以及科学教育、终身教育两大原则为依据，把教育改革定为四大国政目标之一，还立足解决课外辅导热问题和治理应试教育，开展了“消除过度课外辅导”的泛国民运动。

4. 加速发展阶段（1991—2000 年）

20 世纪 90 年代末，经济全球化趋势促使韩国从新的视角审视本国的职业教育发展方向，开始实施新的结构调整战略。2000 年开始施行的《建立新的职业教育培训体制的相关法律法规案》明确提出了韩国职业教育改革的重点和目标，确定了建立终身教育的新体制框架。现在，韩国正在加快职业教育改革，构建职业教育与企业、职高与普高、中职与高职、中职与普通大学、职业教育与研究生教育等相互沟通、相互衔接的新模式。

5. 深化发展阶段（2000 年至今）

21 世纪以来，全球进入数字化、信息化时代，韩国对职业人才培养也提出了新的要求。与此同时，韩国的人口老龄化趋势愈发明显，给社会经济发展带来巨大挑战。培养优质的职业技术人才是减缓人口老龄化趋势的有效措施，这也迫切要求教育体系培养出更多高质量职业人才。在这一时期，韩国教育主要面临两大问题：对电子、汽车、机械等行业所需人才的供给明显不足；韩国社会青年失业率居高不下。为了解决这些社会难题，韩国政府进行了一系列改革。21 世纪初，韩国设立人力资源开发委员会，颁布《终身学习法》《职业教育培训促进法》等法律法规，大力促进职业教育的发展。2008 年，韩国政府提出了“自由、多样、竞争、评价”的八字教育方针，旨在从根本上提高韩国各级教育的质量和国际教育竞争力。近年来，韩国又颁布了《产业教育振兴与产学研合作促进法》等法律法规，强化教育培训与社会需求的联系，培养社会急需的人才，有效应对经济全球化与产业结构变革带来的冲击。

韩国从2008年开始实施诸多具体教育改革措施，具体包括：振兴职业高中，鼓励职业高中的学生毕业后先工作，再继续学习；大力发展迈斯特高中，专注于特定行业，与行业合作伙伴协同制定课程计划；推行“先就业，再上大学”制度，给予迈斯特高中和职业高中毕业生大学入学考试豁免权，为毕业于职业高中的员工提供与其当前工作有关的或他们感兴趣的核心课程；推行“产学合作”的高职教育制度，根据社会实际需求、培养目标和办学定位，有针对性地开设各种不同的专业。

近年来，韩国更加注重产学研合作的教育模式。从2012年开始，韩国推出产学合作先导大学项目（LINC），通过支持产学衔接课程，聘请产学合作专业人士担任教师，培养定制化人才。从2022年开始，韩国政府通过推进LINC第三阶段（LINC 3.0）进一步支持产学研合作，这是其第一阶段和第二阶段的高级版本。2018年10月，韩国成立了国家产学研合作委员会，并开始推进产业教育和产学研合作基本计划（NICC）。国家产学研合作委员会的成员包括来自产业界、学术界和研究机构的8位部长和专家。NICC于2019—2023年执行，提出了全面的产学研合作政策，包括人才培养、技术转移与商业化、创业、产学研合作基础设施建设等四项战略，以12项任务的形式具体实施。NICC的重点是通过LINC+培养专业人才。截至2019年，韩国共开发了2 350门课程，61所大学和学院开设联合课程和需求驱动课程。

为了最大限度地发挥研究的潜在效益，韩国政府支持大学向产业转移技术，如专利和创新理念。例如，BRIDGE+项目从2015年开始专注于大学创意资产的商业化，每年获得150亿韩元的资金支持；到2021年，每年的技术转让数量已超过1 000项，项目团队数量已增加到24个。

2020年，韩国教育部推出了高校职业经历学分制度，并为弱势学生提供海外工作机会。为了应对工业4.0带来的工业范式转变和技术变革，韩国政府还引进了迈斯特学院模式，开设定制化的职业教育课程，培养新兴技术和战略重要技术领域的高级技能人才。从2021年开始，有5所迈斯特学院在新兴技术和战略重要技术领域进行试点。2021年3月，韩国修订了《高等教育法》，为授予专业技能领域的硕士学位证书提供法律依据。

（二）韩国职业教育的发展现状

1. 韩国职业教育当前的发展状态

据韩国教育部统计，截至2021年4月，韩国有583所职业高中，约占高中总数的24.54%，16.86%的高中生正在接受职业教育。

根据2023年韩国高等教育学校对学生人数的统计，普通4年制大学生的人数为1 855 374人。在特殊类大学中，专科学院的学生人数最多，达到了509 169人；开放大学和网络大学的学生人数其次，为12万~15万人；教育大学、工业大学和专业学院的学生人数分别为1万人左右。

2. 韩国职业教育的教育机构

汤璇芷在《当代韩国职业教育体系、特色与启示》一文中详细介绍了韩国职业教育的机构体系，较有参考价值。在此，本书对该文中所划分的韩国职业教育机构进行简要介绍。韩国的职业教育共分为两个层次，即中等职业教育和高等职业教育。

（1）中等职业教育机构

韩国的中等职业教育机构主要包括特色化高中、特殊目的高中、高等技术学校等。这些院校有各自专门的服务群体，也有专门的培养方式。

特色化高中主要培养的是专业职业人才，在教学上以现场教学、实训教学等方式为主，课程涉及网络与多媒体、漫画与动画制作、烹饪、旅游观光、珠宝加工、园艺、陶艺等多个领域，以进行职业能力训练和职业素养培养为主要目的。

特殊目的高中分为两类：一类是对具有特定专长的学生进行早期培养，实施英才教育的高中；另一类是为与农业、海洋、水产、工业等相关的国家机关或产业的专门从业人员提供职业教育的高中。

高等技术学校是具有高中水平的教育机构，它的教育对象是无法进入高中的群体，向他们传授特定行业（如机械、焊接、汽车维修、美容等）所需的职业技能与知识，并授予相应的技术资格证。

此外，企业附属学校和企业特别班在20世纪70—90年代曾在韩国盛行一时。当代，这些为企业青壮年员工提供学习和自我提升机会的机构，已经转变为企业委培的高职教育机构和网络高职教育机构等。

（2）高等职业教育机构

韩国的高等职业教育机构主要包括专科大学、产业大学、技术大学、技能大学和企业内部大学等。

专科大学是培养国家和社会发展所需专业职业人才的高等教育机构。这种大学以就业实用化为导向，以训练和提升学生技术和技能为主要目标，采用短期高效的教育培养模式，大多数专业为2~3年学制，学生毕业时可获得专科学位。不过，医学、保健等专业是4年学制，学生毕业时可获得学士学位。

产业大学培养的是国家和社会发展所需的产业人才，其学生分为两类：与正规普通大学相同学制的学生和无学制年限限制、修满学分即可毕业的学生，毕业时可获得学士学位。

技术大学的教育对象为专科毕业生或具备法定专科层次的学生，以及已工作一定年限的企业员工。技术大学的重心在于向各企业在职人员传授其所在领域的实用知识，提升他们的实操能力。技术大学可授予专科学位或学士学位，学制均为2年。技能大学主要提供三种课程：其一，培养多技术技能人才的课程，学生完成学业后可以获得产业学位；其二，培养兼具高级技能和管理才能的中级管理人才的课程；其三，专业技术员课程。学生在修习后两种课程后可以获得认证。

企业内部大学是拥有 200 人以上固定员工的企业，面向内部在职员工，以岗位、职位教育为目的设立的大学。企业内部大学的学制有两种，分别为 2 年和 4 年，毕业时授予社会认可的专科学位或学士学位。

此外，韩国还有广播电视大学、网络大学、远程教育大学等新型教育媒体和继续教育机构等，从事职业教育。值得注意的是，除了公立的职业院校，韩国长期以来还大力发展中等和高等教育阶段的私立职业教育，以满足民众日益增长的教育需求。就职业高中和专科学院来说，1965—2010 年，私立职业高中的数量占了一半，而高职阶段的私立专科学院则占据了绝对主导地位。

二、韩国的中等职业教育

韩国的中等职业教育主要在高中阶段开展，是韩国职业教育体系至关重要的组成部分。我国学者钟未平和施永达对韩国的中等职业教育进行了较为细致的研究，其研究成果对我们了解韩国的中等职业教育具有参考价值。本书根据两位学者的论文，对韩国的中等职业教育进行简要的介绍。

（一）中等职业教育的经费来源

在办学经费方面，韩国的公立中等职业院校和公立专科院校主要依赖政府财政拨款。中等职业院校在获得政府财政拨款外，还会获得地方教育厅的财政补贴。而私立专科院校，则主要由政府根据相关的评估情况进行拨款。在韩国，各市、道都设立有“特别账目”，记录地方的教育经费使用情况，地方教育厅会根据中等职业院校的专业类型，学校、班级规模和人数对职业院校进行拨款。

根据《中国教育财政政策咨询报告》的介绍，对于私立职业高中的经费，韩国政府采取了一系列支持措施。第一，限制私立职业高中的收费。韩国政府强制管制私立高中及私立职业高中的收费，要求其参照公立高中收费标准收费。第二，制定私立学校教师年金政策。政府按照专科学院教师薪酬的 2%、职业高中教师薪酬的 3% 的标准，补贴其年金；教师按照其个人薪酬的 5.5% 缴纳年金；私立专科学院学校财团按照教师薪酬的 3.5%、私立职业高中学校财团按照教师薪酬的 2.5% 缴纳教师年金。 第三，为私立职业高中提供运营经费。1977 年，韩国政府开始为私立职业高中提供运营经费，先测算同类型公立职业高中的标准预算支出额度，然后测算私立职业高中的经费收入，最后依据两者之间的差额提供财政补贴。第四，设立私立职业高中促进基金，并通过贷款的形式，为改善私立职业高中的办学条件和更新仪器设备提供经费。

韩国的中等职业教育于 2021 年被正式纳入义务教育体系。在此之前，韩国的中等职业学校的学生均需要缴纳学费。不过，中等职业学校的学费低于普通高中的学费，而且学生的资助范围和额度都高于普通高中。

(二)职业教育向普通中等学校的渗透

在《战后韩国政府发展职业教育的基本经验》一文中,黄日强曾详细介绍过韩国将职业教育向普通中等教育渗透的具体过程。他指出,韩国政府自20世纪80年代以来,针对普通中等教育进行过多次课程改革,有步骤地把职业教育融入普通学校教育。其中,第四、第五和第六次改革对职业教育融入普通学校教育进行了实质性的推进。第四和第五次课程改革提出初中实施职业基础教育,高中融入职业技术教育的相关内容。第六次课程改革则有了具体举措,在初中新设技术、家政科目;在高中设置专业科目,内容涉及农业、工业、商业、水产、家事等方面。第七次课程改革进一步强调高中课程要转向以实用和适应生活为主。

在韩国的初等教育中,小学虽然没有设置职业课程,但经常结合文化教育、经济教育、人口教育、出路教育和各种教学活动对学生进行职业教育,增长学生的职业知识,培养学生的职业能力。另外,学校还十分重视培养学生的职业态度和职业道德。在初中,韩国把职业教育科目实业与家政作为学生的必修课程,还设置了多门职业教育科目作为选修课程,内容涉及技术、家政、技术与家庭、农业、工业、商业、水产业、家事等。在普通高中的课程表中,韩国设置了实业与家政科目,下设技术、家庭、农业、工业、商业、水产业、家政和信息处理多门课程,对学生进行职业技术教育。

(三)中等职业教育的政策

1. 技师高中培养计划

20世纪90年代,韩国政府对人才培养政策做出了调整,提出了"追求竞争、卓越和多样化"的发展目标。在这一政策的影响下,韩国中等职业教育出现了新的变化。韩国政府提出"技师高中培养计划",于2011年在全国范围内选拔了一批职业高中,授予其"技师高中"称号。技师高中在全国范围内选拔优秀的初中毕业生。这些学生在高中一年级结束后便可以和相关的企业签订就业合同,之后在学校继续学习两年。毕业后,学生要遵循"先工作,再就读高等教育院校"的规定,也即先工作一定年限(一般是3年),之后再进入专科学院就读。

2. 振兴职业高中

近年来,韩国通过多种举措扩大职业高中规模,并不断加大财政投入。据报道,为了提高职业高中的竞争力,韩国构建了"发掘现场实习处—现场实习支援—就业支援及奖金支援—后续支援"支援体系,2020年的财政投入相比2019年的780亿韩元增加571亿韩元。此外,韩国政府还鼓励职业高中的学生毕业后先工作,再继续学习,而不是毕业后直接上大学,并发布了一系列政策,包括面向职业高中毕业生的特殊录取政策,增加对进入大学的职业高中毕业生的奖学金奖励,实施针对职业高中的全球实地培训计划等。

3. 增强职业高中教育的应用性

韩国的职业高中教育越来越注重教育的应用性和实践性。为此,很多职业学校聘请有丰富实践经验的能工巧匠、企业工程师等担任授课教师,这一举措有助于培养符合企业需求的职业人才。同时,韩国也较为注重职业教师的在职现场进修,推行教师参与企业研修的制度,丰富教师的实践经验,以利于实践教学。此外,韩国政府每年都会派遣一定数量的教师到国外进修。

4. 推进中等职业教育的产学合作

韩国注重培养满足社会需求的应用型人才,无论教师还是学生都需要密切关注前沿产业的发展,并积极投身其中。韩国的职业教育体系是以民办学校为主的职业教育体系,约有90% 以上的学校是集团私立学校或企业内部学校,这种体系使韩国的产学研融合具有先天优势。为了实现企业和学校的无缝衔接,韩国政府积极鼓励校企合作,提倡企业对特色化高中(职业学校)的学生进行支援和帮扶。特色化高中先筛选出可以实施学徒制训练的学科,再向雇佣劳动部和教育部提交申请并接受审查,在被指定为产学一体化学徒制学校后,开设相关学科学徒班,学徒班的学生在学校上课的同时,还到企业接受学徒制训练。截至 2021 年,约有 137 所学徒制学校的共 8 460 名学生接受学徒式培训。学徒制学校学生在所有学习劳动者中的比例约为 30%。产学一体化学徒制使中等职业院校培养出来的人才能更好适应企业发展需要。

5. 打造行业定制课程

职业高中提供包括工商管理、金融、机械、农业、渔业和海洋生物在内的 17 个学科领域的课程,重点提供实用的教育和培训机会,为学生毕业后就业做好准备。2016 年以来,每年有大概 100 所学校进行院系重组,以应对产业结构的变化。从 2018 年开始,韩国教育部门根据国家职业能力标准对现有课程进行全面重组,将工业领域所需的知识、技能、态度等标准化,最大限度地减少工业和企业与学校课程之间的不匹配情况。以国家职业能力标准为基础的课程强调以实践能力培养为导向,而不是以基础知识教育为导向,让学生在实践训练的基础上,掌握工作所需的知识、技能。

6. 现场培训:优先学习和学徒学校

职业高中为学生提供现场培训机会,以培养其职业技能。单一的现场培训课程一般需要 1~3 个月。如果符合一定的安全和教育标准,企业可以被认证为职业培训的优先场所,一旦得到认证,企业将为学生提供长期的培训项目,学生也可以提前获得入职机会。被认证的企业将与合作学校共同开发课程并由讲师现场讲授知识和指导学生。教育部、劳动部会对企业进行联合检查,以确保学生在安全的环境中接受现场培训。

目前,韩国正在运营学徒学校。学徒学校是现场培训的一种特殊类型,学生可以在学校和工作场所之间往返。学校和合作企业共同设计课程,学生边工作边学习。学徒学校的学生在第二或第三年根据课程安排接受实用性较强的教育，以掌握实际工作所需的技能。

7. 培养工作所需的基本技能

为帮助学生发展职业基本技能，韩国教育部开发了一种诊断和评估基本职业技能的工具，其形式是基于互联网的计算机测试（CBT）。测试内容不仅包括阅读和听力，还涉及综合能力，如观看工作场景的视频，理解上下文以解决问题等。职业学校的一年级学生进行自我诊断评估，三年级学生进行基础职业能力评估，以明确自身的优劣势。此外，该工具还提供各种线上内容，以帮助学生掌握工作环境所需的基本职业技能。

三、韩国的专科大学教育

专科大学教育是韩国高等职业教育的主要部分。虽然目前我国学者对韩国专科大学的研究较少，但汪建对韩国专科大学的介绍较为详细。本书根据汪建的《韩国专科大学教育的透视与启示》，对韩国的专科教育制度进行简要介绍。

（一）韩国专科大学的发展历程

1. 起步阶段（20 世纪 60—70 年代）

韩国的专科大学起步于朝鲜战争结束之后。在这一阶段，韩国面临着战后重建的重要使命。20 世纪 60 年代，西方国家将劳动密集型产业转移到发展中国家，韩国抓住机遇大力发展水泥、化肥等产业，成为重要的产业承接地。20 世纪 70 年代，韩国再次抓住发达国家将资本密集型重化学工业（简称重化工）向发展中国家转移的良机，制定了“第三个经济开发五年计划”，发表《重化学工业宣言》，将经济发展重点转向技术密集型重化学工业，炼油、机械、造船等产业快速发展。这一阶段各产业对技术工人的需求量巨大。

面对当时人才培养方向与社会发展需求不符，实业高等专科学校学制过长，专科学校教学质量不高、社会认同度低等问题，韩国政府提出设立一种本科阶段的实验性大学，探索高等职业教育的新形态。1977 年，韩国政府修订《大韩民国教育法》，自 1979 年 1 月 1 日起，专科学校、初级大学等多种形式的短期高等教育机构统一改为大韩民国专科大学。至此，韩国的专科大学制度正式确立。

2. 迅速发展阶段（20 世纪 80—90 年代）

20 世纪 80 年代，韩国的产业结构再一次调整。韩国政府对重化工产业进行技术改造和升级，提出了“技术立国”口号，重点扶持精细化工、计算机等战略产业，以及信息、生物工程、新材料等新兴产业。20 世纪 90 年代后，韩国新的重点发展产业调整为信息产业，进而带动了第三产业的发展。社会职业结构的多样化，使对毕业生的要求发生了质的变化。韩国为此迅速新设专科大学，推行定员自主制等，专科大学数量迅速增长。1991—1996 年，专科大学增至 152 所，涨幅近 30%；同期普通本科院校从 115 所增至 131 所，只增长了 13.9%。专科大学的学生规模也从 1991 年的 359 049 人增至 1996 年的 642 697 人，增长了 79%，为韩国高等教育人口基数的激增做出了巨大贡献。

3. 改革提升阶段(21 世纪初至今)

20 世纪 90 年代末期,韩国进入知识型社会时代。随着信息通信、电子工业、半导体、造船业和汽车工业成为韩国的核心产业,相关产业的服务业也逐渐受到重视。2002 年,韩国的国际贸易总量在世界排名第十一位,其中互联网应用排名第一,半导体生产排名第三,汽车生产排名第五。截至 2019 年,第三产业的就业人员占比高达 78.5%。

这一时期,韩国专科大学面临重重危机。一方面,信息时代的到来使得以往一些热门专业被时代淘汰;另一方面,随着人口老龄化加剧,学龄人口不断减少,专科大学招生困难。据统计,韩国 15~29 岁的青年人口比重 1990 年为 41.1%,2000 年减少到 32.4%,2010 年继续减少到 25.4%。为此,韩国采取了一系列措施推动专科大学的发展。韩国先后建立并推行专科大学学位授予制度,实行校名自由化,设立专升本制度,提升专科大学教师待遇,加强校企协作、产学结合等一系列改革措施,促进韩国专科大学的新发展。2021 年,韩国修订了《高等教育法》,2022 年开始在 5 所专科大学试点授予专业技术硕士学位。

(二)韩国专科大学的办学特色

1. 通过立法等宏观措施加以引导

根据赵琳的研究,韩国非常注重利用法律、国家政策等宏观手段推动职业教育发展。一方面,韩国政府重视教育立法。另一方面,韩国政府强调宏观调控的重要性。韩国政府坚持以调控者、服务者的姿态引导高等职业教育的发展,注重谋划职业教育发展方向,保证其满足社会经济发展需要。此外,韩国政府在资金投入与政策保障上为高等职业教育提供充足的资金保障。

2. 重视实践性教学

《韩国高等职业教育特色与启发》一文详细概括了韩国高等职业教育实践性教学的做法。第一,教学过程实践性强,主要体现在专业课程比重高、专业课程的理论课和实用技术比重高、实景下教学等方面。第二,教师队伍实践教学素质高。韩国专科职业教育外聘的兼职教授大都具有一线工作经验,大多数韩国从事职业教育的专职教师也有多年工作经历。韩国还实行"教授负责制",从学生入学开始,每个教授(教师)都要负责所教学生的生活、学习、专业规划和最终的就业指导。教授进行专业教学的同时,要与 3~5 家企业建立联系,负责学校和企业的合作工作。第三,学校开设专门的创业课程,鼓励引导学生积极参与创业;通过定期参观教育基地、参加公益活动等方式加强对学生的人性教育;注重培养学生的交流技巧、诚信态度、人际关系处理能力、敬业精神与团队精神。

四、韩国的终身职业教育

在韩国的终身职业教育方面,我国学者的研究较少,焦健曾编译过有关韩国终身职业教育的论文。这些论文对于我们了解韩国的终身职业教育具有重要的参考价值。在此，本书将对焦健的研究进行简要的介绍，以从总体上呈现韩国终身职业教育的基本情况。

为了让民众接受更好的终身职业教育，韩国政府出台了一系列推进措施。焦健的《韩国的职业教育改革》一文曾对这些措施进行总结。第一，韩国政府明确了终身职业教育的基础方向，即确保中小企业就业者、个体经营者和社会上的残疾人员能够获得职业教育的机会。第二，为民众提供终身的升学指导和升学信息，使全体民众在当代具有终身学习的自我设计能力。第三，为女性提供必要的职业教育课程。对于低收入阶层的妇女，韩国政府通过人才开放基金，为她们提供接受教育所需的经费。第四，面向中小企业就业者，在专科大学、开放大学、技能大学、广播电视大学等职业教育机构开设相关教育课程。韩国政府通过人才开放基金，为中小企业就业者和老年人提供部分教育经费。第五，面向残疾人员，加强相关的职业教育。尤其是残疾儿童，韩国政府既加强对他们的职业教育，也增设面向他们的教育机构，还开发残疾人特殊技能项目和职业种类。第六，加强职业高中学校和职业培训学院的成人职业教育。韩国政府一方面支持中等职业学校有针对性地设置课程，另一方面为使民众能取得公共认定的职业培训学院和专科学院的入学资格，大量地开设短期培训课程，加强职业培训学院和企业内技术大学的职业教育，并与学分制度相衔接。第七，加强服役人员的职业教育，提升服役者的就业能力。第八，对于艺术专业的学生，韩国政府重点对接受传统文化和艺术等领域的教育进行学历认定，这项工作主要由"教育课程评估院"负责。第九，提高民间教育部门的信誉，通过评估，将一些优秀的职业技术学院升格为专科学院，扶持专门的教育服务产业，制定知识、人才开发事业法规，促进教育培训产业的发展。第十，分阶段地引进"职业能力审定制度"，测定各种职业种类的职业基础知识和职务完成能力。这项工作由"职业能力开发院"主管，负责语言、数理及统计、经济、经营决策、文化等领域的职业能力审定。职业能力审定制度还与技术资格制度衔接，作为选拔学生的重要规范。第十一，引进"教育户籍"制度，对受教育者获得的学历、学位、资格证等被认可的学习经历和在校外受教育的经历进行统一记录管理，并在客观上予以承认。

第五节 韩国中文教育发展概况

一、汉语教师志愿者

2011 年 11 月，中国孔子学院总部（中国国家汉办）与韩国国立国际教育院签署《中华人民共和国国家汉办 / 孔子学院总部与大韩民国国立国际教育院关于教师交流的合作协议》（以下简称《合作协议》）。根据《合作协议》，中韩两国将互派教师到对方国家教授本国语言。该项目于 2012 年启动，截至 2019 年，中国国家汉办已派遣超过 1 924 名汉语教师志愿者赴韩开展汉语教学,合作院校达539所。

孔子学院主要负责汉语教学的教师大部分由中国教育部中外语言交流合作中心派遣。公派教师是指在孔子学院总部拥有大学以上学历,并有两年以上教育经历,专攻对外汉语、中文、外文、教育学等人文相关专业的教师。公派教师任期基本为两年,在中国境内有固定工作地点的可延长一年。公派教师拥有丰富的汉语专业知识和丰富的教学经验,主要负责中级、高级水平的教学。为纪念中韩建交20周年和帮助韩国提升中小学汉语教学的质量,根据《合作协议》,自2012年起,中国每年派遣200名左右的教师志愿者赴韩,深入韩国中小学任教,该项目称为CPIK(Chinese Program in Korea)。CPIK项目实施五六年来,千余名汉语教师志愿者进入韩国各地中小学课堂,与当地教师合作,实施"协作汉语教学",提高了当地中小学的汉语教学水平,扩大了汉语与中华文化在韩国中小学的影响,同时跟孔子学院、孔子课堂在中小学的汉语教学一样,增加和提升了大学中文专业生源的数量和质量,对韩国大学汉语教学产生间接的积极影响。

二、孔子学院建设

自2004年全球第一家孔子学院在首尔揭牌以来,韩国已成为亚洲孔子学院数量最多的国家,截至2023年,建有23所孔子学院和5个孔子课堂,为韩国青年学生和广大民众学习汉语、了解中国提供了窗口和平台。孔子学院的办学宗旨是加强中国与世界各国的教育文化交流与合作,发展中外友好关系,促进世界多元文化发展,建设和谐世界。基于上述办学宗旨,截至2018年12月,韩国国内23所孔子学院每年开展多种形式的汉语教学,持续举办富有中国特色的文化和学术活动。孔子学院总部《孔子学院章程》明确了孔子学院提供如下服务:第一,开展汉语教学;第二,培训汉语教师,提供汉语教学资源;第三,开展汉语考试和汉语教师资格认证;第四,提供中国教育、文化等信息咨询;第五,开展中外语言文化交流活动。与中国大学合作在韩国大学设立的孔子学院也开展多种形式的汉语教学活动。首尔孔子学院是韩国国内23所孔子学院中最早成立的,与中国国家汉办(现教育部中外语言交流合作中心)合作,以单独的学院形式运营。除此之外的22所孔子学院分别设立在6所国立大学和16所私立大学。孔子学院的主要汉语教学活动大致可分为院内教学、学分课、院外教学等。大部分孔子学院都开展了院内教学,10所以上同时开设学分课,此外还有多所开展多种形式的院外教学,极大地丰富了汉语教育活动。

经中韩两国教育部门协商,首次HSK考试于1993年在韩国首尔京畿高级中学举行,至今已有30多年历史。1993年首次HSK考试时,应试者仅有400多人,到2003年则增至近2万人。2014年,韩国参加HSK考试的人数超过10万人,应试总人数位列全球第一。2019年新冠疫情暴发后,应试人员数量相对减少,但仍维持在8万余人。2022年,韩国在首尔、仁川、釜山、大田、光州等地设了50个HSK考点,其中在首尔设了10个。截至2017年,韩国已有91所研究生院、180余所大学、近150所大专院校、1 000余所高中、400余所中学和近100所小学开设了汉语或者与汉语和中国学相关的课程。从全球第一家孔子学院落户韩国起，到目前中国陆续在韩国开设了23所孔子学院，这23所孔子学院除首尔孔子学院之外，其他全部设立在韩国的大学内。孔子学院为所在大学开设了各种类型汉语课程，有的提供通识性公共汉语教学，如又石大学孔子学院、东亚大学孔子学院开设了覆盖全校的汉语教养课；有的提供商务汉语教学，如顺天乡大学孔子学院为学校国际商学院开设商务汉语课，保障该校国际商学院相关培养项目的顺利实施；还有一些孔子学院直接参与所在大学中文系的专业汉语教学，如忠北大学孔子学院、启明大学孔子学院等。孔子学院汉语教学融入大学，为韩国大学普及汉语教育、提升汉语教学质量做出了较大贡献。

中国政府一贯鼓励跨文化交流，积极支持中外合作办好孔子学院。习近平主席多次强调，作为中外语言文化交流的窗口和桥梁，孔子学院属于中国，也属于世界。近年来，在中外共同努力下，孔子学院的教育质量稳步提升，文化交流日益增多，服务能力不断提高，为满足各国民众汉语学习需求、服务经贸等务实合作做出了积极贡献。构建人类命运共同体，推动各国共同繁荣发展，需要更好地发挥语言在增进理解、凝聚共识、促进合作、深化友谊中的独特作用。

第六节　韩国学生出国留学情况

一、学生国际流动现状

韩国学生的国际流动性较大，是亚洲地区主要的留学生生源国之一。根据韩国教育部高等教育机构的统计数据，韩国每年有约20万名留学生，主要分布在美国、中国、澳大利亚、加拿大和日本等国家。美国是韩国学生主要的留学目的地之一。众多韩国学生选择赴美留学，一方面因为美国高等教育的声誉和质量较高，另一方面美国可以提供较多专业选择和研究机会。据统计，美国每年接收数以万计的韩国留学生。中国也是韩国学生主要的留学目的地。韩国与中国在地理位置上相距较近，两国之间的文化和经济交流频繁，因此许多韩国学生选择前往中国留学。根据中国驻韩国大使馆的统计数据，2019年，前往中国留学的韩国学生人数接近2万人。澳大利亚、加拿大和日本也是韩国学生常选的留学目的地。这些国家提供了优质的教育资源和多元的学术环境，吸引了一部分韩国学生前往留学。

需要注意的是，韩国学生的国际流动也受到一些限制，面临一些挑战。首先，经济因素是一个重要考量因素，留学费用和生活成本可能成为一部分学生留学的障碍。其次，政治和社会因素也可能对韩国学生的留学选择产生影响，例如地缘政治形势复杂和社会态度变化等。

总体而言,韩国学生的国际流动呈现出多样化和广泛化的趋势,留学目的地涉及了全球主要国家和地区。韩国学生通过留学,不仅能够获得优质的教育资源和丰富的学术经验,为个人的成长和职业发展打下坚实的基础,还能够增进跨文化交流。

二、出国留学意愿调查

为了解韩国学生的出国留学意愿和来华留学意愿的情况,我们对 14 名韩国学生进行了问卷调查。在了解韩国学生出国留学意愿时,问卷题目主要以选择题的形式呈现,具体内容及回答情况如下。

1)您身边有出国留学的家人或朋友吗?

身边出国留学的家人或朋友问题的结果统计见表 3-11。

表 3-11　身边出国留学的家人或朋友问题的结果统计

选项	人数	占比
1~3 个	7	50%
4~6 个	3	21.43%
6 个以上	3	21.43%
无	1	7.14%

由表 3-11 可知,在所调查的 14 名韩国学生中,只有 1 人的身边没有出国留学的家人或朋友,其余 13 名韩国学生身边都有出国留学的家人或朋友,甚至有 21.43% 的人身边有 6 个以上的家人或朋友选择了出国留学,由此可见出国留学的现象在韩国还是比较常见的。当然,由于所调查的韩国学生来自韩国不同的城市和地区,可能受到所处地域环境、经济条件、留学观念以及家庭教育理念等影响,也有学生身边没有有出国留学经历的家人或朋友,但总体而言在韩国出国留学的现象已经比较普遍。

2)您国家出国留学人员多吗?

出国留学人员数量问题的结果统计见表 3-12。

表 3-12　出国留学人员数量问题的结果统计

选项	人数	占比
很多	8	57.14%
一般	5	35.71%
不太多	0	0.00%
几乎没有	1	7.14%

由表 3-12 可知，在大部分韩国学生看来，其国家中出国留学的人较多。在所调查的 14 名韩国学生中，认为韩国出国留学人员“很多”和“一般”的占 92.85%，认为“不太多”的没有，认为“几乎没有”的占 7.14%。由此可见，大多数韩国学生觉得韩国的出国留学人员不算少，但仍有 1 人认为韩国出国留学人员几乎没有，这说明韩国有些城市或地区的某些人群中出国留学的人比较多，而有些城市或地区的某些人群中出国留学的人较少，出国留学的市场有进一步发展的空间。

3）您国家学生出国留学的主要类型有哪些？

出国留学生主要类型问题的结果统计见表 3-13。

表 3-13　出国留学主要类型问题的结果统计

选项	人数	占比
公派生	1	7.14%
交换生	11	78.57%
项目交流合作	1	7.14%
其他	1	7.14%

4）您国家学生出国留学资金的主要来源有哪些？

出国留学资金主要来源问题的结果统计见表 3-14。

表 3-14　出国留学资金主要来源问题的结果统计

选项	人数	占比
奖学金	1	7.14%
全自费	1	7.14%
奖学金与自费结合	12	85.71%

由表 3-14 可知，在所调查的 14 名韩国学生中，7.14% 的人认为韩国学生出国留学资金的主要来源是“奖学金”，7.14% 的人认为韩国学生出国留学全自费，85.71% 的人认为韩国学生出国留学资金的主要来源是“奖学金与自费结合”。由此可见，韩国学生以“全自费”和“奖学金”这两种方式出国留学的还是很少的，这也反映出韩国政府和留学目的国对留学生的奖学金支持情况，很多出国留学人员能获得一定的奖学金资助，这也造成了以“全自费”方式出国留学的学生比例较低，人们更倾向于奖学金与自费结合的方式。

5）您出国留学时主要考虑哪些因素？（多选）

出国留学主要考虑因素问题的结果统计见表 3-15。

表 3-15　出国留学主要考虑因素问题的结果统计

选项	人次	比例
留学目的国的经济、政治、文化发展程度	8	57.14%
留学目的国的教育水平	7	50%
留学目的国的奖学金政策	10	71.43%
国内社会对留学目的国学历的认可程度	6	42.86%
留学目的国对职业发展的影响	9	64.29%
其他	0	0.00%

由表 3-15 可知,在所调查的 14 名韩国学生中, 71.43% 的人在出国留学时更看重留学目的国的奖学金政策, 64.29% 的人看重留学目的国对职业发展的影响, 57.14% 的人看重留学目的国的经济、政治、文化发展程度, 50% 的人看中留学目的国的教育水平, 42.86% 的人看重国内社会对留学目的国学历的认可程度。由此可以看出,更多的韩国学生看重留学目的国的奖学金政策,因为在求学过程中资金是不可或缺的一部分。同时,留学目的国对职业发展的影响也是韩国学生考虑的重要因素之一,大家都希望留学经历对日后职业发展有所助益。另外,韩国学生对留学目的国经济、政治、文化发展状况也较为重视,在经济、政治、文化发展状况较好的国家留学可以开阔眼界。一部分人看重留学目的国的教育水平,毕竟很多人选择走出国门,就是为了接受更好的教育,在教育水平更高的学府中了解当地文化、深入学习专业知识,从而提升自己的竞争力。国内社会对留学目的国学历的认可程度是较少人关注的因素,韩国虽然对不同留学目的国学历的认可程度有所不同,但是留学生还是较为看重出国留学这个行为本身给自己带来的变化,大多数人还是以提升自己、开阔眼界为目的,而并不十分关注获得的学历是否能得到自己国家的认可。

6)您周围人出国留学的主要原因有哪些?(多选)

周围人出国留学主要原因问题的结果统计见表 3-16。

表 3-16　周围人出国留学主要原因问题的结果统计

选项	人次	比例
更好地了解其他国家政治、经济、文化	5	35.71%
给自己争取更多的发展机会	14	100%
留学目的国教育水平比自己国家好	2	14.29%
父母的要求	0	0.00%
学习留学目的国的语言	11	78.57%
国内社会很认可国外的学历	2	14.29%
国外吸引人才的政策	1	7.14%
国家人才的稀缺	1	7.14%
移民	1	7.14%
其他	0	0.00%

由表 3-16 可知，在所调查的 14 名韩国学生中，选择“给自己争取更多的发展机会”的学生最多，占 100%。有很多学生是为了“学习留学目的国的语言”，占比为 78.57%。有部分学生是为了“更好地了解其他国家政治、经济、文化”，占比为 35.71%。而选择“其他”的学生较少。由此可见，大多数韩国学生还是出于自身发展考虑而选择出国留学的。

7）您国家政府在政策上鼓励学生出国留学吗？

政府在政策上鼓励学生出国留学情况问题的结果统计见表 3-17。

表 3-17 政府在政策上鼓励学生出国留学情况问题的结果统计

选项	人数	占比
很鼓励学生出国留学，并在资金上给予支持	6	42.86%
鼓励学生出国留学，但在资金上的支持比较少	5	35.71%
一般，在资金上不给予支持	3	21.43%
不鼓励	0	0.00%

根据表 3-17 可以看出，韩国学生认为韩国是鼓励学生出国留学的，42.86% 的人认为政府“很鼓励学生出国留学，并在资金上给予支持”，但 35.71% 的人觉得政府虽然“鼓励学生出国留学，但在资金上的支持比较少”，同时 21.43% 的人觉得政府的支持力度“一般，在资金上不给予支持”。可见，在韩国的出国留学政策上，大多数韩国学生在主观上仍希望政府能够给予更多的资金支持。建议韩国政府制定一系列的方针政策，加大投入力度，鼓励更多学生出国留学。如果韩国政府能够有足够的资金支持学生出国留学，那么出国留学的人数一定会增加。

8）您觉得哪些国家是您国家学生留学首选国？（多选）

留学首选国问题的结果统计表 3-18。

表 3-18 留学首选国问题的结果统计

选项	人次	比例
美国	13	92.86%
英国	8	57.14%
加拿大	11	78.57%
瑞士	1	7.14%
德国	3	21.43%
中国	4	28.57%
澳大利亚	2	14.29%
沙特阿拉伯	0	0.00%
俄罗斯	0	0.00%
其他	0	0.00%

从表 3-18 可以看出,韩国学生在选择留学目的国的时候,美国是他们的首选,占 92.86%,其次是加拿大,占 78.57%,英国占 57.14%。这说明韩国大多数学生更倾向于到经济、教育比较发达的美国留学。在调查韩国学生出国留学主要考虑因素时,有一半学生看中的是留学目的国的教育水平。而美国有 QS 世界大学排名前几名的高等学府,教育实力雄厚,同时其经济与科技也很发达。在美国求学可以让韩国学生有更广阔的发展空间。在本题排名第二的国家是加拿大,首先加拿大的教育水平较高、学费较低,其次加拿大在奖学金政策上给予留学生支持。从总体来看,韩国学生在选择留学目的国时,还是以教育水平较高、经济较为发达的国家为主的。

第七节　韩国学生来华留学情况

一、学生分布情况

根据韩国教育部发布的《2018 年教育基本统计》, 2018 年韩国普通大学的本国在校生总计 203 万人,比 2017 年减少 2 万余人,减少了 1%。在韩国留学的外国留学生自 2014 年超过 8 万人次以来,一直以较快的速度增长,到 2018 年已经达到 142 205 人,比 2017 年增加 18 347 人,增长了 14.8%。另外,根据韩国教育部发布的 2018 年外国高等教育机构韩国留学生数量统计数据, 2018 年韩国出国留学的总人数为 220 930 人,其中来华留学人数达 63 827 人,占总数的 28.9%。

根据中国教育部发布的来华留学生数据,韩国一直都是中国来华留学生最大的生源国,且与排名第二的国家之间差距通常维持在 4 万人次左右。

二、来华留学意愿调查

对韩国学生进行来华留学意愿调查时,问卷题目也主要以选择题的形式呈现,具体内容及回答情况如下。

1)您身边有想来中国留学的家人或朋友吗?

想来华留学的家人或朋友问题的结果统计见表 3-19。

表 3-19　想来华留学的家人或朋友问题的结果统计

选项	人数	占比
1~3 个	9	64.29%
4~6 个	0	0%
6 个以上	1	7.14%
没有	4	28.57%

由表 3-19 可知，64. 29% 的人选择“ 1~3 个”，7.14% 的人选择“6 个以上”，28.57% 的人选择 “没有”。由此可见，韩国学生身边的家人或朋友有来华留学意愿的占一半以上，但仍有相当一部分学生身边的家人或朋友没有这样的意愿。为了进一步吸引韩国学生来华留学，中国有必要加强对中国的文化、教育等的宣传，为学生提供更多的支持，并积极解答学生的疑问，以提高韩国学生的来华留学意愿，并促进中韩之间的文化交流和合作。

2）您认为来中国留学在您的国家有吸引力吗？

来中国留学吸引力问题的结果统计见表 3-20。

表 3-20　来中国留学吸引力问题的结果统计

选项	人数	占比
很有吸引力	7	50%
比较有吸引力	2	14.29%
一般	3	21.43%
没有吸引力	2	14.29%

由表 3-20 可知，50% 的韩国学生认为来华留学“很有吸引力”，只有 2 个学生认为来华留学“没有吸引力”。认为来华留学“很有吸引力”的学生，可能认为中国与韩国在地理位置上相距较近，另外中国的奖学金政策也是吸引留学生来华留学的重要因素。从留学生自身来看，对中国语言文化的兴趣，也是促使他们来华留学的重要因素。选择“一般”的学生，可能在考虑了自身的发展规划后，认为来华留学的吸引力一般，这对我国在这方面的发展也提出了更高的要求。

3）您国家在政策上鼓励学生去中国留学吗？

政府鼓励来华留学问题的结果统计见表 3-21。

表 3-21　政府鼓励来华留学问题的结果统计

选项	人数	占比
很鼓励学生出国留学，并在资金上给予支持	2	14.29%
鼓励学生出国留学，但在资金上的支持比较少	8	57.14%
一般，在资金上不给予支持	4	28.57%
不鼓励	0	0%

由表 3-21 可知，57.14% 的人认为政府虽然“鼓励学生出国留学，但在资金上的支持比较少”，14.29% 的人认为政府“很鼓励学生出国留学，并在资金上给予支持”。这说明韩国政府在出国留学资金的投入力度方面仍未能达到学生的预期。韩国学生还是非常注重能否获得奖学金的，虽然被调查学生认为韩国政府给予的资金支持比较少，但中国政府针对外国

学生设立了奖学金项目，如果希望来华留学，可以通过申请中国各类奖学金的方式来获得资金支持。

4)您国家对中国学历认可程度怎么样?

对中国学历认可程度问题的结果统计见表 3-22。

表 3-22　对中国学历认可程度问题的结果统计

选项	人数	占比
非常认可	1	7.14%
比较认可	9	64.29%
不太认可	1	7.14%
不认可	2	14.29%
不确定	1	7.14%

由表 3-22 可以看出，64.29% 的人认为韩国对中国的学历是比较认可的，也有 7.14% 的人认为韩国对中国的学历是非常认可的，可见中国的学历在韩国总体来说还是受到认可的。

5)您国家人民对于来华留学的态度如何?

对来华留学态度问题的结果统计见表 3-23。

表 3-23　对来华留学态度问题的结果统计

选项	人数	占比
认为来华留学很有前途	7	50%
认为来华留学很一般	5	35.71%
认为来华留学没有用	2	14.29%

由表 3-23 可知，50% 的人认为来华留学很有前途，35.71% 的人认为来华留学的作用很一般，这从侧面反映了中国教育还有很大的提高空间，对中国教育起到了激励作用。

6)您周围朋友选择来华留学的主要原因有哪些?(多选)

选择来华留学主要原因问题的结果统计见表 3-24。

表 3-24　选择来华留学主要原因问题的结果统计

选项	人次	比例
喜欢中国历史文化	8	57.14%
想学习中文	11	78.57%
中国对留学生的政策比较好	3	21.43%
中国高等教育水平比国内好	1	7.14%

续表

选项	人次	比例
毕业以后留在中国工作	2	14.29%
移民	0	0.00%
国内社会环境对中国高校学历很认可	3	21.43%
其他	0	0.00%

由表 3-24 可以看出，韩国学生来华留学的原因更多的是学习中文，占 78.57%，喜欢中国历史文化，也是吸引韩国留学生来华留学的主要原因之一。

7）您认为您国家学生来华留学的困难是什么？

来华留学的困难问题的结果统计见表 3-25。

表 3-25　来华留学的困难问题的结果统计

选项	人数	占比
留学申请途径少	2	14.29%
留学申请程序繁多复杂	0	0.00%
留学申请条件高	0	0.00%
留学费用高	5	35.71%
两国文化差异比较大	6	42.86%
其他	1	7.14%

由表 3-25 可以看出，两国文化差异比较大是韩国学生来华留学的主要困难，占 42.86%，但在上一问题来华留学的主要原因中，选择“想学习中文”的人数又是最多的，这说明学习中文对韩国留学生来说既有挑战，又有吸引力。同时，留学申请途径少也是困难之一，占 14.29%，这提醒我国可以适当精简相关程序，增加来华留学的申请途径，吸引更多高质量的留学生来华留学。

参考文献

著作类：

[1]　艾宏歌．当代韩国教育政策与改革动向 [M]. 北京：社会科学文献出版社，2011.

[2]　池青山，等．韩国教育研究 [M]. 北京：东方出版社，1995.

[3]　单体瑞，路宝春．韩国研究 [M]. 北京：军事谊文出版社，2001.

[4]　董向荣．韩国 [M]. 北京：社会科学文献出版社，2005.

[5] 董向荣,宋文志. 韩国 [M]. 北京:社会科学文献出版社,2017.
[6] 索丰,孙启林. 韩国基础教育 [M]. 上海:同济大学出版社,2015.
[7] 太平武. 中韩语言对比研究 [M]. 北京:世界图书出版社,2015.
[8] 谭天星. 中华文化通志:中外文化交流典 [M]. 上海:上海人民出版社,1998.
[9] 王蓉,魏建国. 中国教育财政政策咨询报告(2015—2019)[M]. 北京:社会科学文献出版社,2019.

期刊类:

[1] 丁玲. 韩国高考 2028 年取消文理分科 [J]. 全球时报,2023(5):1.
[2] 张玉荣,刘光华. 韩国高等教育的主要特征及其对我国的启示 [J]. 现代远距离教育,2006(3):66-67,79.
[3] 冯丽娟. 从结构、认知和文化角度看汉语和韩语的共性 [J]. 语文学刊,2020(6):47-51.
[4] 郭红霞,冯秀芳,郑舒. 韩国高等职业教育特色与启发 [J]. 广东化工,2014(16):241-242.
[5] 赵琳. 韩国高等职业教育的特色及启示 [J]. 河南教育(高教),2016(12):21-23.
[6] 钟未平. 韩国中等职业教育发展(下)[J]. 世界教育信息,2014,27(17):38-40,45.
[7] 朱文富,葆乐心. 韩国专科大学的演进历程与办学特点 [J]. 河北大学学报(哲学社会科学版),2022(2):76-84.
[8] 祝晓. 面向数字化经济产业的韩国职业教育发展及启示 [J]. 职业教育研究,2021(8):90-96.
[9] 贺莉娜,吴应辉. 21 世纪韩国中文教育发展历程与现状 [J]. 华文教学与研究,2022(1):62-71,95.
[10] 黄日强,黄勇明. 战后韩国政府发展职业教育的基本经验 [J]. 职业技术教育,2003,24(25):68-71.
[11] 姜英敏. 韩国高中入学制度改革刍议 [J]. 比较教育研究,2014,36(11):69-73.
[12] 姜子莲. 浅论韩服和韩国文化 [J]. 考试周刊,2015(64):29,88.
[13] 焦健. 韩国的职业教育改革 [J]. 教育发展研究,2001(7):83-84.
[14] 金德三. 韩国大学教育的近况和展望 [J]. 河北师范大学学报(教育科学版),2011(10):21-24.
[15] 金基石. 韩国汉语教育史论纲 [J]. 东疆学刊,2004(1):34-42.
[16] 金美. 韩国大学中文教育模式的历史变迁:基于近代朝鲜时代汉语“教科书模式”探源 [J]. 大学(研究版),2015(11):57-62,56.
[17] 李秀珍. 韩国大学专业选择制度及特征 [J]. 教育学术月刊,2020(11):51-56,72.
[18] 李雁南,王文礼. 当前韩国职业教育与培训存在的问题和改革的新趋势 [J]. 职教发展

研究,2021(2):24-31.
[19] 凌磊.韩国高校招考制度改革及启示 [J]. 教育与考试,2019(6):11-17.
[20] 凌磊.恪守与突围:韩国终身教育振兴计划述评 [J]. 职业技术教育,2022,43(33): 68-74.
[21] 刘敏,董筱婷.韩国高中教育改革:以首尔为例 [J]. 外国中小学教育,2015(3):11-15.
[22] 鲁修红,陈楚瑶.中韩语言及非语言文化差异研究 [J]. 大众文艺,2019(12):179-180.
[23] 吕君,韩大东.韩国初中"自由学年制"的推进及启示 [J]. 教学与管理,2020(16):4.
[24] 聂宏艺.从韩国传统节日看中韩文化交流 [J]. 科技视界,2017(36):157.
[25] 朴光海,曹旭.韩国大学面临倒闭危机 [J]. 世界知识,2021(13):67-69.
[26] 朴正实.中韩语言表达异同的文化分析研究 [J]. 文化创新比较研究,2017(1):72-73.
[27] 施永达.韩国中等职业教育改革及对我们的启示 [J]. 外国中小学教育,2007(11): 53-55.
[28] 宋大钊,许飞飞.韩国研究生教育及启示 [J]. 煤炭高等教育,2014,32(3):78-82.
[29] 孙启林.韩国职业技术教育的发展与改革 [J]. 比较教育研究,1994(4):34-36.
[30] 索丰,常波.韩国大学招生制度及其实施效果研究 [J]. 外国教育研究, 2014(12): 31-41.
[31] 汤璇芷.当代韩国职业教育体系、特色与启示 [J]. 中国民族教育,2014(9):11-14.
[32] 汪建.韩国专科大学教育的透视与启示 [J]. 湖南工业职业技术学院学报, 2012, 12(3):123-126,136.
[33] 王婷.韩国来华留学生教育管理的问题及建议 [J]. 上海管理科学, 2019, 41(6): 114-119.
[34] 许顺福,许惠然,骆菲菲.韩国传统饮食文化制度研究 [J]. 食品界,2024(1):99-101.
[35] 杨继龙,但昭彬.韩国高校招生考试制度述评 [J]. 教育测量与评价(理论版), 2010(9):53-57.
[36] 杨林.韩国职业教育的历史进程及启示 [J]. 中国民族教育,2008(11):41-43.
[37] 姚莉娜.韩国职业教育阶段性发展服务产业升级的经验及启示 [J]. 天津中德应用技术大学学报.2022(4):37-41.
[38] 郁丽洁.韩国高等教育发展简述及对我国的启示 [J]. 商情,2009(1):68.
[39] 战红.关于韩国研究生教育发展的探析 [J]. 黑龙江教育(高教研究与评估), 2006(Z1):58-59.
[40] 张伟斌,陈善俊,吴青峰,等.中韩研究生凝聚态物理教育模式比较研究 [J]. 课程教育研究, 2020(4):154-155.
[41] 任政, 주원종.专业学位研究生教育类别、项目及规模的设立与调整: 来自韩国的实践经验 [J]. 中国高教研究,2021(10):88-89.

[42] 王华健.统合文理科,扩大绝对评价范围:韩 2021 年高考 1 将全面实施《2015 教 104 中高等教育研究(东亚)育课程改革方案》[G]// 中国驻韩国大使馆教育处 2017—2018 年韩国教育政策调研汇编.首尔:中华人民共和国驻大韩民国大使馆教育处,2018.

电子资源类:

[1] 国立高中里的贵族学校:釜山国际高中 [EB/OL].(2018-09-26)[2021-07-01]. https://www.sohu.com/ a/256241656_100220831.

[2] 韩国高中 [EB/OL].(2020-05-09)[2021-09-01]. https://www.eic.org.cn/blog/detail/202059.

学位论文类:

[1] 凌磊.韩国高校考试招生制度研究 [D].厦门:厦门大学,2020.

[2] 张欣.韩国 CPIK 独立教学项目汉语教师教学情况的考察与分析 [D].福州:福建师范大学,2021.

第四章　朝鲜中高等教育研究

第一节　朝鲜国家概况

一、地理位置和行政区划

朝鲜全称朝鲜民主主义人民共和国（Democratic People's Republic of Korea，DPRK），位于亚洲大陆东部、朝鲜半岛北部。朝鲜半岛东北与俄罗斯相连，西北部以鸭绿江、图们江（朝鲜称“豆满江”）为界与中华人民共和国相连，东南隔朝鲜海峡与日本相望。西、南、东方向分别被黄海（朝鲜称“朝鲜西海”）、朝鲜海峡、日本海（朝鲜称“朝鲜东海”）环绕，因其三面环海，素有东亚桥梁之称。

朝鲜划分为 1 个直辖市、2 个特别市和 9 个道，分别为平壤市，南浦市、罗先市，平安北道、平安南道、咸镜北道、咸镜南道、两江道、慈江道、黄海北道、黄海南道、江原道。每个道下面还划分为若干个市、郡、区、里、邑等行政区划单位。

平壤市位于朝鲜半岛西北部。平壤，顾名思义，就是平坦的土地。平壤市是朝鲜的首都和最大的城市，是政治、文化、经济和旅游的中心，也是朝鲜最重要的城市。平壤市被誉为“公园里的城市”，市内处处有公园和绿地，也有很多历史悠久的名胜古迹。此外，平壤市还有很多具有现代气息的纪念碑式建筑，包括万寿台大纪念碑、主体思想塔、建党纪念塔、凯旋门等。

罗先市是朝鲜最早创立的自由经济贸易区，位于朝鲜最北端，豆满江下游三角地区，所以成为连接东北亚、欧洲和美洲的战略要冲。货物可从罗先市经过俄罗斯西伯利亚铁路运输到欧洲，比从日本通过苏伊士运河运输到欧洲，运输日期可以缩短 15~17 天。因此，从 20 世纪 80 年代末开始，各国把这一地区叫作黄金三角地区，同时朝鲜产生了创立豆满江经济区的构想。1991 年 12 月朝鲜政府宣布创立罗先自由经济贸易区。罗先自由经济贸易区的创立为扩大和深化亚太地区国家在经济、贸易、科学技术领域的合作与交流提供了有利的条件。

南浦市是一座港都，坐落在朝鲜西部大同江下游沿岸，是江西矿泉水和新德山矿泉水的原产地。这一地区有卧牛岛、江西三古坟墓、西海水闸等许多著名旅游景点。

开城市是朝鲜的第二大城市,曾为高丽国的首都,经过 500 多年的繁荣发展,当地传统商业兴盛。开城市在朝鲜战争之后成为朝鲜的边境城市,在 2004—2016 年曾建设开城工业区,容许韩国及其他国外投资者在此开设工厂。

二、人口、民族和语言

根据世界银行的数据,2022 年朝鲜的人口数量约为 2 607 万人,其中男性占总人口的比重为 49.5%,女性占总人口的比重为 50.5%。按照年龄划分,0~14 岁人口占总人口的比重为 19%,15~64 岁人口占总人口的比重为 69%,65 岁及其以上人口占总人口的比重为 12%,朝鲜人口的年增长率为 0.4%。

朝鲜是一个以朝鲜族为主体民族的国家,全国朝鲜族人口占朝鲜总人口的 99% 以上。

朝鲜的官方语言是朝鲜语,也称为平壤文化语。朝鲜语的文字是朝鲜文字,它是一种表音文字,每个字母代表一种发音。朝鲜语的语音系统是由 21 个元音(母音)和 19 个辅音(子音)构成的。词尾是朝鲜语最重要的语法特点之一,共有 300 多个词尾,用来区分敬语和平语。在朝鲜语中,语句成分的顺序也有其特点。语句成分的正常顺序是主语在语句的最前面,谓语在语句的末尾。

三、文化和教育

(一)文化

朝鲜的文化事业发展繁荣,艺术形式丰富多样,各具特色,深受民众喜爱,例如朝鲜农乐和散调等。这些艺术形式通常融合了朝鲜的民族元素和社会主义现实主义思想。朝鲜有许多重要的节日,如金日成诞辰纪念日、国庆日等。在这些节日,朝鲜通常举办大规模的群众活动和文艺表演。朝鲜的文学作品通常反映人民的生活、斗争和理想,强调对领袖的忠诚、对国家和人民的热爱,以及对社会主义建设的热情和信念。朝鲜电影业在朝鲜文化中占有重要地位。朝鲜电影通常以社会主义现实主义为题材,展示朝鲜人民在社会主义建设中的奋斗精神和成就。朝鲜的音乐文化具有强烈的民族特色,如传统乐器伽倻琴、长鼓等均彰显着这种民族特色。朝鲜的音乐作品通常融合传统和现代元素,传达朝鲜人民的情感和理想。朝鲜也会举办各种音乐会、音乐节等。朝鲜的美术作品以其独特的风格和技巧而广受赞誉。朝鲜的美术家通过绘画、雕塑、版画等形式,展示朝鲜社会的繁荣发展,以及对领袖的忠诚、对人民的关爱。朝鲜非常注重体育事业的发展,足球、举重、射击等为朝鲜的传统强项。此外,朝鲜还积极推动体育普及化,通过举办各种体育比赛和活动,提高人民的体育水平和健康意识。朝鲜的建筑艺术体现了其独特的审美观念和文化传统。朝鲜的建筑风格既继承了传统元素,又融入了现代设计理念,如平壤的主体思想塔、人民大学习堂等标志性建筑,不仅具有鲜明的朝鲜特色,也展示了朝鲜在建筑艺术上的创新和发展。

朝鲜的民俗也非常有特色，主要包括服装风俗、饮食风俗、住房风俗、民俗节日等。其中，服装风俗泛指与男女传统服装和裙、袄有关的风俗文化，朝鲜传统男装通常由长袍、长裤和帽子组成，而朝鲜传统女装通常由长裙、上衣和头巾组成。此外，朝鲜裙、袄的颜色和图案也非常丰富多彩。朝鲜的饮食风俗也很有特点。朝鲜人的日常饮食以米饭、面条、蔬菜和肉类为主，有泡菜、平壤冷面、烤肉等许多特色菜肴。在住房风俗方面，朝鲜人的传统住房多为平房，屋顶多为瓦片或稻草。火炕是朝鲜人的一种传统的取暖方式，它类似于地暖，可以在寒冷的冬天提高室内的温度。此外，朝鲜还有很多民俗节日，如年节（农历正月初一）、元宵节（农历正月十五）、秋夕节、冬至等。这些节日都有其独特的庆祝方式。例如，在朝鲜，正月十五是元宵节，朝鲜人民会做五谷饭、药饭，有登山赏月、拔河、放风筝、玩陀螺等活动。

（二）教育

1. 教育发展历程

（1）义务教育制度发展历程

朝鲜历来重视教育。1948 年，朝鲜民主主义人民共和国成立后，朝鲜政府随即开始教育调研和教育制度的制定工作，并于 1949 年 9 月 10 日颁布了《关于实行普遍的初等义务教育的法令》。但由于 1950 年朝鲜战争爆发，这一法令并没有真正实施。在朝鲜战争期间，朝鲜教学设施被破坏殆尽，但朝鲜政府在战后还是克服了诸多困难，于 1956 年实行了全面小学义务教育制度，两年后，又实行了全面中学义务教育制度，并于 1959 年起免除所有学费。

朝鲜在 1966 年 11 月举行的第三届最高人民会议第六次会议上，通过了《关于实行普遍的九年制技术义务教育的法令》并宣布实施九年制技术义务教育制度。1975 年 9 月 1 日，朝鲜实行了全面十一年制义务教育制度，大力推动朝鲜高等教育的发展。朝鲜注重高等教育机构的科学布局，有计划、有体系地调整和设置新学科，大力发展理工、艺术、体育学、农学、建筑学、经济学等培养国家急需人才的专业，提高教师素质。

2012 年 9 月，朝鲜第十二届最高人民会议第六次会议通过了有关实行十二年制义务教育的法令。经过将近 2 年的准备，朝鲜于 2014 年 4 月 1 日实施十二年制义务教育制度。朝鲜成为世界上第一个实施十二年义务教育制度的国家。全面实施的十二年义务制教育包括 1 年的学前教育和 11 年的系统化教育（从小学到初高中），这使新一代学生能够获得基本常识和现代基础技能知识，并完成中等普通教育。

1 年的学前义务教育为儿童接受学校教育打好基础。5 年的小学教育为儿童的成长提供了充分的保障，同时提供了有关自然和社会的基础知识，以便他们顺利接受中等教育。在 3 年的初中阶段，学生学习中等普通基础知识。在 3 年的高中阶段，学生在学习中等普通知识的同时，还要学习应用于实际的基础技能知识，以满足知识经济时代的要求。

十二年制义务教育制度可以确保朝鲜人民接受中等普通教育，满足信息产业和知识经济时代的要求;同时也解决了小学学生学习负担重,中等教育阶段分为低、高两阶段的不合理性等问题,更好地适应了青少年学生的心理特点、品格形成和政治组织生活的特点。

(2)教育体系发展历程

解放以来,朝鲜的教育体系不断发展完善。在解放初期,朝鲜各地相继建立了由预备班(1 年制)、4 年制人民学校、3 年制初级中学和 3 年制高级中学组成的中等普通教育体系,并出现了由 3 年制初级技术学校、3~4 年制中等专业学校组成的中等技术教育体系。同时,由 2 年制的师范大学、学院和 4~5 年制的综合大学组成的高等教育体系也得以建立并出现了由成人学校和职业技术学校组成的技术教育体系。1959 年,根据发展的现实需求,几乎不提供技术教育的中等普通教育体系被取消,新的中等和高等技术教育体系将普通教育和技术教育、教育和生产劳动紧密结合起来。1960 年 8 月,朝鲜许多工厂和企业开设了工厂大学和工厂高等技术学校,大力发展职工教育事业。现阶段,朝鲜的教育体系分为学校教育体系、专业教育体系和边工作边学习的教育体系,它们彼此紧密相连,形成了一个完整的教育系统。

2. 教育行政管理系统

朝鲜的教育行政管理系统是由朝鲜劳动党科学教育部和国家教育委员会组成的,是典型的中央集中管理体制,以最高领导人为核心,坚持高度集权和一元化的指导原则。朝鲜劳动党科学教育部是朝鲜最高的教育行政机关,负责全国范围内的教育事务。国家教育委员会负责制定和执行教育方针、计划、法规、标准等。国家教育委员会下设高等教育局和普通教育局。高等教育局主管全国各类高等学校和科研机构的建设和发展工作,普通教育局主管全国各级各类学校和幼儿园的建设和发展工作,同时也负责成人教育和职业技能培训工作。各道(直辖市)的教育局是地方性的教育行政机关,由国家教育委员会领导,在本地区执行中央制定的方针、计划、法规等,并根据实际情况提出具体措施。各市、郡的教育科是基层性的教育行政机关,受上级教育局领导,在本地区负责具体实施中央和地方规定的任务,并监督检查学校工作。

3. 教育制度

朝鲜将其基本教育制度称为社会主义教育制度,并认为社会主义教育制度是为工人阶级的革命事业、社会主义和共产主义建设事业服务的教育制度,是完全由国家负责,让全体人民都能接受教育的最富有人民性的教育制度。朝鲜将社会主义教育制度分为普遍的义务教育制度、普遍的免费教育制度、边工作边学习的教育制度和儿童保育教育制度。

普遍的义务教育制度是全面的教育制度,教育的对象为所有人,不分民族、种族、阶级、阶层、职业、性别、财产、居住区,是一种充分的、平等的教育制度,同时也是终身教育制度,具有长期持续性。

朝鲜于 1959 年 4 月起实施普遍的免费教育制度。从义务教育阶段到大学的各级教育机构,以及社会教育、成人教育等各种教育都免除学费,而且还免除教材、实验、实习等各种费用。学生参加的课外活动、社会集体活动、参观访问活动、夏令营等也都由国家负责。青少年可免费利用学生少年宫、图书馆，成人可免费利用人民大学习堂和人民文化宫等。国家还按季节和学期向各级学校的学生提供校服、教材和学习用品等。

朝鲜将成人高等教育制度称为边工作边学习的教育制度，即在各部门工作的干部、工人，以及在农场务农的农民，不论年龄与性别，在从事生产劳动的同时，都可到一定的教育机构中接受教育。边工作边学习的教育制度主要包括工厂大学，农场大学，渔场大学，广播电视大学，普通大学的夜间部、函授部和网络教育等，学制基本为5~6年，教学大纲比普通大学更加注重生产实践。从这些学校毕业的学生所获得的证书为国家及社会所认可。

朝鲜非常重视儿童的保育教育，制定了专门的《儿童保育教养法》，并在解放初期的1946年建立了第一所保育院。各道和直辖市都设有用国家费用运营的育幼院和保育院，这些育幼院和保育院都具备现代化的保育教养设备。保育院为了实施为期1年的学前教育，把教育班分为初级班和高级班，按照幼儿园的课程和教学纲要进行教育。保育包括对儿童的健康保护，重视儿童的身体发育，防止儿童受到外部各种不良影响，营造合理且富有文化的氛围，提供卫生的生活环境、符合儿童特性的营养食品和保障，使儿童养成健康的生活习惯等；同时，还要使儿童树立健康的、革命的思想意识，对自然和社会具有初步的认识，能够过上富有文化情趣的生活，并掌握运动的初步技能。

4. 各层次教育的学制

自建国以来，朝鲜共进行过4次学制改革，现行的学制是2014年4月根据十二年制义务教育正式实施的。学龄前的教育机构为幼儿园，4岁入学，学制2年，其中第二年为义务教育阶段；小学教育，6岁入学，学制5年；中学教育分3年制初中教育和3年制高中教育。朝鲜大学的学制为4~6年，大学不同、学科性质不同，学制也不一样。朝鲜原实行硕士、博士2级学位制度，不向大学本科毕业生授予学位，只授予相应的资格，如工科大学的毕业生授予工程师资格、师范大学的毕业生授予教师资格等。2015年起，朝鲜开始逐步实行学士、硕士、博士3级学位制度，与国际通行的高等教育学位制度一致。此外，目前，朝鲜各高校仅有颁授学士学位的权利，硕士和博士学位则全部由国家学位学衔授予委员会颁授。

朝鲜现行学制如表4-1所示。

表 4-1　朝鲜现行学制

<table>
<tr><td colspan="2" rowspan="4">高等教育</td><td colspan="2">博士（3 年以上）</td></tr>
<tr><td colspan="2">硕士（3 年以上）</td></tr>
<tr><td rowspan="2">大学（综合大学、单科大学、师范大学等）</td><td>工作经验</td></tr>
<tr><td>高等专科学校</td></tr>
<tr><td rowspan="4">十二年制义务教育</td><td rowspan="2">中等教育</td><td colspan="2">高中</td></tr>
<tr><td colspan="2">初中</td></tr>
<tr><td>初等教育</td><td colspan="2">小学</td></tr>
<tr><td>学前教育</td><td colspan="2">幼儿园</td></tr>
</table>

5. 英才教育和烈士子女教育

（1）英才教育

朝鲜在多年的教育实践中一直坚持公平优先的指导思想，这也是其普遍的义务教育制度的宗旨。但在实际操作过程中，存在放缓教学计划以满足后进学生的情况，这在一定程度上形成了“齐步走”“一刀切”的教育模式，虽然照顾了大多数学生，但导致一些优秀学生的个人潜能无法发挥。为了提高基础教育的质量，向重点大学输送优秀学生，朝鲜于 1983 年建立平壤第一中学，并以此为基本模式逐步实施英才教育，即在朝鲜全国各道（直辖市）、市、郡、区都建立第一中学，并逐渐将这一模式扩展至小学和幼儿园，将优质的教育资源向这类学校倾斜，着力培养精英人才，目前已形成从幼儿园至研究生院的独立教育体系。在朝鲜，从学龄前至高中的各个教育阶段都是根据居住地行政区划实行免试、就近入学的。但第一中学可以打破学生居住地行政区划限制，在全市或全道范围内选拔优质生源，因此其学生的素质较高。第一中学的教学计划、教学大纲和使用的教材也与普通中学不同，教学设备同样优于普通中学。同时，在教学时间方面第一中学的学生也有充分的发展保障：不用服兵役，很少甚至不必参加集体活动和劳动。金日成综合大学、金策工业综合大学等朝鲜重点大学的学生大多来自上述的第一中学。

英才教育的实施为朝鲜快出人才、出好人才提供了保证。现今，朝鲜社会的中坚力量，除了少部分归国留学生外，大多出自上述重点大学。可以说，英才教育支撑起了朝鲜的人才培养体系。

（2）烈士子女教育

朝鲜有保障“为祖国和人民在斗争中牺牲的革命烈士和爱国烈士子女接受教育”的教育制度，把烈士子女培养成革命事业的可靠接班人。接收革命烈士子女的教育机构有万景台革命学院、康盘石革命学院、南浦革命学院等。育幼院、保育院、孤儿小学和孤儿中学等机构负责培育失去父母或父母无法保育和教养的儿童。

万景台革命学院过去招收的是抗日革命烈士子女，现在招收在保卫祖国的岗哨上或社会主义建设和统一祖国的斗争中牺牲的烈士的子女，供他们学习和生活。朝鲜特别优待革命学院的学生，免费为他们提供在袖口和裤腿上缝有红线的制服，照顾他们的生活。育幼院和保育院也负责照顾失去父母或者因其他原因父母无法照顾的儿童。比如，三胞胎家庭的父母如果不能高质量地保障孩子的身心健康，可以将孩子交由国家抚养。

孤儿小学和孤儿中学是按小学和中学课程教育失去父母或父母无法抚养的儿童的学校。孤儿小学按照普通小学的教学纲要开展思想政治教育，基础知识教育，体育、艺能教育。孤儿小学的毕业生都会升入孤儿中学。海州孤儿中学、惠山孤儿中学等孤儿中学用普通中学的教学纲要进行思想政治教育，道德教育，基础技术教育，体育、艺能教育。

四、经济

朝鲜实行计划经济，国家统一规划、统一领导和统一管理。朝鲜对生产资料实行社会主义所有制，全民所有制和集体所有制有机结合。朝鲜的经济发展目标是建设社会主义经济强国，实现自力更生、自立自强和自给自足。在朝鲜的经济体系中，重工业占据了重要地位，是国民经济的支柱。此外，朝鲜还注重民族经济建设，发展煤炭工业、电力工业、冶金工业、机械工业、船舶工业、化学工业、建筑材料工业、轻工业、纺织工业、服装工业、制鞋工业、食品工业、日用品工业。

第二节　朝鲜中等教育制度

一、中等教育类型

朝鲜的中等教育包括一般中等教育和职业中等教育两种类型。根据《朝鲜民主主义人民共和国教育法》的规定，朝鲜的中等教育年限总共为 6 年，包括初中阶段和高中阶段两个部分。初中阶段为 3 年，包括初中一、二、三年级；高中阶段为 3 年，包括高中一、二、三年级。学生在完成中等教育后，可以选择接受高等教育或就业、参军。目前，朝鲜中等教育主要由普通中学、技术中学、艺术中学三种类型的学校构成。

朝鲜的普通中学数量较多，遍布全国各地，是最主要的中等教育类型。技术中学和艺术中学的数量则相对较少，主要分布在大城市和经济发达地区。除了中等教育学校之外，朝鲜还有少年宫，以及各类体育中心和训练营。少年宫主要分布在城市，面向学生开设各种兴趣班和组织各种课外活动，是培养学生兴趣爱好和社交能力的重要场所。体育中心则在全国各地设有分支机构，提高学生的体育素质和竞技水平。

(一)普通中学

朝鲜的普通中学是由政府出资创办的，教育年限为6年，学生在完成初中3年的学业后，可选择进入普通高中或职业中学继续学习。朝鲜的中学教育是免费的，政府为学生提供教科书和必要的生活费用。朝鲜的免费教育指的是国家为劳动者子女提供一切教育费用的教育。学生不仅不用交学费，还享受国家发放的助学金、儿童服、学生制服等福利。

朝鲜普通中学的课程设置主要分为基础教育课程和选修课程两部分。基础教育课程主要包括革命历史（伟大领袖金日成同志的革命历史课、伟大领导者金正日同志的革命历史课、敬爱的金正恩同志的革命历史课）、国语文学、数学、英语、物理、化学、生物、历史、地理等学科，是学生的必学内容。

(二)技术中学

朝鲜的技术中学是朝鲜中等教育阶段主要的一类学校，其以技术和职业教育为主。与普通中学不同，朝鲜技术中学的课程设置更加注重实践和应用，主要包括理论课程和实践课程两部分。在理论课程中，学生主要学习技术知识、专业知识以及基础教育课程；在实践课程中，学生通过实习和实验等形式进行技能训练，从而提高自身的职业技能和素质。

除了设置理论课程和实践课程外，朝鲜技术中学还为学生提供了各种实践活动和实习机会。例如，学生可以参加各种技术比赛和竞赛，参观各类工厂、企业和实验室，以及进行实践性的课程设计和项目研究等。这些活动不仅能够帮助学生更好地掌握技能和知识，还可以促进学生创新精神的培养和实践能力的提升。

(三)艺术中学

朝鲜的艺术中学的创办目的是培养艺术方面的专业人才，使他们能够在音乐、舞蹈、戏剧、美术等领域发挥所长，为朝鲜文化事业做出贡献。朝鲜的艺术中学包括平壤第一音乐学院、平壤第二音乐学院、万景台学生少年宫和平壤学生少年宫等。教育教学内容主要涵盖音乐、舞蹈、歌剧、美术、文学等多个方面，学生不仅接受专业技能培训，同时也接受思想政治教育和基础学科教育。

朝鲜的艺术中学的学制为6年，分为初中和高中两个阶段。初中阶段主要培养学生的基本技能和素养，高中阶段则注重学生的专业技能和创新能力的培养。朝鲜的艺术中学拥有完善的教学设施和优秀的师资队伍，采用小班化教学，注重学生个性化发展。

二、初级中等教育

(一)初级中学

朝鲜初级中学是义务教育体系的重要组成部分，属于朝鲜教育体系中的中等教育阶段，相当于我国的初中，学制为 3 年，学生通常在 11 岁左右入学， 13 岁左右毕业。初级中等教育是朝鲜教育体系中非常重要的一部分，学生只有完成这个阶段的学习后才能进入更高的教育阶段。据朝鲜统计局 2022 年朝鲜主要指标统计，朝鲜共有 2 300 所初级中学，在校生约为 966 000 人。

朝鲜初级中学的教学内容以国语文学、数学、社会科学、自然科学等为主，同时也包括音乐、美术、体育等。教学内容紧密围绕朝鲜的抗日革命精神，培养学生“白头山的革命精神”和忠于领袖与政治体系的思想。

朝鲜初级中学的使命是使学生树立革命世界观，完成中等普通教育课程，掌握基础技术知识，培养文化情趣和生活习惯，强健体魄，为进入高中阶段打好基础。教师为完成这一使命，积极研究和采用各种各样的教学方法，如利用多媒体将理论教育和实物教育相结合的直观教学方法、让学生多进行课堂讨论以领会事物原理的教学方法、培养学生的创造性思考能力和实践能力的基础技术教学方法等。这些方法对提高学生的学习能力很有帮助。

（二）毕业制度

朝鲜初级中学毕业制度基于国家教育委员会的规定和要求，要求学生必须完成规定的学习内容，并通过初级中学毕业考试才能顺利毕业。

朝鲜初级中学毕业考试属于国家级考试，由国家教育委员会组织。考试内容涵盖中学阶段所有学科。考试分为笔试、面试以及体育考试三部分，时间大约为 3 天。考试成绩是否达到要求直接决定学生能否毕业及能否升入高中。除了考试成绩外，朝鲜初级中学毕业考试还考查学生的身体健康状况和社会责任感等。

对于无法通过考试的学生，朝鲜政府设有继续教育制度，包括职业学校、技工学校等不同类型的学校，以便这些学生继续接受教育和培训，提高他们的职业技能和就业竞争力。

三、高级中等教育

（一）高级中学

朝鲜高级中等教育是中等教育的最高阶段，学制为 3 年。据朝鲜统计局 2022 年朝鲜主要指标统计，朝鲜共有 2 300 所高级中学，在校生约为 1 012 000 人。

朝鲜高级中学的教育目标是全面发展学生的德智体美劳素质，培养具有较高综合素质和实践能力的人才。为此，其教学内容除了包括国语文学、数学、自然科学、社会科学、外语、艺术和体育等方面的内容外，还包括思想政治、伦理道德、社会实践等。在教学方法方面，朝鲜高级中学注重师生互动，采用多种教学方法，如讲授、讨论、实验、实践等，以培养学生的创新思维和实践能力。同时，朝鲜高级中学还注重教学资源的优化和整合，以提高教学质量，教学资源包括教材、多媒体教学设备、实验室、图书馆等。朝鲜高级中学十分注重学生管理，以班级、少年团（类似于中国的少年先锋队）等方式，培养学生自律自立、团结协作、勤奋好学等品质。同时，朝鲜高级中学实行多元化的学生评价体系，包括对考试成绩、课堂表现、实践能力等方面的评价，以全面评价学生的学习成果和综合素质。

（二）毕业制度

朝鲜高级中学要求学生必须完成三年的学习任务，并通过大学入学考试才能毕业。考试包括笔试、面试以及体育考试三部分。综合测验考试的内容主要包括革命历史、自然科学（化学、物理、数学、生物学）、社会科学（历史、国语文学）。这些考试的成绩能否达到要求关乎学生能否顺利毕业。

此外，学生想要从朝鲜高级中学毕业还需要在思想政治方面达到一定的要求。毕业前，学生需要参加一系列的思想政治教育活动，包括思想汇报、集体讨论、实践活动等，以增强学生的“金正日爱国主义精神”、社会主义思想和道德观念。

第三节　朝鲜高等教育制度

一、本科教育制度

（一）入学制度

朝鲜的本科大学的入学制度是经过精心设计和严格管理的。高中生须通过学校级、区级考试才能参加高考。每年的 4 月 1 日是朝鲜的开学日，所以高中毕业生一般在每年二三月份参加高考。而退役军人和在职人员则在每年七八月份参加考试，并且他们通过考试后需要上为期半年的预科班，在读预科班期间，他们会学习和巩固一些高中时期学过的知识，在通过预科班毕业考试后才能于次年 4 月 1 日进入本科大学。

朝鲜高考包括革命历史、数学、化学、物理、国语文学、外语（英语或者汉语、俄语）和体育等 7 个科目的考试。高考的第一天和第二天分别进行 3 个科目的考试，第三天进行体育考试。

考生在参加考试前需要在志愿书上填写两所自己心仪的大学，考试成绩达到标准的考生可以上大学，达不到标准的考生需要等到下一年再次参加考试。每所大学的考试录取标准不同，比如在朝鲜国内排名前列的大学的录取标准比其他高校稍微高一些。

2022 年，朝鲜将 5 分制的考试制度改为 10 分制（每个科目满分为 10 分）的考试制度 。高考成绩满分为 70 分，一般来说，考试达到 56 分以上的学生有望被录取（每年的录取标准会有变动），退役军人和在职人员的录取标准比普通高中生稍微低一些。

（二）教学管理制度

1. 学业成绩测试办法

朝鲜各高校在校学生不仅要接受教师的平时检查，而且在学习一段时间之后还要接受集中测试，如期中、期末和毕业考试。期中考试以笔试为主，在考试前两周，教师向学生公布考试日程。一般情况下，两天内可考完全部必考科目。期末考试主要有笔试和口试，根据考试规则，口试试题将涉及三分之二以上的教学内容，分理论、实践和应用三部分，每部分被制作成试题票签。试题票签的数量一般超过参加考试学生总数的三分之二。教师将写在票签上的试题分别装入纸袋，让学生从诸多纸袋中任意抽出一个。学生根据自己抽到的试题稍做准备之后，在由三人组成的主考教师面前回答问题。这类考试的最大优点是，短时间内测验的学生数量较多。高校毕业考试在朝鲜被称为“国家毕业考试”，各高校设有大学国家考试委员会。大学国家考试委员会委员长由大学校长担任，委员包括各学部部长以及由校长任命的教授或副教授，他们主要对应届毕业生进行朝鲜劳动党史、马列主义哲学、外语及其他学科专业知识和专业理论的考核。

2. 军事理论和军事技术

朝鲜各大学都有为期半年的军训，二年级第一学期为夏季军训（4 月 ~10 月），二年级第二学期为冬季军训（10 月 ~4 月），学生选择参加一次军训即可。艺能大学不开展为期半年的军训，而是在第一学期和最后一学期分别进行为期 15 天的军训。此外，朝鲜各高校的应届毕业生都要参加军事理论和军事技术的“国家毕业考试”。考试成绩及格者，均被授予朝鲜人民军预备役少尉军衔。应届毕业生如果在这一考试中不及格，即使其他考试成绩优秀，国家亦不准其毕业。朝鲜各高校都开设军事讲座，军事课教师由朝鲜人民军现役军官担任。

军事讲座在行政上受大学校长的领导，在军事方面则执行国防省的指示。朝鲜各高校每学年有 280 学时的军事理论课和军事技术课以及 10 天的学期末野外训练。学生在毕业前要进行一个月的总训练，这是学生对参加军事理论和军事技术“国家毕业考试”的一次总复习。此外，朝鲜各高校按学生人数组成团级或师级的军事组织，并配备常规武器和其他军事装备。

3. 义务劳动和生产劳动

朝鲜各高校学生每年都要参加一定时间的义务劳动和生产劳动。朝鲜政府在 1959 年 3 月 2 日颁发的《学生社会义务劳动制》中规定，凡中学以上各级学校的学生，每年必须参加一定时间的劳动。其中，大学生每年参加义务劳动的时间为 10 周：工业劳动 4 周，建设劳动 4 周，农业劳动 2 周。此外，大学生还要利用 2~3 周的时间到校办农场参加劳动。朝鲜的大学生除参加义务劳动外，还在各高校的组织下，定期奔赴工厂、矿山、农村和渔场，同专家、技术人员一道解决生产和科研方面的问题。

(三)学位授予制度

朝鲜大学的本科学位授予制度是由朝鲜民主主义人民共和国的教育部门制定的。这个制度非常严格,并且要求学生在规定的时间内完成课程和研究项目。

朝鲜的本科课程通常需要4年学完,包括一定数量的必修课和选修课。在完成所有必修课和选修课之后,学生必须通过一系列考试来证明他们掌握了相应的知识和技能。

在朝鲜,学生必须在本科毕业论文中展示他们的研究成果。毕业论文通常包括一份详细的研究报告,学生要通过口头答辩的方式展示他们的研究成果。这是一个非常重要的考核项目,考核能否通过决定着学生能否获得本科学位。朝鲜的本科学位证书是学生开启职业生涯的重要资格证书之一。

二、研究生教育制度

朝鲜研究生教育制度是指朝鲜民主主义人民共和国对于研究生的教育安排和管理规定,是该国教育体系的一部分,旨在培养高水平的专业人才,为国家的经济、科技和社会发展做出贡献。研究生教育制度涉及研究生教育的各个方面,包括课程设置、教学方法、学位授予等。

朝鲜研究生教育的实施场所主要集中在既具有学术水平较高的导师又具备良好的实验研究条件的重点大学和专门科研单位,其培养方向涵盖理工科、社会科学、医学等各个领域。这些重点大学和科研单位,根据其培养能力和特点,由高教部和有关部委报请政务院批准后可附设博士院,招收不同类别的学位研究生。

博士院的学生分普通生和函授生两种类型。普通生完全脱产,学习年限为3年;函授生不脱产,学习年限为4年。博士院的招生对象分为三类:一是4年制以上的国内大学本科应届毕业生或具有同等学力者;二是工程师或相当于工程师职称者;三是虽无上述学历和资历,但确有特殊才能,经大学招生委员会和研究生院准许参加甄选的考生。

朝鲜的研究生教育制度注重培养学生的创新能力和实践能力,同时也关注学生的思想政治教育。研究生需要在导师指导下进行项目研究,同时参与实践活动,如实习和社会服务等。此外,研究生还需要参加各种学术活动和竞赛,如学术讲座和学术论坛等,以提升自身综合素质。

总体来说,朝鲜的研究生教育制度在学术研究和人才培养方面发挥了重要作用,同时也对学生的综合素质提出了较高的要求。

(一)入学制度

1. 硕士研究生入学

硕士研究生的招生年龄限制在40岁以内。报考者必须履行入学手续,持有大学本科毕业文凭和成绩单，或有其他证件证明能够参加研究生考试。此外，报考者还必须持有本单位的推荐书、履历、体检表、甄别考试的课题论文题目、专著论文或发明创造的鉴定和入学申请书。

甄别考试包括主修专业基础理论、朝鲜主体哲学、金日成金正日主义基本（讲授金日成主席和金正日同志的著作）、政治经济学和外国语等五门课程的笔试，测验考生的基本能力。甄别考试的加试按规定有以下两种类别：①主修党史专业的考生加试朝鲜历史，主修哲学专业的考生加试哲学史，主修经济专业的考生加试经济学史；②主修古典文学和历史专业的考生加试汉语。甄别考试由全国统一命题，各大学博士院负责监考和批卷工作。在参加甄别考试之前，报考者还必须提交一篇其报考专业方面的课题论文。朝鲜十分重视考生的课题论文，认为它是衡量报考者理论水平、研究方法和创造能力甚至培养价值的重要一环。但发表过专著或在科研工作中成绩卓越的报考者，可免交课题论文。

2. 博士研究生入学

博士是朝鲜高等教育体系中的宝塔尖和学位水平最高的一级。朝鲜设立博士学位的目的是为国家培养高精尖的科学家和理论工作者。对于博士研究生，朝鲜侧重于对其基础理论的研究和科研方法、科学实验方法等方面的能力的培养。

朝鲜博士研究生入学制度与硕士研究生入学制度相似，但也存在一些不同之处。博士研究生的招收对象是获得硕士学位两年以上者、各大学和专门研究机构副教授以上的教师和科技人员，年龄不限。这些人员在注册前一般不再需要参加甄别考试，但必须按规定严格履行入学手续。首先由本人提出申请，经基层单位评议和鉴定，由所在单位负责报请报考大学博士院批准。其次入学前，必须填写履历和注册登记表，并持有科学著作、研究论文、研究成果和创造发明的鉴定。

此外，攻读博士学位还需要具备较高的外语水平，以便阅读和理解国外相关的研究成果，并参与国际学术交流。博士研究生的学制一般为两年。在学习期间，博士研究生需要学习指定的课程和参加一定的科研活动，并定期撰写和发表学术报告和学术论文，以证明其学术能力、展示其研究成果。

总体来说，朝鲜博士研究生入学制度和其他国家的博士研究生入学制度类似，但也存在一些特殊的规定和要求。申请人需要具备较高的学术能力、科研能力和外语水平，而博士研究生的学习过程则需要经过严格的管理和指导，以确保其能够顺利完成学业并为国家的科学研究事业做出贡献。

（二）教学管理制度

1. 硕士研究生

硕士研究生每年 10 月 1 日正式开学，到第二年的 3 月末为上学期， 4 月 1 日到 9 月底为下学期，寒暑假包括在内。硕士研究生通常在导师的指导下，根据专业特点开展学习活动和科研工作。

硕士研究生的学习计划，往往因学科和主修专业的不同，在性质和要求上有所不同。例如，主修社会科学或外国语的学生，在他们着手撰写学位论文前，一般需要进行一年半到两年时间的课程学习和课题方面的研究。修习理、工、农、医等学科的学生，通常要对专业基础理论进行系统的研究并参加大量的观察、实验、见习等活动。此外，对面授研究生和函授研究生的要求也不尽一致。函授研究生根据其本职工作的特点，通常选择与本单位重大科研项目有关联的研究课题，侧重于应用科学方面的研究。面授研究生则不然，他们比较倾向于开展基础理论和科学实验方面的研究，比较重视学习水平和研究能力方面的提高。

朝鲜的各类研究生教育机构把研究生的学习计划当作教学指导规划的依据。报考者在被录取后的一周内，在导师的指导下，拟订个人学习计划草案（要求写三份，研究生院、导师和本人各一份），然后由导师提交给研究生院审议。在拟订学习计划草案的过程中，报考者要根据本人的实际水平、主修专业的特点、已有的调查材料及研究成果，写明包括发表学位论文在内的各个阶段的学习内容、将要达到的标准和完成的工作量。

研究生的学习计划有两个方面的内容：准备参加国家学位级的综合性考试；开展研究活动，撰写学位论文。撰写学位论文方面的内容主要包括学位论文的选题、有关学位论文的各阶段的研究工作计划、按规定递交的课题论文计划、学位论文提纲、撰写学位论文期间的工作安排、参加学位论文的评审的日期和明确答辩的日期。

研究生的学习计划可细分为学年计划和学期计划。不论哪一级哪一类研究生，原则上一律以自修为主、导师指导为辅，每周的学习和研究的时间不可少于 28 小时。研究生在修习或实验过程中遇到疑难问题，可以随时以书面或者口头的方式，向导师和有关专业的讲座（教研室）请教。接到咨询的导师和讲座（教研室）必须在 15 天内予以答复。按规定，在注册后的第一年里，研究生应通过两门以上的国家学位级综合性考试，同时开始与学位论文有关的撰写工作。如研究生所学的是需要长期进行科学实验的专业，比如农科，则可以从第一年开始开展实验活动。截至第二年的年底，研究生应通过全部国家学位级综合性考试，结束有关资料的搜集和研究工作，转入系统的理论研究、科学实验和学位论文的执笔阶段。至于计划之内的研究工作所必需的实验设备、材料和资金则由国家负责提供。研究生可以自由选择学位论文题目，不受任何限制，但内容一定要符合朝鲜劳动党的路线、方针和政策，符合朝鲜社会主义经济建设和科学技术及文化发展的需要。面授研究生在提前完成学习计划的情况下，由讲座（教研室）提名，并报请校长（朝鲜称为学长）或总长批准，可以承担一部分主修课程的教学工作。研究生在籍期间，必须严格执行学习计划，遵守各项规定和纪律。

朝鲜没有学分制度。研究生的学习情况主要通过国家学位级综合性考试的成绩和平时课题论文的实际水平来检验。前者对学位的获得起决定性作用，如果在规定的期限内有一门综合性考试不及格，就有被淘汰的危险。后者则作为衡量其研究能力和培养价值的依据。

一般要求研究生侧重于分析国内外的最新科技情报和动向，及时归纳和总结独立完成的科研成果，以书面的形式展示其与主修课题相关的丰富知识。研究生的外语水平的检验一般根据其不同的身份和各学科学习计划的要求而定。硕士研究生必须熟练掌握一门以上的外语，具有一定的阅读能力；博士研究生则需要精通两门以上外语，具有一定的翻译能力。研究生在完成全部学习计划，履行一切注册手续之后，还要面向学术界进行一次公开性的学位论文答辩。在答辩过程中，研究生可对现场的学位论文审查委员会成员（指研究院院长、大学校长或总长、兼管科研工作的副校长或副总长、各系主任、学术导师及指导小组成员和研究生院特邀的外校教授）对论文的评价和质疑进行辩解，并发表自己对某些定律、观点、结论或科研成就的看法。

2. 博士研究生

博士研究生由校长或总长亲自负责其教育培养的各项工作。从注册之日起的一个月内，学校要为博士研究生配备得力的导师和指导小组（导师和指导小组的成员通常由教授担任）。与此同时，博士研究生应拟订研究工作计划，报请校长审批，确定博士学位的论文题目，由博士院负责报请高教部批准。博士院研究生的待遇往往比其他研究生优厚，他们可以优先使用国内的各种科研仪器、设备和实验室，借阅各图书馆的所有国内外书籍和资料文献。博士研究生在注册期间，因公外出的一切差旅费、食宿费和科研费用，一律由国家负担，而且仍为他们保留原职原薪。博士研究生在注册期间，除按规定日期发表博士学位论文和通过论文答辩以外，还要承担 200 学时的其主修专业的讲学任务。朝鲜对博士学位论文的要求很严格，尽管字数不限，但要求必须对专业理论真正有所创见，对学术界真正有所影响。博士研究生需要撰写一篇具有原创性、深入探究某个问题的学术论文，并在答辩环节展示自己的研究成果。博士学位论文的撰写和答辩必须经过严格的审查和评定，只有这些环节都通过了，博士研究生才能获得博士学位。

朝鲜的博士学位授予制度体现了朝鲜对高等教育和科研的重视。一批批优秀的博士研究生，为国家的发展做出了重要贡献。

（三）学位授予制度

朝鲜的学位基本上是按学科和专业分类授予的，目前共有数学、化学、物理、天文、地质、地理、生物、医学、药学、兽医、农学、冶金、机械工学、建筑、化工、电子、自动化工程、经济、司法、语言、文学、历史、哲学、心理学和教育学等 60 多种。

硕士学位的授予对象为“用劳动党主体思想武装起来的，在主修专业的理论方面和国家建设事业中成绩显著并发表过硕士学位论文者”。按照规定，所有硕士研究生必须在前两学年通过主修专业、必修课程和外国语等三门国家学位级综合性考试，从第三学年开始撰写学位论文，在毕业前三个月，将体现其研究成果和独立工作能力的学位论文递交研究生院审议，通过口试和答辩后，被授予硕士学位。

博士学位是朝鲜的最高学位，也是学识杰出的标志。在朝鲜，博士学位的授予对象为“用劳动党主体思想武装起来的，在理论研究和科学实验中对国家的建设事业做出巨大贡献并发表过重要著作和博士学位论文合格者”。

学位授予仪式比较隆重，一般和研究生的毕业典礼同时进行，由学校和科研机关的主要负责人代表国家学位学衔授予委员会宣读批复，然后颁发学位凭证和勋章。授予仪式之后，获得学位者通常会接到职务任命的通知。除此之外，朝鲜的学位制度还有两个突出特点：一是无论是通过研究生院和博士院取得的学位还是通过自学途径获得的学位，政府将一视同仁，同等对待；二是学位并非由各个大学授予，而是由国家统一掌握，便于统一领导，保证质量。

三、高等教育机构

（一）高等教育行政管理机构

朝鲜的高等教育机构包括大学、学院、技术学校等，是朝鲜高等教育的重要组成部分。各高等教育机构都设立了相应的行政管理机构，例如学校党委、行政办公室、学生工作部等。这些机构负责学校内部的日常管理和运作，包括招生、教学、科研、人事、财务、校园安全等方面。

朝鲜实行中央集中统一领导的教育管理体制，朝鲜劳动党科学教育部负责管理各级各类教育部门，中央对高等教育行政管理体制有较成熟的总体构想和统筹规划。朝鲜教育行政体制以三元结构为基础：朝鲜劳动党科学教育部负责对教育工作进行指导与监督；国家教育委员会根据党的方针，贯彻具体教育政策；各大学具体实施教育管理。让学校各项工作正规化、规范化是朝鲜高等教育行政管理机构的主要任务。高等教育行政管理机构负责建立科学的教育行政指导体系，使教育工作彻底按照教学的要求进行并统一编制教学纲领与计划，同时规定了严格执行教学纲领的教育纪律。

普通高校内部设有全面负责大学行政与教育管理工作的总长（综合大学）、校长（普通大学）。大学教务科则是一所大学行政上的最高机构，设有主管大学内党组织的书记、主管教务行政工作的教务副总长（副校长）、主管大学附属研究所工作的科学副总长（副校长），负责远程教育和非全日制学生学习的学部长（院长）等。教学管理机构的构成情况如下：总长（校长）—书记—副总长（副校长）— 学部长（院长）— 学科长（系主任）— 教员（教授、副教授、教师）。

在朝鲜的高等教育行政管理机构中，各级机构之间紧密协作，共同促进高等教育的发展和提升教育质量。同时，朝鲜也注重与国际接轨，积极开展国际交流与合作，逐步扩大对外教育合作和交流的范围并拓宽渠道。

（二）高等教育机构类型

朝鲜有符合国情的门类齐全的高等教育结构体系，包括全日制高等教育体系和边工作边学习的高等教育体系。

1. 全日制高等教育体系

目前，朝鲜全日制高等教育机构有两种，即大学和高等专科学校。

大学分为综合大学与中心大学。综合大学是培养社会科学及自然科学各个领域的民族干部的大学，学制为5~6年（医科大学为7年）。综合大学有金日成综合大学、金策工业综合大学等。中心大学有平壤医科大学、沙里院桂应祥农业大学、金亨稷师范大学、平壤建筑综合大学、平壤机械大学、咸兴药学大学、清津矿山金属大学、韩德铢平壤轻工业大学等。这些大学设有预科班和博士院（相当于中国的研究生院）。博士院招收大学毕业生中成绩优秀者和从机关企业中选拔的人员。博士院既有硕士班也有博士班，教育年限是3~4年，学员撰写的论文通过审议后，方可获得学位。

高等专科学校主要培养生产一线的技术人才，学制为2~3年。各个地区根据本地区的特点与需求，成立当地经济发展所需要的高等专科学校。这些高等专科学校专业设置灵活、配置合理，能够很好地为地方经济建设服务。

朝鲜政府在新建大学时，十分重视按地区合理布局。政府会考虑地区特点和国家的整体均衡性，把大学合理地建在城市和农村、工业区和农业区。因此，各道都有工业大学或者轻工业大学、农业大学、医科大学、师范大学、教员大学等。各道的农业大学培养道内所需的农业技术人员；医科大学培养医务工作者和教员，以提高人民健康水平，以及更好地贯彻国家的预防医学方针。此外，每个郡都会设立一个以上所述各领域的专科学校，自行培养满足各郡的经济生活所需要的人员。这样，各地都建立了服务于本地的干部培养基地，从而破除了只靠中央解决技术人员和专家培养问题的局限，可根据本地实际需要培养自己的专家，并能够向地方及时推广现代技术文明，提高劳动者的科技文化水平，进而均衡地、全面地提高国家民众的整体文化水平。

2. 边工作边学习的高等教育体系

朝鲜从1948年起在各大学和专科学校建立边工作边学习的高等教育体系，并不断改进，使得广大劳动者可以不论居住区、职业和年龄，按照自己的意愿和工作需要在边工作边学习的高等教育体系中接受高等教育。边工作边学习的高等教育体系里有以自修形式为主的学习有关教育课程的函授教育形式。函授教育在教学纲要、教学安排和教学方法上有其独特性：其教学纲要以全日制学校的教学纲要为准，但侧重于理论教育，较少进行实习和实践教育，并坚持对教学内容进行集中而有重点的讲授；学生的学习模式以利用教科书和参考书自修为主，以教员的现场讲课、学习辅导、课堂回答问题为辅。边工作边学习的高等教育体系还包括劳动者下班后到大学来读书的形式，采用这种专业技术教育和高等教育相结合的教育形式的机构主要有工厂大学、农场大学和渔场大学。边工作边学习的高等教育体系要求严格按照教学纲要完成教学任务，使劳动者在不脱离生产的情况下接受高等教育。

(1)边工作边学习的新的技术大学——工厂大学

工厂大学招收在生产现场工作的受过中等教育的工人，使他们在不脱离生产的情况下接受教育，成长为技术人员（工程师）。朝鲜一贯坚持全日制高等教育体系和不脱离生产的各种形式的高等教育体系并举的方针。工厂大学就是根据这一方针兴办并发展起来的。1951 年，尽管朝鲜战争已爆发，政府依然建立了第一所工厂大学。如今，朝鲜的大规模工矿企业和主要工业区都兴办了工厂大学，为工人大学生的学习创造条件，不断培养出高水平的技术人员。

工厂大学由工矿企业负责保障其运营管理和教育条件。工矿企业选拔优秀的技术人员和专家担任专职教员或兼职教员。工厂大学的教育年限为 5~6 年，教学内容、水平和毕业文凭都和全日制大学一样。工厂大学在教学过程中把学习和生产活动有机地结合起来，以理论教育为主，充分利用现代科学技术成果，并适应生产力的发展需求、技术革命的要求和工厂的具体情况，着力解决实践中的技术问题。

工厂大学培养工人阶级出身的新一代知识分子来充实国家的技术工作者队伍，使他们既有工人阶级的政治觉悟，又有较高的技术水平。这种教育形式在短时间内培养了大量技术革命所需要的技能型人才，把教育与生产、理论与实践很好地结合起来，促进生产和科学技术的快速发展，同时在不影响发展国民经济所需的劳动力的工作和生产的情况下，不需要国家额外投资，也能增强工矿企业的物质技术基础和科技力量，迅速壮大国家的知识分子队伍，是促进全民科技人才化的合理的教育形式。

(2)农场大学和渔场大学

农场大学和渔场大学是为农业和水产部门的劳动者开办的边工作边学习的高等教育机构。朝鲜于 1981 年在南浦市江西区青山里开办了第一所农场大学，1987 年建立了云田农业大学，1988 年建立了定坪农业大学和延白农业大学。农场大学招收中学毕业或者具有中学毕业同等知识水平，在大学的合作农场及其周边合作农场劳动的工作人员和农业劳动者。农场大学考虑到学生都从事农业生产的情况，利用农闲时间（12 月 1 日到 2 月底）集中上课。在农忙季节学生边工作边自修，教员一个月辅导学生一次。在学生从事农业生产的情况下，不另行安排实习，以理论教育和基础实验为主进行教学。学完农场大学课程的学生被授予技师资格。

渔场大学是为水产部门劳动者开办的边工作边学习的高等教育机构。朝鲜的第一所渔场大学是 1979 年建立的新浦水产大学，由专职教员和优秀的现场技术人员负责教育工作。渔场大学为适应学生从事生产的情况，不安排实习，只进行理论教育和基础实验教学。学生从渔场大学毕业后被授予技师资格。朝鲜在各地都开办了农场大学和渔场大学，使农业和水产部门的劳动者可以根据需要自由地选择学习。

（三）大学排名

1. 朝鲜大学分布情况

朝鲜的大学主要集中在首都平壤市和各道、市。其中，平壤市的大学数量最多，如金日成综合大学、金策工业综合大学、平壤科技大学等。此外，各道、市也有不少大学，如咸兴的咸兴化工大学、元山的元山农业大学和郑准泽经济大学、汇川的汇川工业大学等。从整体来看，朝鲜的大学布局较为分散，但首都平壤市和各省会城市都有具备一定规模的高等教育机构，为当地学子提供了接受高等教育的机会。

2. 朝鲜大学排名情况

uniRank2023 朝鲜大学排名见表 4-2。

表 4-2　uniRank2023 朝鲜大学排名

朝鲜大学排名	学校名称	所在城市
1	Pyongyang University of Science and Technology（平壤科技大学）	Pyongyang（平壤）
2	Kim Il Sung University（金日成综合大学）	Pyongyang（平壤）
3	Kim Chaek University of Technology（金策工业综合大学）	Pyongyang（平壤）
4	Hamhung University of Education（咸兴教育大学）	Hamhung（咸兴）
5	Hamhung University of Mathematical and Physical Sciences（咸兴数学与物理科学大学）	Hamhung（咸兴）
6	Huichon University of Telecommunications（汇川电信大学）	Huichon（汇川）
7	Institute of Natural Science（自然科学研究所）	Pyongyang（平壤）
8	Chongjin University of Pedagogy（清津师范大学）	Chongjin（清津）
9	Kim Hyong Jik University of Education（金亨稷师范大学）	Pyongyang（平壤）
10	Chongjin Medical University（清津医科大学）	Chongjin（清津）

资料来源：uniRank. 2023 DPRK University Ranking [EB/OL].（2023-01-01）[2023-04-01]. https://www.4icu.org/kp/.

(四)重点大学

1. 金日成综合大学

1946 年 10 月 1 日建校的金日成综合大学是朝鲜培养民族干部的基地。大学坐落在平壤市大城区。

金日成综合大学由十多个系和尖端科学研究院及其下属研究所组成。在纳米技术研究、信息技术研究、电子材料研究、生物产业研究等方面有显著的教学优势。

在基础设施方面,金日成综合大学拥有现代化的教学楼、电子图书馆、体育馆、游泳馆等大学教育所需的建筑以及宿舍、医院等服务设施。

如今,金日成综合大学已发展成为以紧密结合教育和科学研究,培养创造性人才,创造尖端科学理论与技术为根本的大学。除此之外,金日成综合大学还招收来自世界各国的留学生和实习生,同世界许多国家的大学开展交流与合作。

2. 金策工业综合大学

金策工业综合大学是朝鲜的中心大学之一,成立于 1948 年,原名平壤工业学院, 1951 年更名为金策工业学院, 1988 年在建校四十周年时改名为金策工业综合大学。该大学拥有 18 个系,约 80 多个专业学科,约有 1 万多名学生及 2 000 多名教职员,并有 10 个研究所及 1 个博士院,设有 54 个实验室以及藏书量高达 60 万册的传统图书馆,校园面积达 40 万平方米。

3. 金亨稷师范大学

金亨稷师范大学,位于平壤市,成立于 1946 年,原名为平壤教员大学,于 1948 年改名为平壤师范大学,一度因朝鲜战争而迁移到平安北道枇岘郡忠烈里,并改名为平壤第一师范大学,最终于 1975 年改名为金亨稷师范大学以纪念金日成之父金亨稷。该大学设置了金日成革命历史、哲学、教育、语言文学、历史、地理、数学、物理、生物、化学、外语、体育和再教育等系,共 27 个学科。此外,该校还设立了博士院、教育信息中心、师范教育研究所和自然科学研究所。

4. 人民经济大学

人民经济大学是一所位于平壤市大同江区域衣岩洞的大学。该校的前身为于 1946 年 7 月 1 日成立的中央高级指导部学校,该校最初只为经济机关干部和企业人员提供 3 个月至 1 年的短期培训。1954 年,该校与政治经济大学合并成人民经济大学,并将教学目的确定为培育经济学和贸易人才。1990 年,当时的最高领导人金日成将人民经济大学的外贸科转交国际关系大学负责。此外,该大学分别于 1972 年和 1996 年两度夺得金日成勋章。

5. 朝鲜体育大学

朝鲜体育大学坐落在平壤市东大院区,有基础科学系、 40 多个教研室、体育科学研究所、博士院和出版社等。朝鲜体育大学的总建筑面积达 1 万多平方米,有田径、体操、排球、篮球、乒乓球、举重、国际摔跤、柔道等各种项目的训练场所。朝鲜体育大学注重提高学生专业理论知识水平，并根据现代体育技术发展趋势加强体育信息学、体育生理学等体育技术教育，同时加强实际技术教育，兼顾学生的理论知识学习和实践经验积累。朝鲜体育大学编写了几百种教科书、参考书，为发展教育工作和国家的体育科学做出了贡献。

第四节 朝鲜职业教育情况

一、中等职业教育

（一）中级中等技术和职业教育机构

朝鲜中级中等技术和职业教育机构主要包括中等职业学校和中等技术学校两种类型。中等职业学校是为初中毕业生和其他教育水平不足以进入普通高中的人群提供职业技能和知识培训的学校。中等技术学校则是为高中毕业生和其他具有相应教育水平的人群提供更深入和专业的技术和知识培训的学校。

中等职业学校的课程主要以职业技能培训为主，包括机械制造、电子信息、建筑工程、农业技术、文化艺术等。学制一般为 3 年，学生毕业后可以直接从事与所学职业技能相关的工作。

中等技术学校的课程主要包括职业技能培训和专业知识教育，学科涵盖机械制造、电子信息、建筑工程、农业技术、文化艺术等。学制一般为 4 年，学生毕业后可以直接从事与所学职业技能相关的工作或继续深造。

（二）高级中等职业学校

高级中等职业学校是朝鲜的职业教育机构，位于中等职业学校和高等职业学校之间，是一种高水平、高质量的职业教育机构。高级中等职业学校是为高中毕业生和其他具有相应教育水平的人群提供更加专业和深入的职业技能和知识培训的学校。学制一般为 3 年或 4 年，学习年限根据不同专业和不同学校有所不同。课程主要包括职业技能培训和专业知识教育，学科涵盖机械制造、电子信息、建筑工程、农业技术、文化艺术等。此外，高级中等职业学校也会根据社会需求和经济发展趋势的变化，不断调整课程设置，开设新的专业和课程。

1. 高级中等职业学校的类型

（1）技工高级中等学校

技工高级中等学校是朝鲜高级中等职业教育的重要组成部分，主要培养技术工人和技术管理人才。技工高级中等学校通常有多个专业，如机械、电子、自动化、电力等，培养学生的实际操作能力和技术应用能力。学生毕业后可以直接从事各种技术工作，或者继续接受职业技能培训和教育。

(2)艺术高级中等学校

艺术高级中等学校是朝鲜培养艺术人才的重要机构，主要包括音乐、美术、舞蹈、歌剧等学科。艺术高级中等学校在课程设置上注重实践操作和艺术创新，培养学生的综合艺术素质和创作能力。毕业生可以从事各种艺术工作，成为音乐家、画家、舞蹈演员等。

(3)综合高级中等学校

综合高级中等学校是一种集职业技能培训和普通教育为一体的学校。综合高级中等学校的课程既包括职业技能培训，也包括文化课程和其他综合素质教育，如语文、数学、体育、思想品德等。学生毕业后可以选择就业，也可以选择继续深造。

这三种类型的高级中等职业学校在朝鲜的职业教育体系中占据着重要的地位，为朝鲜社会和经济的发展培养了大量的技术人才和艺术人才。

2. 高级中等职业学校的考核方式

朝鲜高级中等职业学校的考核方式主要分为学习成绩考核和技能考核两个方面。

(1)学习成绩考核

朝鲜高级中等职业学校采用学期制教学，每个学期结束后进行期末考试和学期总评。在学习过程中，学生要按时完成作业、参与课堂讨论和参加考试，并且按照课程要求完成实习和实践任务。学生的学习成绩是衡量其学习效果的主要指标。

(2)技能考核

除了学习成绩考核外，朝鲜高级中等职业学校还对学生进行技能考核。技能考核是评价学生专业技能水平的主要方法，通常包括理论考试和实践操作考核。学生只有通过技能考核才能顺利毕业，并获得相应的职业资格证书。

在朝鲜高级中等职业学校中，学生的学习成绩考核和技能考核都非常重要。学生成绩的好坏直接影响其能否顺利毕业；技能考核是否达到要求则是评估学生能否胜任未来所从事的相关职业工作的重要指标。因此，在学习和实践中，朝鲜高级中等职业学校的学生都非常努力，以便在考核中取得好成绩。

二、高等职业教育

朝鲜高等职业教育是指中等职业教育毕业生或者已经从事相关职业工作一段时间后的人员，继续深造和提高职业技能的教育。朝鲜高等职业教育学校的学制一般为3~4年。学生毕业后可以获得与其所学专业相关的学位或者职业资格证书。教学内容主要包括职业技能和相关理论知识。除了必修的专业课程外，学生还需要学习基础课程和通识教育课程，以提高其综合素质和职业素养。

朝鲜高等职业教育是指在中等职业教育的基础上，进一步提高学生的职业技能水平和实践能力，培养高级职业技术人才的教育形式。目前，朝鲜高等职业教育主要包括技术大学、高等职业学校和高级中等职业学校等类型。

（一）技术大学

朝鲜的技术大学是为了培养各类高级技术人才而设立的。这些技术大学主要招收中等职业学校毕业生和高级中等职业学校毕业生。学生可以选择学习各类专业，如机械、电子、建筑等，学制一般为 4 年。学生在大学期间除需学习相关的职业技术知识和实践技能外，还需完成一定的理论和实践考核。学生毕业后，可以获得相应的学位和职业资格证书。

（二）高等职业学校

朝鲜的高等职业学校是为了培养各类中高级职业技术人才而设立的。这些学校主要招收中等职业学校毕业生和高级中等职业学校毕业生。学生可以选择学习各类专业，如经济、法律、管理等，学制一般为 2~3 年。学生在校期间除需学习相关的职业技术知识和实践技能外，还需完成一定的理论和实践考核。学生在毕业后可以获得相应的学位和职业资格证书。

（三）高级中等职业学校

朝鲜的高级中等职业学校是一种介于中等职业学校和高等职业学校之间的教育机构。这些学校主要招收中等职业学校毕业生和普通高中毕业生，学制一般为 3 年。学生在校期间除需学习相关的职业技术知识和实践技能外，还需完成一定的理论和实践考核。学生毕业后，可以直接就业，也可以继续深造。

朝鲜高等职业教育的招生和入学要求相对较高，一般要求学生取得中等职业教育毕业证书或高中毕业证书，并通过相应的入学考试。入学考试包括文化科目和职业科目两部分。文化科目主要考查学生的文学、数学和外语水平；职业科目则主要考查学生所报考专业方面的知识和技能水平。学生入学后只有完成相应的课程学习并通过考试，才能获得相应的学分和毕业证书。

朝鲜高等职业教育的课程较为丰富，根据不同专业的要求，一般包括职业基础课程、职业实践课程和选修课程三部分。职业基础课程主要包括所学专业的理论知识和基本技能；职业实践课程主要包括实习、实训和毕业实践等实践性环节；选修课程由学生根据个人兴趣和专业发展方向来选择。同时，朝鲜高等职业院校也注重培养学生的创新能力和实践能力，开发了创新性实践课程和科技项目，以培养学生的综合素质和竞争力。

三、职业教育发展历程及现状

（一）朝鲜职业教育的发展阶段

朝鲜职业教育经历了多个发展阶段。在第二次世界大战之前，朝鲜半岛是日本帝国主义的殖民地，当时只有少数人接受过职业教育。第二次世界大战后，朝鲜根据国民经济发展的需要，对职业教育进行了改革。在第二次世界大战后的二十多年里，朝鲜的职业教育结构类型经历了从多样化到综合化，再从综合化到多样化，最后从多样化到单一化的曲折发展道路。

1. 职业教育结构的综合化

1958 年，朝鲜开始实行全面实施中等义务教育制度、准备实施技术义务教育制度的方针。这个方针规定新设 2 年制技术学校，并在 4~5 年之内普及技术义务教育。根据这个方针，朝鲜内阁做出决定，要求在 2~3 年把中等技术专科学校改为高等专科学校或技术学校。改革之后的中等教育结构为：中学（初中）学制为 3 年，招收小学毕业生，进行普通中等教育；初级技术学校学制为 2 年，招收初中毕业生，学生毕业后升入高等技术学校和教员大学，或者参加社会生产劳动；高等技术学校制学制为 2 年，招收技术学校毕业生，学生毕业后升入大学或参加社会生产劳动。

在这次改革中，由于两级技术学校代替高中和中专，教育结构实现了综合化。中等教育修业年限由 6 年延长到 7 年（初中 3 年、初级技术学校 2 年、高等技术学校 2 年）。

2. 职业教育结构的多样化

两级技术学校在教育与生产劳动、普通教育与技术教育结合方面积累了一定的经验，在为社会主义建设培养了大批中等技术人才的同时，也带来了一些问题。

由于教育普及程度有限，多数学生在从技术学校毕业后就走向社会。可是，技术学校学生既未受过完整的普通教育又没有掌握较熟练的技术，毕业后不能适应社会主义经济建设的需要。此外，由于学生过早接受专业化教育，知识基础打得不牢，所以大学教育生源质量也受到了影响。

1966 年 11 月，朝鲜第三届最高人民会议第六次会议又通过法令，规定从 1967 年 4 月起，实施九年制技术义务教育，把义务教育年限延长两年。

1）把 2 年制初级技术学校和 3 年制中学合并，改为 5 年制中学（初中）。这是实施九年制（小学 4 年，初中 5 年）技术义务教育的基础。

2）高等技术学校修业年限由 2 年延长到 3~4 年，以提高中等技术人才的质量。

3）新设 2 年制高等学校（高中），招收 5 年制中学（初中）毕业生，完成中等教育，以衔接 5 年制中学和高等教育或为学生毕业后参加社会实践做准备。

4）新设 3 年制高等师范学校（中师），招收 5 年制中学（初中）毕业生，培养幼儿园教养员。

5）新设技工学校，招收初中毕业生，培养技工。

这次改革不仅恢复了高中，还恢复了高等技术学校（中专）和技工学校，强调将教育与生产劳动、普通教育与技术教育结合起来。各类学校在教育内容和培养目标上的侧重点不同，5 年制中学将普通教育和基础技术教育结合起来，但是以普通教育为主，为学生升学和参加社会生产做准备；2 年制高等学校（高中）是在学生完成中等普通教育的基础上，将普通教育与基础技术教育结合起来，为学生升学和参加社会劳动做准备；高等技术学校将普通教育与专业技术教育结合起来，但是以专业技术教育为主，培养中等技术人才；技工学校将普通教育与职业技术教育结合起来，但是以职业技术教育为主，培养厂矿企业主要工种的技工。

由此可见，这次改革尽管强调将普通教育与基础技术教育结合起来，但是在中等教育结构上完全恢复了 1959 年之前的多样化结构。由于初中修业年限由 3 年延长到 5 年，所以整个中等教育年限比 1959 年之前延长了 1~2 年。

3. 职业教育结构的单一化

1973 年 4 月，朝鲜制定关于实施普遍的十年制高中义务教育和一年制学前义务教育的法令，规定从 1972—1973 学年到 1976—1977 学年，采取从城市和工人区到农村，在农村由平原地区到山区逐步推广的办法，对所有 6~16 周岁的青少年进行十年制高中义务教育。这次改革的目的是在义务教育期间，完成中等教育，把新一代培养成为“树立革命世界观的基础，掌握关于自然和社会的基本知识和一种以上技术的有能力的社会主义建设者”，从而促进全社会革命化和工人阶级化，推动社会主义建设。

因此，朝鲜政府将高等技术学校改为高等专科学校，修业年限为 3 年，招收高中毕业生进行专业技术教育，培养“中等专家”和技术员。

经过这次改革，朝鲜中等教育结构实现了单一化，但是要在中学进行基础技术教育，使学生毕业时掌握一种以上技术。朝鲜是在普及高中的条件下，力争通过课程设置和教学内容改革解决高中教育脱离生产实际的问题。至于国家对中等技术人才的需求的问题，则通过中等以上的高等专科学校教育来解决。高等专科学校在国家学制上，属于高等教育阶段。这样，在普及高中的条件下，由高等专科学校培养“中等专家”，既有利于提高“中等专家”的质量，又有利于提高中等教育质量。

在这一阶段，朝鲜职业教育已经成为培养各行业技术人才的重要渠道，为朝鲜经济的快速发展提供了重要的人才支持。

（二）朝鲜职业教育发展现状

朝鲜职业教育的发展受到多种因素的影响。在过去几年中，朝鲜开始加强对职业教育的投入和管理，以提高劳动力素质和促进经济发展。同时，朝鲜也开始对外开放职业教育，接受国际组织的援助，以提高职业教育的水平和质量。

目前，朝鲜职业教育主要分为企业内部培训、国家指导培训和职业教育三个层次。企业内部培训主要由企业自行组织，以提高员工的技能水平和素质；国家指导培训由政府机构组织，培训对象主要是技术工人和科技人员；职业教育由专门的职业技术学校和职业技术大学组织,培养各类技术人才。

朝鲜职业教育目前存在的问题包括更先进的教育设施和技术装备缺乏、师资力量不足、课程设置单一等。为了解决这些问题,朝鲜政府积极推动职业教育改革和创新,加强职业技能培训和实践教学,鼓励企业和社会组织参与职业教育的发展,并不断加强与国际组织的合作与交流。

1. 管理机构

朝鲜职业教育管理机构的设置比较分散,职责不明确,职业教育由劳动力和社会保障部、教育部等多个部门共同管理。此外,各地方政府也设立了相应的职业教育管理机构,主要负责当地职业教育的规划、组织和管理。

朝鲜职业教育管理机构的主要职责是制定和实施职业教育的政策、规划和标准,组织和管理职业教育的课程、师资、教材等方面的工作。同时,职业教育管理机构还负责职业教育的考试、认证、评估等工作,以保障职业教育的质量和水平。

朝鲜职业教育管理机构在近年来的发展中取得了一定的成绩,在投入和管理方面不断加大力度,注重对职业教育的投入和管理,加大对现代化教育理念和技术设备的引进和应用力度,同时加强与国外的交流和合作,积极学习先进的教育理念和经验,以提高职业教育的质量和水平。此外,朝鲜政府还鼓励企业和个人参与职业教育的发展,以提高人才的综合素质和竞争力。

2. 分类

朝鲜职业教育根据不同的标准进行分类。根据教育水平的高低,可以分为中等职业教育和高等职业教育;根据培训目的的不同,可以分为技术技能培训和职业素质培训;根据行业和职业的不同,可以分为多种不同的职业教育类型。

3. 政策

为了推动朝鲜职业教育的发展,朝鲜政府制定了一系列相关政策。其中需要重点关注以下几个方面。

1)加强师资队伍建设。朝鲜政府将职业教育教师的培养纳入国家发展战略,加大对职业教育教师培训的投入,不断提高教师的教学能力、丰富其实践经验。

2)加大职业教育设施建设力度。朝鲜政府逐步加大职业教育设施建设的投入,包括建设新的职业教育学校和改造升级现有的职业教育学校,以满足职业教育发展的需求。

3)加强职业教育与产业对接。朝鲜政府提出了“将职业教育与实际需要紧密结合起来”的发展思路,通过与产业的对接,建立产学研用一体化的职业教育体系,培养更符合市场需求的职业教育人才。

4)推进职业教育改革创新。朝鲜政府提出将职业教育改革创新作为推动职业教育发展的重要手段之一,通过引入新的教育理念、教学方法和评价标准,不断提高职业教育的教学质量和水平。

总体来说，朝鲜政府在职业教育方面制定的政策取得了一定的效果，但仍需要不断优化和完善。未来，朝鲜将继续加大对职业教育的投入和支持力度，提高职业教育质量和水平，为国家的经济发展和人才培养做出更大的贡献。

4. 普通教育与职业教育一体化

（1）目标

朝鲜政府一直致力于实现普通教育与职业教育一体化，以培养具备实践技能和知识的高素质劳动者。朝鲜将高中阶段的普通教育和职业教育相结合，使学生在接受基础教育的同时，也能掌握一定的职业技能。此外，学生还可以选择进入职业技术学校，接受更为专业的职业培训和教育。朝鲜高等教育也与职业教育相融合，一些高等院校开设了与职业技能相关的专业，如机械制造、电子技术等，使学生能够学到更实用的技能。朝鲜政府鼓励企业和学校开展合作，以培养更多适应市场需求的技术人才，同时加大对职业教育的投入力度，建设更多的职业技术学校和培训中心，提供更为优质的职业教育资源。

（2）政策

朝鲜政府一直致力于将职业教育与普通教育相结合，以实现教育一体化的目标。该举措旨在为学生提供全面的职业技能培训和基础知识教育，以满足朝鲜社会经济发展的需求。

根据朝鲜官方公布的文件和报道，朝鲜实行十二年一贯制义务教育制度，其中包括 1 年的幼儿园教育、5 年的小学教育、3 年的初中教育和 3 年的高中教育。在中学阶段，学生可以选择接受普通教育或职业教育。

朝鲜的职业教育学校主要有职业中学和高等职业院校。在普通中学阶段，学生可以选择学习职业教育课程，例如机械、电子、建筑等方面的课程。在职业中学阶段，学生除了学习普通教育课程外，还必须参加职业培训。

为了实现职业教育与普通教育的一体化，朝鲜采取了多种政策措施。首先，朝鲜政府在制订教育计划时将职业教育纳入其中，并制定了相应的课程和教材标准。其次，朝鲜政府鼓励学生选择职业教育，并在招生政策上给予优惠。此外，朝鲜政府还鼓励高等教育机构与企业合作，为学生提供实践机会和实习经验。

朝鲜政府通过加强师资队伍建设、提高职业教育质量和完善教学设施等来促进职业教育与普通教育的一体化，同时还鼓励职业教育和普通教育之间互相渗透和交流，促进教育的多元化和个性化发展。

总体来说，朝鲜职业教育与普通教育一体化的政策主要包括将职业教育纳入教育计划在招生政策上给予优惠、鼓励高等教育机构与企业合作、加强师资队伍建设、提高教育质量和完善教学设施等多个方面。这些政策的实施有助于提高劳动力素质和推动经济发展。

（3）衔接

朝鲜职业教育与普通教育通过开展“技能课程”的形式衔接，使接受普通教育的学生在学习中获得一定的基础知识和职业技能。这些技能课程旨在帮助学生更好地适应未来的工作和生活。此外,朝鲜还建立了一些技术职业学校,为希望通过职业教育获得职业技能的学生提供培训。

在朝鲜,学生在完成普通教育阶段的学习后,可以选择进入技术职业学校接受进一步的职业教育培训。这些学校提供各种课程,包括机械、电气、建筑、农业等方面的课程。学生在学习期间有接受实习或实践的机会,以更好地掌握实际技能。此外,毕业生还可以参加国家职业技能竞赛,以展示他们在特定领域的技能水平。

第五节　朝鲜中文教育发展概况

一、中文教育发展历程

朝鲜的中文教育的历史可以追溯到20世纪50年代朝鲜战争后期,当时中国人民志愿军在朝鲜北部的抗美援朝战场上,与当地人民交往密切,汉语也随之进入朝鲜。此后,朝鲜开始了汉语教育的探索和实践。

1952年,朝鲜首次提出了要加强对汉语的学习和教育。此后,朝鲜开始在学校和机关开设汉语课程,成立汉语教师培训机构,同时邀请中国汉语教师到朝鲜任教。

随着时间的推移,朝鲜汉语教育不断发展壮大。目前,朝鲜的汉语教育已经覆盖从小学到大学的各个阶段,汉语教师培训也在不断加强。同时,朝鲜还通过邀请中国汉语教师、举办汉语教师研修班等形式,开展汉语教育方面的合作。

在高等教育阶段,朝鲜各高校探索在现有条件下寻找更多对外交流的方式。最高学府金日成综合大学和于21世纪建成的平壤科技大学曾多次举办国际学术研讨会,如邀请各国学者包括诺贝尔奖获得者参会等。此外,朝鲜各教育机构还积极向外派遣留学生,专业领域包括但不限于理工、医学、农学、体育学、旅游学等。朝鲜留学生普遍刻苦用功,成绩优良,他们学习新知识、接触新时代,助力朝鲜高等教育的对外交流与发展。

二、中文教育现状

(一)中文教育机构

目前,朝鲜开展中文教育的机构主要包括中小学、高等院校、孔子学院(平壤外国语大学汉语中心)。

1. 中小学

朝鲜中小学普遍开设汉语课程,其中部分重点学校的汉语教学水平较高。平壤有两所教中文的学校：平壤外国语大学附属外国语学院（简称“中央外国语学院”）和平壤市外国语学院（简称“市外国语学院”）。1958 年建校的平壤外国语大学附属外国语学院在全国范围内招收初中毕业生，除了常规科目外，重点进行英语、汉语、俄语、日语等 8 种外语教育。该校的毕业生绝大部分升入平壤外国语大学，毕业后成为各行的外语精英。该校学生要学习两门外语，英语专业的学生可以选其他语言作为第二外语，大多数学生会选择中文作为第二外语，中文专业的学生大都会选择英语作为第二外语。平壤市外国语学院在平壤市招收小学毕业生，该校毕业生可以考入中央外国语学院，也可以继续在本校学习。最初该校除了常规科目外，重点进行英语和俄语两门外语教育，2016 年该校开始开展中文教育。该校的毕业生大部分考入金亨稷师范大学和金哲柱师范大学，毕业后成为大学和中学外语教师。

另外，朝鲜的每个直辖市和道所在地都有培养优秀人才的特训教育机关，如外国语学院和第一中学。比较知名的外国语学院有新义州市外国语学院、清津市外国语学院、南浦市外国语学院、罗先市外国语学院、咸兴市外国语学院、江界市外国语学院、海州市外国语学院、沙里院市外国语学院、惠山市外国语学院、远山市外国语学院。

2. 高等院校

根据中朝两国教育交流协议，两国每年互换留学生。朝鲜每年向中国派遣的学生包括本科生、硕士生、博士生和进修生，专业涵盖理工、农、医等领域。以下以金日成综合大学、平壤外国语大学、平壤观光大学和平壤科技大学的中文教育情况为例，介绍朝鲜高等教育阶段的中文教育现状。

（1）金日成综合大学

1946 年 10 月 1 日成立的金日成综合大学是朝鲜最知名的高等学府，现有 22 个系、11 个研究所、700 多个教研室和研究室，本科在校生逾 12 000 人。该校中文专业有 300 多名学生，中文专业的教材大多为朝鲜自编教材。其他专业的学生将中文作为外语选修课。中文是被学生首选的外语。该校的中文专业毕业生主要从事外贸、外交工作或当教师，成为增进中朝两国友谊的友好使者。

（2）平壤外国语大学

平壤外国语大学于 1949 年建校，是朝鲜综合性外语教育的最高学府，教学实力雄厚，现有包括中文系在内的 6 个语言大系，教授 22 个语种，本科生和硕士、博士研究生共 3 600 多人。该校中文系于 1952 年设立，是平壤外国语大学的三大系（英语系、俄语系、中文系）之一，现有 400 多名本科生。除此之外，英语系的学生也将中文作为第二外语。该校开设中文精读课和听力课，教材采用自编教材，中文专业的周学时达到 12~14 课时。平壤外国语大学为朝鲜国家机关培养了大批优秀的外交人才，该校毕业生除了进入国家机关工作，还有一部分选择经商或继续深造，活跃在朝鲜经济、教育和外交等领域。

（3）平壤观光大学

平壤观光大学是朝鲜观光总局下属唯一的一所专门培养旅游专业人才的大学，其前身为成立于1987年的平壤导游翻译学校,2002年改名为平壤观光学校,2014年4月正式升格为平壤观光大学。该校主要培养旅游工作者和相关专家,满足朝鲜发展旅游业的需求。该校现下设导游系、经营学系、远程教育系和研究生院,设有中文、英语、俄语、旅游管理等专业。朝鲜70%的游客来自中国,为配合国家旅游业的发展,中文成为平壤观光大学的主要学科。该校1 000多名在校生中有一半以上的学生学习中文。该校的一部分毕业生在毕业后被分配到国家旅游部门工作,其他学生大多从事与旅游相关的工作。

(4)平壤科技大学

平壤科技大学是朝鲜第一所也是目前唯一一所国际化大学。该校用英语授课,中文是该校的第二外语。本科设有6个专业,每个年级有115名学生。本科生在三年级时开始学习中文,为期4个学期,中文课每周两次,每次90分钟(2课时),总共140个课时。博士院(相当于中国的研究生院)的学生学习2个学期的中文课,每周3次,每次90分钟(2课时),总共98课时。

该校春季和秋季学期以中文综课为主,使用北京语言大学出版社出版的教材"发展汉语"系列教材和《汉语口语速成》等教材。夏季学期开设HSK(汉语水平考试)相关课程,教材为HSK相关教辅材料。目前,本科生的HSK5级通过率是20%以上,博士院学生的通过率在90%以上,博士院学生的HSK6级通过率在20%以上。

随着中朝两国友好关系的发展,朝鲜国内对中文学习和考试的需求日益增加。2019年,朝鲜在平壤科技大学设立第一个HSK考点。朝鲜是全球第137个设立汉语考试考点/中心的国家。平壤科技大学汉语考试中心是全球第1 141个HSK考点,该中心可组织实施HSK、汉语水平口语考试(HSKK)、中小学生汉语考试(YCT)和商务汉语考试(BCT)4种汉语考试。

3. 孔子学院

2018年,平壤外国语大学主动通过中国驻朝鲜大使馆向孔子学院总部提出,希望申建孔子学院性质的汉语中心。经多方协作努力,2019年9月,平壤外国语大学与中国的辽东学院及对外经济贸易大学三方共同合作建立汉语中心。平壤外国语大学还同当时的中国国家汉办就在朝鲜设立首家汉语中心(孔子学院)达成协议。这是第一家由中朝合作设立的汉语教学机构,在朝鲜的中文教育史和两国语言交流合作历史上具有里程碑式的意义。汉语中心致力于中文教育的开展,为助力培养中文人才、加强两国人文交流发挥了重要作用。

(二)中文教育现状调查分析

为进一步了解朝鲜中文教育现状,我们于2022年开展了一项面向朝鲜学生的问卷调查,问卷调查结果分析如下。

根据调查发现,参与调查的朝鲜学生中有50%反映在朝鲜学习汉语的人比较多,37.5%的学生反映在朝鲜学习汉语的人非常多,12.5%的学生反映在朝鲜学习汉语的人数一般,不算多，如图 4-1 所示。综合以上结果可以得出，在朝鲜学习汉语的人数比较多或非常多。这可能是由于中国和朝鲜在政治、经济和文化方面有着密切的联系，以及汉语作为世界上最流行的语言之一，在国际交流中有一定的重要性。

朝鲜人民学习汉语的方式主要有三种：在培训机构学习汉语、在校学习汉语和自学汉语。在问卷调查中，有 62.5% 的学生选择在培训机构学习汉语，25% 的学生选择在校学习汉语，另有 12.5% 的学生选择自学汉语，如图 4-2 所示 。综合以上结果可以得出，朝鲜人民主要通过培训机构学习汉语，而在校学习汉语的比例较小。这可能意味着在朝鲜教育体系中，汉语教育的普及程度还有待提升。此外，还有一部分人选择自学汉语，这表明他们对学习汉语的兴趣和积极性较高。

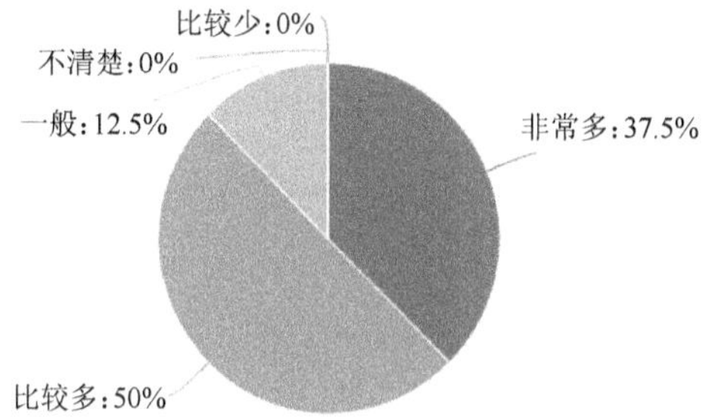

图 4-1　朝鲜人民学习汉语的人数

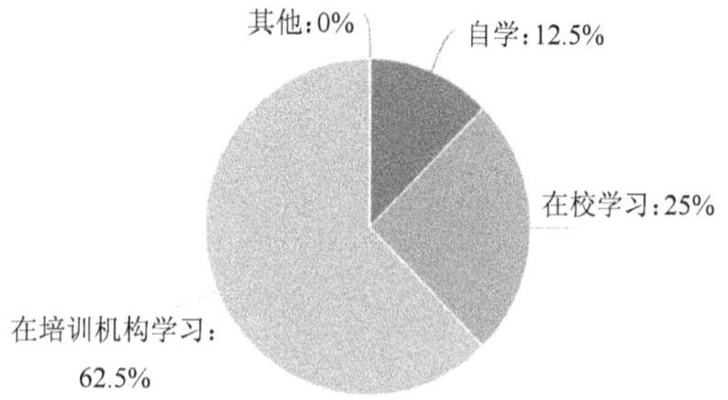

图 4-2　朝鲜人民学习汉语的方式

在朝鲜政府是否在政策上支持开展汉语教育的问题上，调查结果显示，62.5% 的认为朝鲜政府很支持开展汉语教育，37.5% 的调查对象认为朝鲜政府比较支持开展汉语教育，如图 4-3 所示 。综合以上结果可以得出，在朝鲜大部分调查对象认为朝鲜政府支持开展汉语教育。这可能意味着，朝鲜政府对汉语教育的重视程度比较高，愿意提供支持和资源。

在朝鲜有没有把汉语纳入普通学校课程体系的问题上，调查结果显示，62.5% 的调查对象选择“有”，37.5% 的调查对象选择“没有”，如图 4-4 所示。综合以上结果可以得出，在朝鲜的许多学校中，汉语已经被纳入普通学校课程体系，但校内汉语课程的普及程度还有待提升。

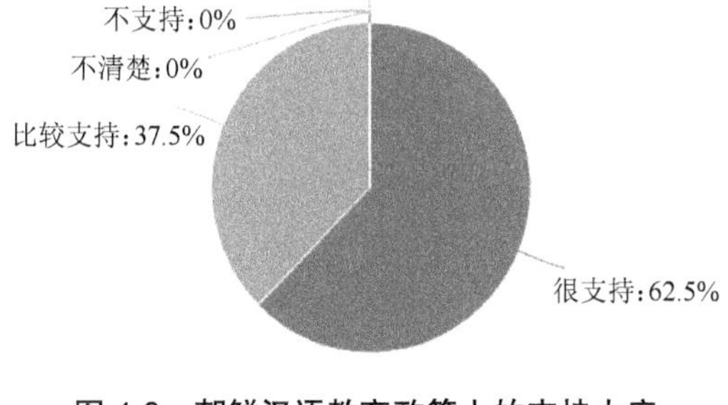

图 4-3　朝鲜汉语教育政策上的支持力度

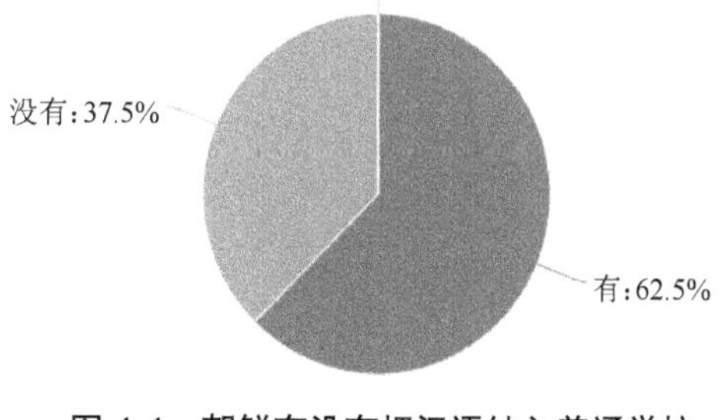

图 4-4　朝鲜有没有把汉语纳入普通学校课程体系

在朝鲜是否把汉语作为中考必考科目的问题上,调查结果显示:62.5%的调查对象选择"否",即朝鲜没有把汉语作为中考必考科目;25%的调查对象表示对这一问题并不清楚;12.5%的调查对象选择"是",即朝鲜把汉语作为中考的必考科目,如图4-5所示。大部分调查对象认为,在朝鲜汉语并非中考必考科目或对此问题并不清楚,这可能意味着朝鲜的大多数地方对汉语学习水平的考查不是中考考查的重点。

在朝鲜是否把汉语作为高考必考科目的问题上,调查结果显示:75%的调查对象选择"否",即朝鲜没有把汉语作为高考必考科目;12.5%的调查对象选择"是",即朝鲜把汉语作为了高考必考科目;12.5%的调查对象表示对此不清楚,如图4-6所示。这可能意味着朝鲜的大多数地方对汉语学习水平的考查不是高考考查的重点。

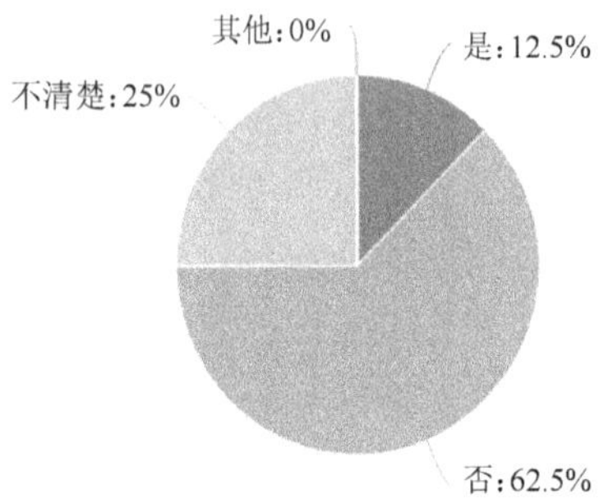

图4-5 朝鲜是否把汉语作为中考必考科目

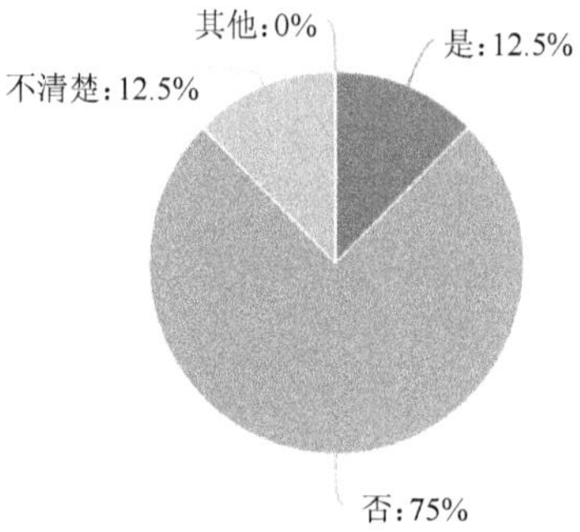

图4-6 朝鲜是否把汉语作为高考必考科目

在朝鲜汉语教育机构的数量的问题上,调查结果显示,50%的调查对象认为朝鲜的汉语教育机构比较多(30~60所),37.5%的调查对象认为朝鲜的汉语教育机构比较少(15~30所),12.5%的调查对象表示并不清楚朝鲜汉语教育机构的数量,如图4-7所示。调查对象普遍没有选择"很多""很少""没有"等较极端的选项,这可能说明在朝鲜确实存在一定数量的汉语教育机构,但并没有达到随处可见的普及程度。

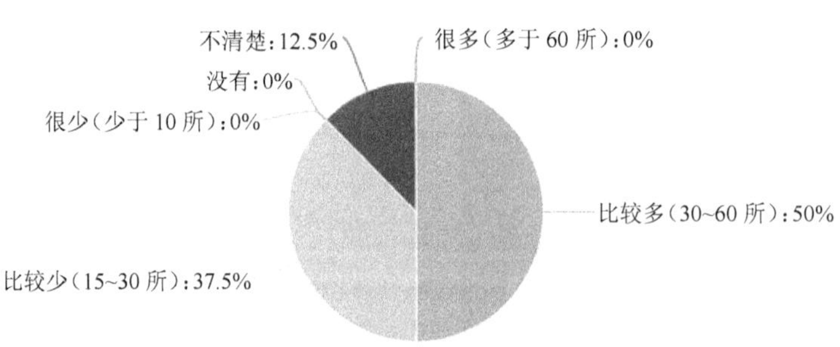

图4-7 朝鲜汉语教育机构的数量

在朝鲜汉语教育一般在哪些机构开展的问题（此问题为多选题）上，调查结果显示，100% 的调查对象选择“高等教育机构”，87.5% 的调查对象选择“中等教育机构”，65.5% 的调查对象选择“初等教育机构”，如图 4-8 所示。综合以上结果可以得出，在朝鲜汉语教育主要集中在高等教育机构，其次是中等教育机构和初等教育机构。这表明朝鲜已经在不同教育阶段开展汉语教育，以提高汉语普及率和强化汉语教育的基础。

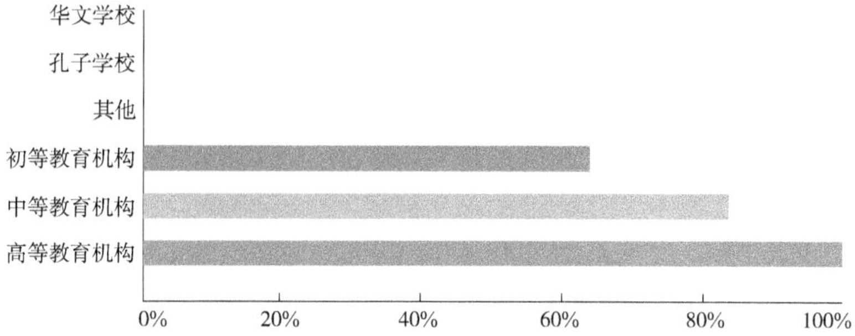

图 4-8　朝鲜汉语教育一般在哪些机构开展

参考文献

著作类：

[1]　朝鲜的教育 [M]. 平壤：朝鲜外文出版社，2014.

[2]　朝鲜概观：自然 [M]. 平壤：朝鲜外文出版社，2016.

[3]　朝鲜概观：经济 [M]. 平壤：朝鲜外文出版社，2016.

[4]　朝鲜概观：文化 [M]. 平壤：朝鲜外文出版社，2017.

[5]　朝鲜概观：民俗 [M]. 平壤：朝鲜外文出版社，2017.

[6]　朝鲜概观：旅游及投资 [M]. 平壤：朝鲜外文出版社，2017.

期刊类：

[1]　基俊 . 战后朝鲜中等教育结构的演变 [J]. 东北师大学报，1980(3)：114-116，125.

[2]　蒋天堂 . 朝鲜高等教育体系的研究 [J]. 教育教学论坛，2018，371(29)：83-85.

[3]　孙启林 . 朝鲜高等教育的发展与改革 [J]. 外国教育研究，1994(5)：15-20.

[4]　索建新 . 朝鲜的研究生教育 [J]. 全球教育展望，1981(5)：7-12.

[5]　田以麟 . 朝鲜高校的教学和教育管理 [J]. 外国教育研究，1989(03)：13-16.

[6]　张慧智，赵铁军 . 朝鲜教育发展概况、特点与影响 [J]. 东疆学刊，2022，39(02)：65-72，128.